UTB **3481**

W0178283

Eine Arbeitsgemeinschaft der Verlage

Böhlau Verlag · Wien · Köln · Weimar
Verlag Barbara Budrich · Opladen · Farmington Hills
facultas.wuv · Wien
Wilhelm Fink · München
A. Francke Verlag · Tübingen und Basel
Haupt Verlag · Bern · Stuttgart · Wien
Julius Klinkhardt Verlagsbuchhandlung · Bad Heilbrunn
Mohr Siebeck · Tübingen
Nomos Verlagsgesellschaft · Baden-Baden
Orell Füssli Verlag · Zürich
Ernst Reinhardt Verlag · München · Basel
Ferdinand Schöningh · Paderborn · München · Wien · Zürich
Eugen Ulmer Verlag · Stuttgart
UVK Verlagsgesellschaft · Konstanz, mit UVK/Lucius · München
Vandenhoeck & Ruprecht · Göttingen
vdf Hochschulverlag AG an der ETH Zürich

StandardWissen Lehramt

Die Bände zur Pädagogischen Psychologie werden herausgegeben
von Wolfgang Schneider

Bislang sind erschienen in der Reihe:

Mediendidaktik Deutsch von A. Barsch (UTB 2808)

Verhaltensstörungen und Lernschwierigkeiten von N. Berger/W. Schneider
(UTB 3470)

Sprachbetrachtung und Grammatikunterricht von U. Bredel (UTB 2890)

Didaktik des Ökonomie- und Politikunterrichts von T. Engartner (UTB 3318)

Texte schreiben von M. Fix (UTB 2809)

Texte lesen von Ch. Garbe u.a. (UTB 3110)

Teaching English Grammar von J.-U. Keßler/A. Plesser (UTB 3448)

Deutsch als Zweitsprache von G. Kniffka/G. Siebert-Ott (UTB 2891)

Lese- und Rechtschreiberwerb von P. Marx (UTB 2946)

Task-Supported Language Learning von A. Müller-Hartmann/
M. Schocker-von Ditfurth (UTB 3336)

Sprachdidaktik Deutsch von J. Ossner (UTB 2807)

Orthographie von J. Ossner (UTB 3329)

Teaching English Literature von E. Thaler (UTB 2897)

Mündliche Kommunikation in der Schule von R. W. Wagner (UTB 2810)

Kinder- und Jugendliteratur von G. Weinkauf/G. v. Glasenapp (UTB 3345)

Elternhaus und Schule von E. Wild/F. Lorenz (UTB 3418)

Emotion, Motivation und selbstreguliertes Lernen von T. Götz, u.A.
(UTB 3481)

Ergänzend:

Lesesozialisation. Arbeitsbuch von Ch. Garbe u.a. (UTB 8398)

Thomas Götz (Hg.)

Emotion, Motivation und selbstreguliertes Lernen

Ferdinand Schöningh

Der Herausgeber der Reihe:

Prof. Dr. Wolfgang Schneider ist Professor für Pädagogische Psychologie und Entwicklungspsychologie am Institut für Psychologie der Universität Würzburg. Seine Forschungsschwerpunkte liegen im Bereich der Lese-Rechtschreibforschung, der frühen Förderung von schulischen Fertigkeiten, der Lehr-Lernforschung, der Gedächtnis- und Metakognitionsentwicklung bei Kindern und Jugendlichen sowie der Hochbegabungs- und Expertiseforschung.

Der Herausgeber des Bandes:

Prof. Dr. Thomas Götz ist Professor für Erziehungswissenschaft/Empirische Bildungsforschung an der Universität Konstanz (Deutschland) und der Pädagogischen Hochschule Thurgau (Schweiz). Seine Forschungsschwerpunkte liegen im Bereich der Emotionsforschung im Lern- und Leistungskontext – mit einem Schwerpunkt in der Erforschung von Langeweile.

Bibliografische Information der Deutschen Nationalbibliothek
Die Deutsche Nationalbibliothek verzeichnet diese Publikation in der Deutschen Nationalbibliografie; detaillierte bibliografische Daten sind im Internet über http://dnb.d-nb.de abrufbar.

Gedruckt auf umweltfreundlichem, chlorfrei gebleichtem Papier (mit 50 % Altpapieranteil)

© 2011 Verlag Ferdinand Schöningh, Paderborn
(Verlag Ferdinand Schöningh GmbH & Co. KG, Jühenplatz 1, D-33098 Paderborn)

Internet: www.schoeningh.de

Printed in Germany
Einbandgestaltung: Atelier Reichert, Stuttgart nach einem Entwurf von Alexandra Brand und Judith Karwelies
Layout: Alexandra Brand und Judith Karwelies

UTB-Bestellnummer: ISBN 978-3-8252-3481-2

Vorwort zur Reihe

StandardWissen Lehramt – Studienbücher für die Praxis

Wie das gesamte Bildungswesen wird sich auch die künftige Lehramtsausbildung an Kompetenzen und Standards orientieren. Damit rückt die Frage in den Vordergrund, was Lehrkräfte wissen und können müssen, um ihre berufliche Praxis erfolgreich zu bewältigen. Das Spektrum reicht von fachlichen Fähigkeiten über Diagnosekompetenzen bis hin zu pädagogisch-psychologischem Wissen, um Lehren als Unterstützung zur Selbsthilfe und Lernen als eigenaktiven Prozess fassen zu können.

Kompetenzen werden nicht in einem Zug erworben; Lehrerbildung umfasst nicht nur das Studium an einer Hochschule, sondern ebenso das Referendariat und die Berufsphase. Die Reihe StandardWissen Lehramt bei UTB bietet daher Lehramtsstudierenden, Referendaren, Lehrern in der Berufseinstiegsphase und Fortbildungsteilnehmern jenes wissenschaftlich abgesicherte Know-How, das sie im Rahmen einer neu orientierten Ausbildung wie auch später in der Schule benötigen. Fachdidaktische und pädagogisch-psychologische Themen werden gleichermaßen in dieser Buchreihe vertreten sein – einer Basisbibliothek für alle Lehramtsstudierenden, Referendare, Lehrerinnen und Lehrer.

Inhaltsverzeichnis

KAPITEL 4: EMOTION, MOTIVATION, SELBSTREGULATION: GEMEINSAME PRINZIPIEN UND OFFENE FRAGEN
REINHARD PEKRUN

Vorwort

Vorworte sind in der Regel langweilig – das wissen nicht nur die Emotionsforscher.

Um Sie zu motivieren, unser Vorwort zu lesen, wollen wir uns auf jenes konzentrieren, was für Sie wichtig sein könnte. Falls es Sie dennoch langweilt, dann werden Sie einfach selbstregulatorisch tätig – d.h. überfliegen Sie es nur, lesen Sie nur das, was Ihnen wichtig erscheint – oder lesen Sie es gar nicht.

Wir, die Autorinnen und Autoren dieses Buches, sind voll und ganz davon überzeugt, dass die hier dargestellten Inhaltsbereiche Emotion, Motivation und Selbstreguliertes Lernen für die Zielgruppe (s. unten) sehr wichtig sind – sonst hätten wir dieses Buch sicherlich nicht verfasst. Wir hatten (meistens) viel Freude beim Schreiben der Kapitel und wir haben uns auch rege ausgetauscht, sodass ein unseres Erachtens in sich geschlossener Band entstanden ist. Motiviert hat uns vor allem, dass wir durch dieses Buch einen theoretisch sehr fundierten und zugleich stark praxisbezogenen Beitrag zur Aus-, Fort- und Weiterbildung von Lehrkräften leisten können. Und selbstreguliert waren wir natürlich auch – immer wieder wurden Abschnitte im Hinblick auf unsere Zielsetzungen (theoretisch fundiert + Praxisbezug) überprüft und gegebenenfalls überarbeitet.

A Für wen ist dieses Buch gedacht?

- Studierende des Lehramts (alle Schularten).
- Personen, die an Schulen sowie an Aus- und Weiterbildungseinrichtungen pädagogisch tätig sind.

B Welchen Zweck hat das Buch?

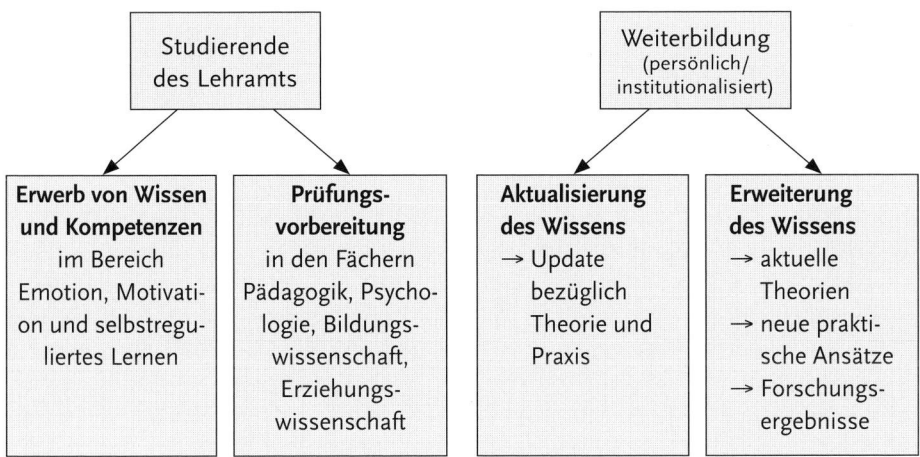

C Was ist das Besondere an diesem Buch?

Es ist ein Brückenschlag zwischen Theorie und Praxis. Wir haben die Inhalte „bunt", aber auch nicht zu bunt gestaltet. D.h. wir stellen viel „graue" Theorie dar, aber auch viele „farbenfrohe" Handlungsempfehlungen – die immer aus Theorien und empirischen Befunden abgeleitet sind.

D Wie arbeitet man mit diesem Buch?

- Zunächst nicht lesen! Überfliegen Sie es erst einmal, um sich einen Eindruck über die Inhalte zu verschaffen. Z.B. könnten Sie sich zunächst einmal die *Definitionskästen* sowie die Tabellen und Abbildungen ansehen.
- Sie können mit Kapitel 1, 2 oder 3 beginnen. Wir empfehlen, Kapitel 4 erst am Schluss zu lesen, da es die Kenntnis der anderen Kapitel voraussetzt.
- Versuchen Sie das Gelesene bei sich selber zum Teil gleich umzusetzen – z.B. selbstreguliert zu lernen.
- Denken Sie viel über das Gelesene nach – wir unterstützen Sie manchmal dabei, indem wir Ihnen Anregungen in den Abschnitten *„Stop and Reflect"* geben. Diese Abschnitte sind folgendermaßen gekennzeichnet:

- Überlegen Sie sich, was das Gelesene für Ihre Berufspraxis bedeutet – auch hierbei unterstützen wir Sie durch die Kästen *„Implikationen für die Praxis"*.
- Fassen Sie einzelne Abschnitte und auch Kapitel mit eigenen Worten zusammen. Exemplarisch haben wir dies für die Hauptkapitel gemacht (siehe Kästen *„Fazit"*).
- Zentrale Begriffe finden Sie im *Sachregister*. Gehen Sie diese Begriffe hin und wieder durch und prüfen Sie, ob Sie zu diesen Begriffen etwas wissen.
- Setzen Sie die Inhalte in Beziehung zueinander. Das letzte Kapitel des Buches verbindet die drei Inhaltsbereiche Emotion, Motivation und selbstreguliertes Lernen und hilft Ihnen dabei, die drei Bereiche in einem größeren Kontext zu sehen.
- Sprechen Sie mit anderen Personen über Inhalte, die sie als besonders interessant, schwierig, problematisch oder evtl. sogar abwegig erachten.
- Schreiben Sie uns, wenn Sie Verbesserungsvorschläge haben oder Ihnen etwas auffällt, was man besser machen könnte. Gerne nehmen wir Ihre Kritik und Ihre Anregungen auf und berücksichtigen diese in einer zweiten Auflage des Buches.

Aber letztlich ist es wichtig, dass Sie selber einen für Sie guten Weg finden, mit dem Buch umzugehen. Wir möchten Sie ja schließlich nicht zu sehr fremdregulieren. Dass Selbstregulation durch Fremdregulation manchmal schief gehen kann, zeigt die folgende kleine Geschichte des Philosophen Anthony de Mello. Emotionen und Motivation spielen auch hier eine Rolle.

Ein Pendler sprang in New York auf einen Zug und sagte dem Schaffner, er fahre nach Fordham. „Sonnabends halten wir nicht in Fordham", sagte der Schaffner, „aber hören Sie zu. Wenn wir in Fordham die Fahrt verlangsamen, werde ich Ihnen die Tür öffnen, und Sie können hinausspringen. Aber achten Sie darauf, zunächst ein Stück in Fahrtrichtung mitzulaufen, oder Sie fallen platt aufs Gesicht.
In Fordham ging die Tür auf, und der Pendler, der absprang, lief vorwärts. Ein anderer Schaffner, der ihn erblickte, machte die Tür auf und zog ihn in den Zug, als dieser wieder schneller fuhr. „Da haben Sie aber Glück gehabt, Kumpel", sagte der Schaffner. „Dieser Zug hält sonnabends nicht in Fordham".

Nun wünschen wir Ihnen bei der Arbeit mit dem Buch viele positive Emotionen, eine hohe Motivation und Mut zur Selbstregulation.

Thomas Götz, Ulrike E. Nett, Anne C. Frenzel, Elizabeth J. Stephens, Markus Dresel, Lena Lämmle & Reinhard Pekrun

Konstanz, München und Augsburg im April 2011

EMOTIONEN | 1

Anne C. Frenzel & Elizabeth J. Stephens

1.1 „Aus der Praxis"

Anja D., 19 Jahre

Ich weiß es noch genau, wie ich in der 8. Klasse von meiner Musiklehrerin ausgewählt wurde, ein Klang-Glocken Solo-Stück mit Klavierbegleitung vor der ganzen Schule zu spielen. Ich *habe das Stück unheimlich gemocht* und habe es jeden Tag für über einen Monat lang *fleißig geübt* – am Ende habe ich es im Schlaf spielen können. Am Tag der Aufführung stand ich vor 500 Leuten mit den vielen Glocken vor mir auf dem Tisch und war *ganz kribbelig vor Freude!* Meine Musiklehrerin fing mit dem Klavier-Intro des Stückes an und ich begann die Glocken zu spielen – doch auf einmal war an einer Stelle irgendwas falsch. Meine Lehrerin hat noch mal mit dem Klavier-Intro angefangen, *ich fing auch wieder an*, und wieder kam dieser Fehler von mir! Aber ich wusste einfach, dass ich das Stück so gut konnte! Dann habe ich mich *ganz doll auf die Glocken konzentriert* und auf den Tisch geschaut, bis ich festgestellt habe, dass zwei Glocken vertauscht waren! Ich habe sie ganz schnell richtig aufgestellt, habe meine Lehrerin selbstbewusst angeschaut, zugenickt und ich habe das Stück bis zum Ende super gespielt. Ich war so *stolz* auf mich!

positiver Wert des Lerngegenstands

hohe Anstrengung wegen positivem Wert

physiologische Komponente des emotionalen Erlebens

Persistenz trotz Misserfolg wg. hoher Kontrollüberzeugungen

gute Konzentration dank positiver Emotionen

Stolz als Ergebnis internaler Attribution von Erfolg

Erika G., 21 Jahre

Ich kann mich gut erinnern, wie wir Hamlet im Englischunterricht gelesen haben. Ich habe mich *erfreut gemeldet, um einen bestimmten Textausschnitt vorzulesen, weil ich ihn aus dem Musical „Hair" sehr gut kannte.* Beim Vorlesen habe ich im Kopf mitgesungen und musste gar nicht auf den Text im Buch schauen, weil ich ihn so gut im Kopf hatte. Als ich fast fertig war, merkte ich, wie die Lehrerin über mich lachte. Ich hörte sofort auf, den Text vorzulesen und wurde *ganz rot im Gesicht*. Ich fragte, warum sie lachte und sie sagte, ich hätte ein Wort ganz „komisch" ausgesprochen (so wurde es aber im Musical gesungen und ich habe es nur nachgeahmt!).

Annäherungsverhalten und Erleben von Freude wegen positivem Wert des Lerngegenstandes

physiologische Komponente des emotionalen Erlebens

Mir war das unheimlich *peinlich*. Aber zur gleichen Zeit dachte ich mir auch, das ist doch gemein, dass sie mich auslacht, und wurde geradezu etwas *sauer auf die Lehrerin*. Danach habe ich nur noch vom Buch abgelesen ohne im Kopf mitzusingen. Das hat dann *nicht mehr sonderlich Spaß gemacht*...

Scham als Ergebnis internaler Attribution von Misserfolg

Ärger als Ergebnis externaler Attribution von Misserfolg

geringere Freude wg. gesenktem Wert des Lerngegenstandes

Thomas L., 24 Jahre

Die meiste Zeit in der Schule *war ich eigentlich ganz gut in Mathe* und musste kaum für Prüfungen lernen. Aber in der zwölften Klasse bekamen wir Stochastik und meine Noten sanken plötzlich auf 4 bis 5! Zunächst war es sehr *frustrierend*, so viel Rotes auf meinen Klassenarbeiten zu sehen. Ich war total unzufrieden und hatte bald *gar keine Lust mehr auf den Mathe-Unterricht und die Hausaufgaben*. Viele meiner Freunde sagten aber zu mir, *Mathe sei doch sowieso ein nutzloses Fach*. Und irgendwie hatten sie ja Recht. Am Ende des Schuljahres *ließen mich schlechtere Noten dann völlig kalt* – Mathe war einfach nicht mehr „meins".

positives Selbstkonzept der Begabung führt zu hohen Kontrollüberzeugungen

ergebnisabhängige negative Emotionen

motivationale Komponente

negativer Wert des Lerngegenstandes

abgeflachtes emotionales Erleben wg. gesenkter Valenzüberzeugung

Peter L., 20 Jahre

Neulich, in meiner ersten Algebra-Prüfung meines Mathe-Studiums, saß ich da und las mir die Aufgaben durch. Gleich bei der ersten Aufgabe dachte ich mir: Oh Gott! *Ein Aufgabentyp, auf den ich mich nicht vorbereitet habe!* In mir stieg ein unglaubliches *Gefühl der Panik* hoch. Ich *konnte mich nicht mehr auf die Aufgaben konzentrieren* und fing an *zu zittern und zu schwitzen*. Ich versuchte mir die weiteren Aufgaben durchzulesen und *mir selbst zu sagen, dass ich doch ungefähr wissen musste, wie die Aufgaben zu lösen sind*. Aber *mein Kopf war wie leergefegt*. Ich sah meine Lernzettel genau vor mir. Aber ich konnte nichts erkennen. *Ich wollte aufgeben*...die Klausur abgeben. Ich rechnete irgendwas vor mich hin, aber ich glaube, das meiste war falsch. *Seitdem habe ich ziemliche Angst vor der Zukunft* und frage mich, ob ich das Studium nicht hinschmeißen sollte; *ob ich einfach zu unbegabt dafür bin*...

niedriges Kontroll-Appraisal

affektive Komponente

kognitive Komponente

physiologische Komponte

Selbstinstruktion als Strategie zum Umgang mit Prüfungsangst

mangelnde kognitive Ressourcen als Folge der Angst

motivationale Komponente

Generalisierung der Prüfungsangst

Attribution des Misserfolgs auf eigene Unzulänglichkeit (internal, stabil)

Oliver W., 26 Jahre

Ich kann mich noch gut an einen Mitschüler erinnern, der beim Fußballspielen wirklich alles gab, um möglichst gute Leistungen zu erbringen. Leider *hatte er ein ziemlich schlechtes Ballgefühl und war relativ langsam.* Viele von uns machten sich über ihn lustig, lachten ihn aus und äfften ihn nach und dachten gar nicht darüber nach, ob ihn das verletzte. Heute denke ich mir, dass es unfair von uns war, dass wir uns für etwas Besseres hielten, einfach nur, weil *wir das Glück hatten, etwas mehr Talent zu haben.* Eigentlich war es doch viel bewundernswerter, wie sehr mein damaliger Mitschüler gekämpft und sich wirklich bemüht hat, besser zu werden. Eigentlich ist es doch das, worauf man *stolz* sein kann.

Fremdattribution: Internal stabile Verursachung der Misserfolge

internal-stabil-unkontrollierbare Attribution von Erfolg

Stolz als Ergebnis von Erfolg, der auf internal variable Ursachen zurückgeführt wird

Alina R., 19 Jahre

Bei mir war es ziemlich knapp, dass ich überhaupt zum schriftlichen Abitur zugelassen wurde. Und dann war ich bei der letzten Englisch-Klausur vor dem Abitur die allerletzte, die ihre Klassenarbeit zurückbekommen hat. Das Austeilen schien einfach ewig zu dauern. *Die Gedanken rasten durch meinen Kopf, „Reicht es? Reicht es nicht? Ich hätte mehr lernen können! Ich habe aber doch ziemlich viel gelernt!"* Der Lehrer legte die Klausur mit der Schriftseite nach unten auf meinen Tisch. Ich drehte sie langsam um und sah oben in großen grünen Buchstaben „7 Punkte – Befriedigend". Ah, diese *Erleichterung!* Das reichte. Ich lehnte mich entspannt zurück in meinem Stuhl, mit dieser Leistung war ich insgesamt wirklich ganz *zufrieden*.

mittlere Kontrollüberzeugung resultiert in Schwanken zwischen Angst und Hoffnung

Erleichterung als Resultat nicht eingetretenen Misserfolgs

positive ergebnisabhängige Emotion

David H., 18 Jahre

Die meiste Zeit in der Schule schaue ich ständig auf die Uhr. Oft *fühle ich mich wie eingesperrt* und ich frage mich, wozu ich eigentlich im Unterricht sitze; *ich will am liebsten gehen!* Ich habe das Gefühl, die Lehrer reden und reden ohne auch nur irgend etwas Interessantes zu sagen! Wieso muss ich diese *Langeweile* ertragen?

affektive Komponente

motivationale Komponente

Langeweile aufgrund von negativem Wert des Lerngegenstandes

Elisa R., 16 Jahre

Neulich haben wir in Biologie sezieren gelernt. Ich hätte nie gedacht, dass *eine Sektion so interessant sein könnte!* Ich habe sie mit meiner Klassenkameradin durchgeführt und die Unterrichtsstunde *verging wie im Fluge.* Nächstes Jahr bieten die Biologielehrer an unserer Schule einen Extra-Kurs zu Sektion und Anatomie an; daran werden ich und meine Klassenkameradin *auf jeden Fall teilnehmen!*

positiver Wert des Lerngegenstandes

Erleben von Flow

Annäherungsverhalten aufgrund von positivem emotionalen Erleben

Diese Schüler- und Studentenaussagen verdeutlichen, wie allgegenwärtig Emotionen sind und welche große Bedeutung sie besitzen. Emotionen üben eine große Macht über uns aus. Sie nehmen uns gelegentlich völlig ein, sie prägen unser Denken und sie bestimmen mit, ob und wie wir etwas tun. Trotzdem haben Emotionen sowohl im wissenschaftlichen Kontext als auch im alltäglichen Leben einen „schweren Stand". Viele Menschen erleben Emotionen oft als hinderlich, störend oder ablenkend und versuchen, sich möglichst auf ihren Kopf zu besinnen – beim immerwährenden Kampf „Vernunft kontra Gefühl" verlassen sie sich lieber auf die Vernunft. In der Wissenschaft war es lange Jahre ebenso. Anstatt sich mit dem flüchtigen, kurzlebigen und schwer zu erfassenden Phänomen der Emotionen zu befassen, erschien es Psychologen und Sozialwissenschaftlern lange Zeit vielversprechender, unmittelbar beobachtbares Verhalten zu untersuchen. In den letzten 30 Jahren hat sich dies jedoch gewandelt und Emotionen sind zu einem immer beliebteren wissenschaftlichen Untersuchungsgegenstand geworden. Heutzutage sind sich Wissenschaftler der verschiedensten Disziplinen einig, dass Emotionen nicht nur irrelevante oder gar störende Begleitmusik des menschlichen Handelns und Denkens sind, sondern deren Triebkräfte. Dies gilt auch für die Forschung zum Thema Lernen und Leistung. Dieses Kapitel widmet sich Emotionen und stellt vor, was man heute über ihre Ursachen und Wirkungen, insbesondere in Lern- und Leistungssituationen weiß. Diese wissenschaftlichen Erkenntnisse sind von großer Bedeutung, damit man als Lehrkraft die Schülerinnen und Schüler besser verstehen kann und auch, um das Lernen im Klassenzimmer optimal gestalten zu können. Nicht zuletzt betreffen Emotionen aber natürlich die Lehrkräfte selbst – der Beruf der Lehrkraft ist in hohem Maße durch „Emotionsarbeit" gekennzeichnet.

1.2 Begriffsbestimmungen

Fühlen – das kann bedeuten, angenehm erregt, ruhig und gelassen, voller Angst, gelangweilt, stolz, beglückt oder auch überrascht zu sein. Wir alle kennen Gefühle bzw. Emotionen und können spontan Beispiele nennen und von Situationen berichten, in denen wir starke Emotionen erlebt haben. Trotzdem ist eine klare Begriffsbestimmung beim Thema Emotionen nicht einfach. „Jeder weiß genau, was eine Emotion ist – aber niemand kann sie definieren" bemerkten die Emotionsforscher Fehr und Russell hierzu ironisch (1984, Übersetzung d.A.). Tatsächlich herrscht bis heute nur bedingt Einigkeit unter Emotionsforschern, wovon sie genau sprechen, wenn sie Emotionen untersuchen (Reisenzein, 2007).

 In den anderen Kapiteln dieses Lehrbuchs erfahren Sie viel über gedankliche (kognitive) Konstrukte wie Motivation oder Metakognition. Überlegen Sie hier einmal, was ist es eigentlich, das Emotionen im Unterschied zu diesen kognitiven Konstrukten ausmacht? Denken Sie kurz darüber nach: Was passiert mit Ihnen, wenn Sie ängstlich, erfreut, stolz oder ärgerlich sind?

Wenn man sich fragt, was das Erleben von Emotionen ausmacht, wird rasch klar, warum die meisten der aktuellen Definitionen von Emotionen diese als „mehrdimensionale Konstrukte" bezeichnen. Emotionen werden heute typischerweise als psychologische Konstrukte verstanden, die durch das Zusammenspiel verschiedener Komponenten gekennzeichnet sind.

> **Definition**
> *Emotionen* sind mehrdimensionale Konstrukte, die aus affektiven, physiologischen, kognitiven, expressiven und motivationalen Komponenten bestehen.

1.2.1 Die Komponenten von Emotionen

Zuallererst charakteristisch für Emotionen ist ihr „gefühlter" Kern: Emotionen spürt man, sie sind keine reinen Gedankeninhalte. Dies wird auch als der „affektive Kern" einer Emotion bezeichnet. **Affektives Erleben** ist notwendig und hinreichend, um von einer Emotion sprechen zu können – keine Emotion ohne affektives Erleben, ohne affektives Erleben keine Emotion. Darüber hinaus sind sich die meisten Emotionsforscher heute einig, dass Emotionen durch eine körperliche bzw. **physiologische Komponente** gekennzeichnet sind. Das heißt, körperliche Prozesse werden in Gang gesetzt, wenn man eine Emotion erlebt. Im Fall von Angst erhöhen sich zum Beispiel Herzrate, Hautleitfähigkeit und Muskeltonus, die Pupillen weiten sich, die Atmung wird flacher und die Blasen-, Darm- und Magentätigkeiten werden gehemmt. Spürbar wird dies als allgemeine Anspannung oder Erregung. Nicht nur im Körper des Betroffenen (peripher), sondern auch im Gehirn (zentralnervös) spielen sich solche physiologischen Prozesse ab. Heute weiß man, dass Emotionen ihre entsprechenden zentralnervösen Erregungsmuster haben, insbesondere im Bereich des Mandelkerns (der sog. Amygdala), aber auch im Bereich der Großhirnrinde (dem sog. Kortex). Im Zusammenhang mit der kortikalen Erregung steht ein weiterer typischer Bestandteil von Emotionen, nämlich die Tatsache, dass sich beim Erleben von Gefühlen oft unweigerlich bestimmte Gedanken aufdrängen. Hier spricht man von der **kognitiven Komponente** von Emotionen. So schießen einem beispielsweise beim Erleben von Angst Gedanken ans Versagen durch den Kopf („Diese Prüfungsaufgabe schaffe ich nie, und die anderen sind alle schon fast fertig!"). Des Weiteren wird man sich beispielsweise in einer Situation, in der man Stolz erlebt, häufig den Gedanken an positive Konsequenzen einer Situation hingeben („Meine Eltern werden bestimmt Augen machen, wenn sie von meiner guten Note erfahren!"). Mit der so genannten **expressiven Komponente** wird außerdem beschrieben, dass beim Erleben von Emotionen bestimmte Gesichtsausdrücke, aber auch Körperhaltungen, spontan eingenommen werden (vgl. engl. to express = ausdrücken). Dies macht Emotionen für Interaktionspartner erkennbar. Kommt man beispielsweise in ein Klassenzimmer, in dem manche Schüler mit hängendem Kopf und heruntergezogenen Mundwinkeln sitzen, während andere Schüler geduckt und angespannt sind und ihre Stirn runzeln, so spürt man hier sofort, dass etwas nicht in Ordnung ist und vermutet, dass diese Schüler anscheinend Angst und Ärger erleben. Vielleicht hat die Klasse in der vorherigen Stunde eine schwierige Prüfung geschrieben. Dank der expressiven Komponente von Emotionen wird dieser Umstand sofort für den Beobachter spürbar und man kann darauf reagieren, indem

Abbildung 1. Komponenten von Emotionen

man vielleicht nach den Gründen für die gedrückte Stimmung fragt oder die nachfolgende Stunde etwas „lockerer" gestaltet. Schließlich ist noch die **motivationale Komponente** Bestandteil von Emotionen. Sie impliziert, dass Emotionen entsprechendes Verhalten auslösen (vgl. engl. „to move" – bewegen; siehe Kapitel „Motivation"). Man kann davon ausgehen, dass der evolutionspsychologische „Sinn" von Emotionen hierin liegt: Emotionen dienen dem Überleben, weil sie dafür sorgen, dass man adaptives (d.h. überlebensförderliches) Verhalten zeigt. Empfindet man zum Beispiel Angst und Respekt gegenüber einem Interaktionspartner (z.B. vor seinem Schulleiter oder auch vor forsch auftretenden fordernden Eltern), so wird man sich ihnen gegenüber eher zurückhaltend verhalten und versuchen, den entsprechenden Personen möglichst selten zu begegnen (sog. Flucht- und Vermeidungsverhalten). Empfindet man hingegen positive Emotionen – z.B. wenn eine Unterrichtsstunde richtig gut läuft – wird man richtig „aufgekratzt", probiert auch einmal etwas aus und ist kreativ. Eine solche Situation wird man nach Möglichkeit bewusst wieder herbeiführen, zum Beispiel indem man die in dieser Stunde angewandte Unterrichtsform wieder einsetzt (sog. Explorations- und Annäherungsverhalten). Abbildung 1 stellt die Komponenten von Emotionen grafisch dar.

1.2.2 Die Unterscheidung von Emotionen als „States" vs. „Traits"

„Peter ist ängstlich" – was erfährt man, wenn man dies über einen Schüler hört? Man kann diese Aussage auf zweierlei Weise verstehen, je nachdem, unter welchen Umständen sie geäußert wird. Es kann eine aktuelle Beobachtung von Peter sein, beispielsweise in der Pause, wenn jemand bemerkt, dass Peter an diesem Tag recht blass aussieht und mit geweiteten Augen zurückzuckt, wenn ihn Mitschüler ansprechen oder anfassen. Es kann aber auch eine generelle Aussage über Peter sein, wenn jemand Peter in verschiedenen Situationen beobachtet hat und ihm wiederholt aufgefallen ist, dass er zu Angst zu neigen scheint (z.B. in den meisten Pausen, aber auch vor und nach der Schule und gegenüber Lehrern, etc.). Man spricht in diesem Zusammenhang auch von so genanntem „habituellem", d.h. gewohnheitsmäßigem Erleben von Angst. Um momentanes von habituellem Erleben von Emotionen zu unterscheiden, verwendet man in der psychologischen Forschung die englischsprachigen Begriffe „State" und „Trait". States beschreiben Emotionen als momentane Zustände. Die persönlichkeitsbasierten Neigungen, in verschiedenen Situationen stärker oder weniger stark mit bestimmten Emotionen zu reagieren werden Traits genannt. Für Lehrkräfte ist diese Unterscheidung wichtig, weil dadurch Aussagen von Kollegen wie „Peter ist ängstlich" differenzierter betrachtet werden können und gegebenenfalls gezielt nachgefragt werden kann, um Näheres über den Schüler zu erfahren. Es ist auch bedeutsam bei Schülerbeobachtungen zu unterscheiden, ob es sich bei beobachtetem Emotionsverhalten um States handelt, die spezifisch in der gegebenen Situation entstanden sind, oder um Traits, die für den jeweiligen Schüler charakteristisch sind. Beobachtet man an einem Schüler einen emotionalen Trait, bedeutet dies jedoch nicht, dass dieser Schüler tatsächlich immer und unverrückbar für diese Emotion „anfällig" sein wird – im Sinne von „einmal ängstlich, immer ängstlich".

Emotionale Traits: Implikationen für die Praxis

Es liegt in Ihrer Hand, Situationen auf eine Weise zu gestalten, dass die Neigung, mit einer bestimmten Emotion zu reagieren, gemindert werden kann. Gerade Personen mit hohen Werten auf speziellen Emotions-Traits sind darauf angewiesen, dass ihnen durch eine emotionsgünstige Gestaltung der Umgebung geholfen wird, mit ihren aufkeimenden Emotionen fertig zu werden. Klassisches Beispiel hierfür ist im Schulkontext natürlich die Prüfungsangst. Schätzen Sie einen Schüler oder eine Schülerin als prüfungsängstlich ein, sollten Sie umso mehr Anstrengungen investieren, Prüfungssituationen für ihn oder sie angstmildernd zu gestalten (vgl. unten Möglichkeiten zur Einflussnahme).

Bedenken Sie außerdem, dass emotionale Traits weniger global sind, als man intuitiv annimmt. Auch wenn Sie bei einem Schüler wiederholt eine bestimmte Emotion beobachten können – zum Beispiel große Nervosität in Prüfungen – muss dies nicht unbedingt bedeuten, dass dieser Schüler pauschal prüfungsängstlich ist. Es ist sehr wahrscheinlich, dass die Angst dieses Schülers nur in dem Fach so stark ausgeprägt ist, das Sie unterrichten. Es gibt eine Reihe von Studien, die gezeigt haben, dass das emotionale Erleben fachspezifisch ausgeprägt ist – ähnlich wie auch das akademische Selbstkonzept in den verschiedenen Fächern typischerweise innerhalb von Schülern stark variiert (vgl. Kapitel „Motivation"). Vermeiden Sie also rasche pauschale Charakterisierungen Ihrer Schüler im Sinne emotionaler, aber auch anderer Traits und seien Sie sich stets darüber bewusst, dass Sie selbst immer nur einen Ausschnitt an Situationen bei Ihren Schülern beobachten können.

1.2.3 Abgrenzung zu verwandten Konstrukten

„Wie fühlen Sie sich? Wie geht es Ihnen?" Beziehen sich alle Antworten auf diese Frage auf das Phänomen Emotion? Eher nein. Häufig werden in diesem Zusammenhang psychologische Konstrukte erwähnt, die zwar mit Emotionen verwandt, jedoch nicht identisch mit ihnen sind. Für ein besseres Verständnis des Phänomens Emotion sollen hier einige dieser verwandten Konstrukte kurz erläutert werden. Dazu zählen Stimmung, Wohlbefinden, Stress und Flow.

Mögliche Antworten auf die oben genannten Fragen könnten sein, „Ich bin gut gelaunt", „Ich bin schlecht drauf", oder auch „Ich bin stolz auf mich" oder „Ich ärgere mich über Susi". Erstere Aussagen beschreiben Stimmungen, letztere Emotionen. Es mag spitzfindig sein, zwischen diesen beiden Phänomenen zu unterscheiden. Tatsächlich werden in vielen Forschungsarbeiten die Begriffe Emotion und **Stimmung** weitgehend synonym benutzt. Emotionen und Stimmungen sind durch ähnliche Komponenten charakterisiert (affektives Erleben, spezifisches physiologische Erregungsmuster). Unterschiede bestehen jedoch darin, dass Stimmungen typischerweise länger anhalten, aber dabei weniger intensiv ausgeprägt sind. Hingegen dauern Emotionen – genauer gesagt emotionale States – typischerweise kurz an und sind dafür intensiver: Der Ärger über Susi wird vermutlich schneller verrauchen als das diffuse Gefühl des „Schlecht-Drauf-Seins". Außerdem empfindet man Stimmungen eher global, während Emotionen typischerweise auf bestimmte Objekte gerichtet sind: Die gute Laune durchdringt alles Erleben, der Stolz im obigen Beispiel ist nur auf die eigene Person gerichtet. Schließlich werden Stimmungen typischerweise nur als positiv, negativ oder neutral klassifiziert (gut, schlecht oder neutral gestimmt), während bei Emotionen meist stärkere Differenzierungen gemacht werden. So sind zum Beispiel Freude und Stolz klar unterscheidbare positive Emotionen, Angst und Ärger hingegen deutlich unterschiedliche negative Emotionen. Langeweile und Überraschung gelten als eher neutrale Emotionen, die sich jedoch im affektiven Erleben ebenfalls stark unterscheiden.

Es gibt eine eigene Forschungstradition zum Thema psychologisches **Wohlbefinden**. In diesem Kontext ist die oben genannte Frage nach dem Befinden noch globaler gemeint als das bei Stimmungen der Fall ist. Wohlbefindens-Forschung bezieht sich oft auf das ganze Leben oder wichtige Lebensbereiche wie den Beruf. Emotionen gelten als integrale Bestandteile von subjektivem Wohlbefinden. Dabei besteht Wohlbefinden nicht nur in der Abwesenheit negativer Emotionen, sondern beinhaltet gerade auch das Empfinden positiver Emotionen. Hinzu kommt in vielen Definitionen zum Wohlbefinden, dass man subjektive und gesellschaftliche Werte als erfüllt sieht und somit insgesamt sein Leben als positiv bewertet (Diener, Suh, Lucas, & Smith, 1999). Das heißt, wer die Frage „Wie fühlen Sie sich im Allgemeinen in Ihrem Beruf als Lehrer?" positiv beantwortet, empfindet vermutlich nicht nur selten negative Emotionen wie Angst, Scham oder Ärger, sondern kann auch von sich sagen, häufig positive Emotionen in Bezug auf den Beruf als Lehrkraft zu erleben, allen voran die Emotion Freude. Allgemeines Wohlbefinden als Lehrkraft impliziert zudem, sich gesellschaftlich wertgeschätzt zu fühlen und überzeugt zu sein, durch den Beruf Wichtiges erreichen zu können.

„Ich bin etwas gestresst" wäre eine typische alltagssprachliche Antwort auf die oben genannten Fragen nach dem Befinden; gemeint wäre bei dieser Antwort vermutlich ein Mix aus schlechter Stimmung, negativen Emotionen und allgemein mangelndem Wohlbefinden. Im Unterschied zur Alltagssprache wird der Begriff **Stress** in der psychologischen Forschung spezifischer verwendet. Hiernach handelt es sich bei Stress um einen Zustand der „Alarmbereitschaft" eines Organismus, der sich auf erhöhte

Leistungsanforderungen einstellt, vor allem dann, wenn die eigenen Fähigkeiten von den Anforderungen in der Umwelt übertroffen bzw. in Frage gestellt werden. Richard Lazarus, einer der Pioniere der Stressforschung und zugleich wichtiger Emotionsforscher, unterscheidet drei zentrale Quellen von Stress: körperliches Leid/Verlust, Bedrohung und Herausforderung. Diese sind mit unterschiedlichen Stressreaktionen und Verarbeitungstechniken zum Umgang mit Stress verbunden. In seinen neueren Arbeiten kritisiert Lazarus, dass die Forschung zu Stress und zu Emotionen bisher weitgehend getrennte Wege gegangen sind (vgl. Lazarus, 2006). In der Tat erlebt man neben einer „allgemeinen Alarmbereitschaft" im Falle von körperlichem Leid/Verlust, Bedrohung und Herausforderung sehr häufig Angst, aber auch Ärger, Neid, Trauer oder Scham. Aus diesem Grund gibt es auch große Überlappungen zwischen Theorien zur Entstehung, zu den Wirkungen und zum Umgang mit Emotionen und Stress.

Der Begriff **Flow** wurde durch Csikszentmihalyi (1985) geprägt. Er beschreibt damit das „holistische Gefühl bei völligem Aufgehen in einer Tätigkeit" (vgl. engl. to flow = fließen). Csikszentmihalyi postuliert, dass das Gefühl von Flow dann auftritt, wenn Handlungsanforderungen und Handlungskompetenzen in einem ausgewogenen Verhältnis zueinander stehen. In den Zustand von Flow kann man insbesondere dann geraten, wenn man eine anspruchsvolle Tätigkeit ausübt und sich den Anforderungen der Tätigkeit voll gewachsen fühlt. Das subjektive Erleben im Flow ist angenehm. Außerdem ist man im Flow in der Lage, außerordentlich gute und kreative Leistungen zu erbringen. Insofern ist dieses Phänomen im Schulkontext von großer Bedeutung – als Lehrkraft wird man anstreben, die Schüler beim Lernen in den Zustand von Flow zu versetzen, aber auch, selbst beim Unterrichten in Flow zu geraten. Aus Csikszentmihalyis Erkenntnissen wird klar, wann das möglich wird: nämlich dann, wenn die Anforderungen an die Schülerinnen und Schüler im Einklang mit deren Fähigkeiten stehen. Natürlich ist dies angesichts der großen Heterogenität hinsichtlich Interessen, Vorwissen und Leistungsfähigkeit in der Schülerschaft eine große Herausforderung. Neue Methoden des individualisierten Unterrichts sind diesbezüglich aber vielversprechend. Für Lehrkräfte selbst gilt: Eine Unterrichtstunde kann dann optimal laufen und die Lehrkraft kann dabei vielleicht in einen Zustand von Flow geraten, wenn die Anforderungen (z.B. ein bestimmtes Lernziel für die Schüler) optimal mit den Kompetenzen der Lehrkraft zur Gestaltung der Unterrichtseinheit übereinstimmen. Das gelingt vermutlich dann, wenn die Lehrkraft den Ablauf der Stunde klar im Kopf hat, selbst den Lerngegenstand voll durchdrungen hat und effektiv und souverän auf mögliche Störungen durch einzelne Schüler reagieren kann.

1.2.4 Erfassung von Emotionen

Zu erfassen, welche Emotion in welcher Intensität Personen erleben, ist eine der größten Herausforderungen bei der Auseinandersetzung mit Emotionen. Für Emotionsforscher, die sich für die Struktur, Ursachen und Wirkungen von Emotionen interessieren, ist es jedoch unabdingbar, Emotionen „messbar" zu machen. Auch in der Praxis, beispielsweise im Schulkontext, ist es unter Umständen wichtig, die Emotionen der Betroffenen systematisch zu erheben. Das eigene emotionale Erleben zu benennen und zu quantifizieren kann zudem hilfreich sein, um sich selbst und seiner Emotionen stärker bewusst zu werden. Solche Verfahren können daher im Kontext von Unterrichtseinheiten zu „emotionaler Kompetenz" zum Einsatz gebracht werden oder auch zur Selbstbeobachtung verwendet werden. Im Folgenden werden einige Ansätze und Verfahren dargestellt, die in der Emotionsforschung zur Erfassung von Emotionen entwickelt wurden.

Da Emotionen definitionsgemäß durch subjektives Erleben gekennzeichnet sind, liegt es nahe, sie durch Befragung der Betroffenen zu erfassen. Dies kann auf Grundlage von sprachbasierten Verfahren geschehen, auf Basis von grafischen Verfahren, oder durch die Kombination beider. Es gibt eine Vielzahl an rein sprachbasierten Verfahren zur Erfassung des emotionalen Erlebens. Einschlägig für die Erhebung allgemeiner positiver und negativer Emotionen ist die „Positive and Negative Affect Schedule" (PANAS) von Watson, Clark und Tellegen (Watson, Clark, & Tellegen, 1988, in deutscher Fassung von Krohne, Egloff, Kohlmann & Tausch, 1996). Die PANAS ist ein Selbstbeschreibungsinstrument, das aus 20 Adjektiven besteht, von denen je zehn positive und negative Empfindungen und Gefühle beschreiben (z.B. aktiv, begeistert, gereizt). Die Probanden schätzen die Intensität auf einer fünfstufigen Skala ein („gar nicht" bis „äußerst"). Dabei können die Probanden entweder aufgefordert werden, anzugeben, wie stark sie die genannten Empfindung „in den letzten Wochen" erlebt haben, womit stärker auf das habituelle Erleben der Emotionen abgezielt wird (Trait), oder wie stark sie die genannten Empfindungen „im Moment" erleben, um die Emotionen als State zu erfassen.

Ähnlich aufgebaut, aber speziell auf die Emotion Angst ausgerichtet, ist auch das vielfach eingesetzte „State-Trait Angstinventar" von Spielberger (STAI; Spielberger, 1983, in deutscher Fassung von Laux, Glanzmann, Schaffner, & Spielberger, 1981). Es besteht aus einer Skala mit 20 Aussagen (z.B. „Ich bin nervös"; „Ich bin besorgt, dass etwas schiefgehen könnte"), die ebenfalls entweder zur Erfassung von Trait-Angst oder State-Angst eingesetzt werden kann.

Konkret für schulische Kontexte gibt es zudem einige sprachbasierte Verfahren, um Prüfungsangst zu erfassen. Hierzu zählt zum Beispiel der Angstfragebogen für Kinder (AFS) von Wiecierkowski und Kollegen (Wieczerkowski, Nickel, Janowski, Fittkau, & Rauer, 1974) oder das Differentielle Leistungsangst Inventar (DAI) von Rost und Schermer (Rost & Schermer, 1997). Die Durchführung solcher Verfahren sollte Schulpsychologen oder anderem diagnostisch geschultem Personal vorbehalten bleiben, da eine standardisierte Durchführung und professionelle Interpretation der Ergebnisse notwendig ist, um zuverlässige Aussagen über einzelne Schüler machen zu können.

Eine Kombination aus sprachlicher und grafischer Erfassung von Emotionen verwendet zum Beispiel Mary Ainley in ihren Forschungsarbeiten. Hier werden die Probanden aufgefordert, zu benennen, welche konkrete Emotion sie gerade empfinden, und sie können dies anhand einer Liste verschiedener Emotionen tun, die auch grafisch anhand von abstrahierten Gesichtern dargestellt wird (vgl. Abbildung 2)

Abbildung 2. Kombination sprachlicher und grafischer Erfassung diskreter Emotionen
(aus Ainley, Hidi, & Berndorff, 2002)

Eine häufig eingesetzte rein sprachfreie Form der Erfassung emotionaler Befindlichkeit ist das „Self-Assessment Manikin" (SAM) von Lang (1980). Hier werden die Probanden aufgefordert, ihre emotionale Befindlichkeit anhand der drei Dimensionen Valenz (d.h. positiv oder negativ), Erregung und Dominanz zu beschreiben. Diese Empfindungsdimensionen werden jeweils durch drei grafische Figuren veranschaulicht. Die Figuren des „SAM" sind in Abbildung 3 dargestellt.

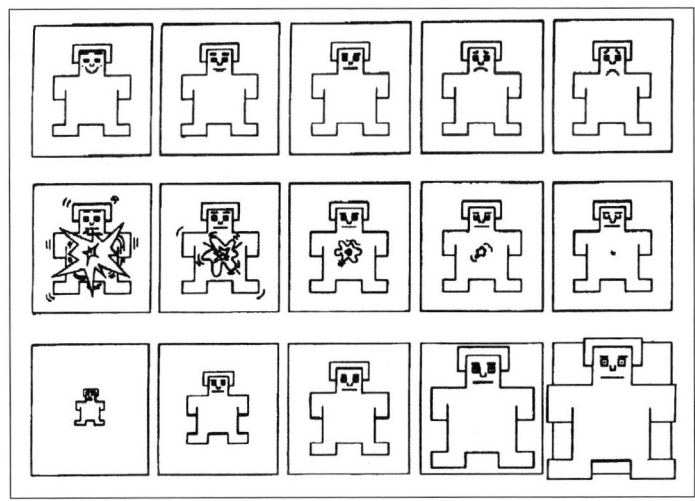

Abbildung 3. Self-Assessment Manikin (Lang, 1980). In den drei Reihen sind die
affektiven Dimensionen Valenz, Erregung und Dominanz dargestellt

Direkte Befragungsmethoden zur Emotionserfassung sind möglicherweise proble-matisch, da sie anfällig für bewusste oder unbewusste Verzerrungen sein können (manche Probanden möchten vielleicht nicht zugeben, sehr erregt zu sein; manche Schüler würden vielleicht ihre Prüfungsangst „übertreiben", um eine Ausrede für schwache Leistungen zu haben). Aus diesem Grund wurden auch Methoden zur Emo-tionserfassung entwickelt, die vollständig auf den subjektiven Bericht von Probanden verzichten. Ein einschlägiges Verfahren dieser Art macht sich die expressive Kompo-nente von Emotionen zunutze und zielt darauf, emotionstypische Mimik zu kodieren und zu quantifizieren. Es ist das „Facial Action Coding System" (FACS), das von Paul Ekman und Kollegen entwickelt wurde. Im FACS werden kleinste Muskelbewegungen im Gesicht erfasst und in ihrer Kombination für die Kodierung verschiedenster Emo-tionen herangezogen (Ekman, Friesen, & Hager, 2002). Abbildung 4 zeigt einen Aus-schnitt aus den FACS-Anweisungen: Einige zentrale Gesichtsareale, die beim Ausdruck von Emotionen aktiviert werden, sowie Beispiele für die beschriebenen emotions-tragenden Muskelbewegungen (Baseline und drei der so genannten „Action Units").

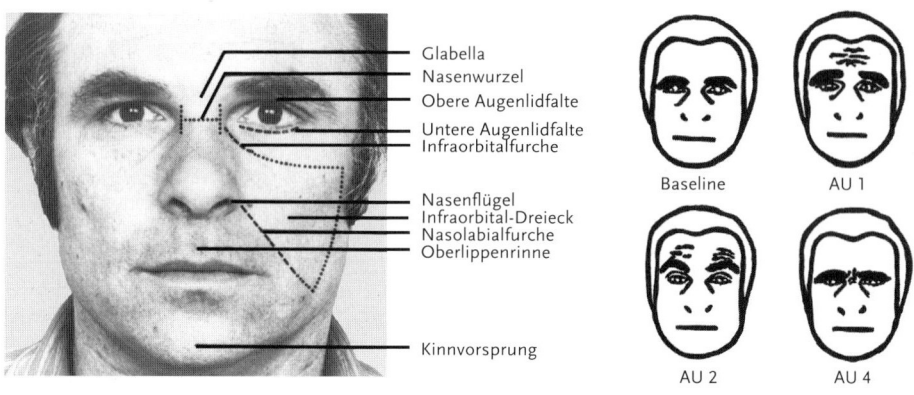

Abbildung 4. Ausschnitt aus dem FACS-Manual (Ekman, et al., 2002; Hager & Ekman, 1983)

Schließlich werden in der Forschung auch Versuche gemacht, die körperlichen (phy-siologischen) Prozesse zu erfassen, die beim Erleben von Emotionen ablaufen. Ver-schiedene peripher-physiologische Messdaten können Hinweise auf das emotionale Erleben von Probanden liefern. Hierzu zählen die Erfassung des Hautwiderstands, der Herzfrequenz oder des Blutdrucks. Auch bestimmte im Blut bzw. im Speichel nachweisbare Botenstoffe – insbesondere Kortisol – werden in Studien häufig als Indikatoren erhöhter emotionaler Erregung (Angst bzw. Stress) herangezogen. In der Forschung wird zudem versucht, die hirnbasierten Prozesse beim Erleben von Emo-tionen messbar und sichtbar zu machen, was anhand von so genannten bildgebenden Verfahren (z.B. funktionale Magnetresonanztomographie, kurz fMRT; oder auch Elek-troenzephalografie, kurz EEG) möglich ist.

1.2.5 Leistungsemotionen

Der schulische Alltag ist durchdrungen von Emotionen. Klassenzimmer sind keine „kühlen Lernräume", sondern Orte, an denen eine bunt gemischte Gruppe von Menschen miteinander interagiert, und in denen Erfolge und Misserfolge auf der Tagesordnung stehen. All diese Umstände rufen ständig Emotionen bei allen Beteiligten hervor.

Bei der Vielzahl an Emotionen, die im Schulkontext anzutreffen sind, soll im vorliegenden Beitrag ein besonderes Augenmerk auf Leistungsemotionen gelegt werden. Pekrun (z.B. 2006) definiert Leistungsemotionen folgendermaßen:

> **Definition**
> *Leistungsemotionen* sind diejenigen Emotionen, die in Bezug auf leistungsbezogene Aktivitäten und die Ergebnisse dieser Aktivitäten erlebt werden.

Ein wichtiges Charakteristikum von Leistungssituationen ist es, dass hier Gütemaßstäbe präsent sind, anhand derer das Handeln der beteiligten Personen bewertet wird (vgl. auch Kapitel „Motivation"). Diese Bewertung kann die handelnde Person selbst vornehmen oder jemand anders, zum Beispiel die Lehrkraft. Sie kann explizit ausgesprochen werden („Sehr gut, das hast du genau richtig gemacht") oder formal zum Beispiel in Form von Noten beziffert werden; ein Gütemaßstab kann aber auch nur implizit in einer Situation „durchschimmern" – zum Beispiel wenn ein Kind merkt, dass es beim Fangenspielen im Laufen langsamer oder schneller ist als seine Freunde. Außerdem kann sich ein Gütemaßstab an verschiedenen Kriterien orientieren (vgl. auch Kapitel „Motivation"): Beim sozialen Gütemaßstab steht der Vergleich mit anderen im Vordergrund (z.B. mehr Buchstaben schreiben können als die Mitschüler), beim individuellen Gütemaßstab der Vergleich mit der eigenen Leistung zu einem anderen Zeitpunkt (z.B. mehr Buchstaben schreiben können als noch vor einem Monat), beim absoluten Gütemaßstab der Vergleich mit einem objektiv gesetzten Kriterium (z.B. 20 der 26 Buchstaben des Alphabets schreiben können). Unabhängig davon, ob der Gütemaßstab explizit oder implizit vorhanden ist und ob er sozial, individuell oder absolut verankert ist, bringt eine Bewertung entlang eines Gütemaßstabes in der Regel ein eindeutiges Urteil mit sich: Erfolg oder Misserfolg. Leistungsemotionen sind also diejenigen Emotionen, die im Zusammenhang mit bevorstehenden, zurückliegenden oder aktuell erlebten Erfolgen und Misserfolgen auftreten. Zwischenmenschliche Gefühle wie Sympathie oder Abneigung sind somit nicht dieser Gruppe von Emotionen zuzuordnen.

Um sich dem Forschungsgegenstand der Leistungsemotionen weiter zu nähern, ist es hilfreich, sie nach verschiedenen Ordnungskriterien zu klassifizieren.

Überlegen Sie zunächst selbst: Welche verschiedenen Gefühle fallen Ihnen ein, die Sie im Kontext von Lernen und Leistung selbst schon erlebt haben oder bei anderen beobachtet haben? Welche Gemeinsamkeiten und Unterschiede haben diese verschiedenen Gefühle? Wie können sie klassifiziert werden?

Auf solche Weise über Gefühle nachzudenken, ist im Übrigen auch eine empfehlenswerte Übung für Ihre Schüler, um deren emotionale Kompetenz zu trainieren. Sie erweitert das Emotionsvokabular (überhaupt verschiedene Gefühle benennen zu können) und die „meta-emotionale Kompetenz" im Sinne der Fähigkeit, Emotionen zu ordnen und voneinander abgrenzen zu können (vgl. den Begriff metakognitive Kompetenz im Kapitel „Selbstreguliertes Lernen").

Um Leistungsemotionen theoretisch zu taxonomisieren, hat Pekrun (Pekrun, Elliot, & Maier, 2006, vgl. auch Pekrun & Jerusalem, 1996) drei Ordnungskriterien vorgeschlagen: Valenz, Objektfokus und zeitlichen Bezug. Frenzel et al. (2009) haben diese noch um ein viertes Ordnungskriterium ergänzt, nämlich den Selbst- vs. Fremdbezug.

- die **Valenz,** im Sinne von Wertigkeit, unterscheidet positive (subjektiv angenehme) von negativen (subjektiv unangenehmen) Emotionen.
- der **Objektfokus** dient dazu, zu unterscheiden, ob die Emotionen primär auf eine Aktivität oder auf das Leistungsergebnis dieser Aktivität gerichtet sind (d.h. Erfolg oder Misserfolg).
- der **zeitliche Bezug** beschreibt, ob der Fokus beim Erleben einer Emotion eher auf die Zukunft (prospektiv), auf die gegenwärtige Tätigkeit (aktuell) oder zurückblickend auf ein Ergebnis (retrospektiv) gerichtet ist. Bei einem auf die Aktivität gerichteten Objektfokus ist der zeitliche Bezug grundsätzlich die Gegenwart, d.h. die momentan durchgeführte Tätigkeit. Liegt der Objektfokus auf Ergebnissen, kann der zeitliche Bezug prospektiv oder retrospektiv sein. Die meisten Emotionen sind einzig einem zeitlichen Bezug zuzuordnen (wie Angst als grundsätzlich prospektive Emotion), einige Emotionen können aber auch unter unterschiedlichem zeitlichem Bezug erlebt werden (wie z.B. Ärger, der retrospektiv im Falle von Misserfolg auftritt, aber auch aktuell erlebt werden kann, beispielsweise wenn man sich gezwungen sieht, eine unangenehme Aufgabe durchzuführen).
- der **Selbst- vs. Fremdbezug** ist vor allem bei retrospektiven Emotionen von Bedeutung. Hier geht es darum, worauf man einen erlebten Erfolg oder Misserfolg zurückführt; auf sich selbst oder eine andere Person (hierauf kommen wir im Zusammenhang mit dem Phänomen „Attribution" später noch einmal zu sprechen, vgl. Abschnitt 1.3.2). Eine besonders interessante Emotion hinsichtlich der Taxonomisierung in Selbst- vs. Fremdbezug ist die Emotion Ärger. Spontan wird man sie vermutlich eher als fremdbezogen klassifizieren, weil man sich in der Regel *über jemand anderen* ärgert. Ärger kann aber durchaus auch selbstbezogen erlebt werden, beispielsweise wenn man den Eindruck hat, einen Misserfolg durch

eigenes Fehlverhalten verursacht zu haben (beispielsweise zu wenig oder das falsche auf eine Prüfung gelernt zu haben, obwohl man es besser hätte wissen können).

Anhand dieser Ordnungskriterien können die meisten Leistungsemotionen mehr oder weniger eindeutig klassifiziert werden. Tabelle 1 veranschaulicht die Taxonomie und ordnet einige zentrale Leistungsemotionen entsprechend ein.

Tabelle 1. Klassifikation von Leistungsemotionen

		Valenz: Positiv (angenehm)	Valenz: Negativ (unangenehm)
Fokus: Aktivität	aktuell	(Lern-)Freude	Langeweile, Frustration, Ärger
Fokus: Ergebnis	prospektiv	Hoffnung, Vorfreude	Angst, Hoffnungslosigkeit
	retrospektiv – selbstbezogen	(Ergebnis-)Freude, Erleichterung, Stolz	Trauer, Enttäuschung, Scham/Schuld, Ärger
	retrospektiv – fremdbezogen	Dankbarkeit, Schadenfreude	Ärger, Neid, Mitleid

---

Fazit

Emotionen sind mehrdimensionale Konstrukte, die aus affektiven, physiologischen, kognitiven, expressiven und motivationalen Komponenten bestehen. Man kann Emotionen zum einen als momentane Zustände (States) und als Persönlichkeitseigenschaften (Traits) betrachten. Sie sind eigenständige psychologische Konstrukte, die jedoch Überlappungen mit Phänomenen wie Stimmung, psychologischem Wohlbefinden oder auch Stress aufweisen. Die typischste Art, Emotionen zu erfassen, ist der sprachbasierte Selbstbericht anhand von normierten Skalen. Für den schulischen Kontext von besonderer Bedeutung sind diejenigen Emotionen, die im Bezug auf leistungsbezogene Aktivitäten und die Ergebnisse dieser Aktivitäten erlebt werden.

1.3 Ursachen von Emotionen

1.3.1 Appraisaltheorie

Eine zentrale Frage in der psychologischen Forschung zielt stets auf die Ursachen psychischer Phänomene. Nur wenn wir verstehen, wodurch ein bestimmtes Verhalten von Menschen und deren psychisches Erleben hervorgerufen werden, können wir darauf Einfluss nehmen. Das Erleben und Verhalten bei uns selbst und bei anderen zu beeinflussen ist wiederum eines unserer wichtigsten Ziele, auch und gerade in pädagogischen Kontexten. Im Falle von Emotionen werden sich Versuche der Einflussnahme in der Regel auf das Herbeiführen positiver Emotionen und auf das Abschwächen bzw. Vermeiden negativer Emotionen richten.

 Überlegen Sie zunächst selbst – was sind bei Ihnen mögliche Ursachen bzw. Auslöser von Emotionen?

Denken Sie beispielsweise an eine Situation, in der Sie Angst gehabt haben. Was war der Auslöser für diese Angst? Welche Personen waren bei Ihnen? Wie hätte die Situation von Ihnen selbst oder von anderen geändert werden können, damit Sie weniger Angst gehabt hätten?

Als weiteres Beispiel denken Sie nun an eine Situation, in der Sie Stolz empfunden haben. Wodurch wurde dieser Stolz verursacht? Was hat die Situation charakterisiert, dass Sie Stolz erlebt haben? Was hätte Ihren Stolz noch verstärken können?

In der Emotionsforschung sind auf der Suche nach Ursachen folgende grundsätzliche Tatsachen festgestellt worden:

- Auch ein und dieselbe Person reagiert in von außen betrachtet sehr ähnlichen Situationen nicht immer mit der gleichen Emotion bzw. mit der gleichen Intensität einer Emotion (z.B. reagiert ein Schüler in einer Prüfungssituation mit großer Angst, in einer anderen bleibt er völlig „cool").
- Oft reagieren zwei verschiedene Personen auf ein und dasselbe Ereignis mit unterschiedlichen Emotionen (z.B. ärgert sich ein Schüler unbändig darüber, dass seine Klasse im Finale des Schulfußballturniers verloren hat, ein anderer Schüler der selben Klasse bleibt vergleichsweise ungerührt).
- Es gibt nur wenige Gruppen von Situationen oder Ereignissen, in denen alle Menschen mit den gleichen Emotionen reagieren (z.B. haben die meisten mehr oder weniger Angst davor, beim Arzt eine Spritze zu bekommen oder eine Rede vor einer großen Gruppe zu halten).

Als eine Erklärung für diese Tatsachen ist in der Emotionsforschung der Appraisal-Ansatz entwickelt worden. Dieser besagt, dass es nicht die Situationen selbst sind, die Emotionen in uns hervorrufen, sondern vielmehr die Interpretationen der Situationen dazu führen, dass wir bestimmte Emotionen erleben. Diese Interpretationen nennt man fachbegrifflich Appraisals.

Definition

Appraisals sind kognitive Bewertungsprozesse von Situationen, Tätigkeiten oder der eigenen Person. Unterschiedliche Konstellationen von Appraisals rufen unterschiedliche Emotionen hervor.

Anhand des Phänomens der Appraisals erklären sich die gerade beschriebenen Beobachtungen und Beispiele:

- Zwei von außen betrachtet sehr ähnliche Situationen können von der betroffenen Person auf unterschiedliche Weise kognitiv bewertet werden: Der Schüler mag die eine Prüfungssituation als sehr bedrohlich empfunden haben, weil er sich schlecht vorbereitet fühlte, während er in der anderen Prüfung die Situation subjektiv gut unter Kontrolle hatte, da er zuversichtlich war, den Prüfungsstoff gut zu beherrschen.
- Ein und dasselbe Ereignis kann von zwei Personen sehr unterschiedlich interpretiert werden: Der eine Schüler mag der Kapitän der Mannschaft gewesen sein und daher interpretierte er die Situation als sehr wichtig und die Niederlage war für ihn persönlich bedeutsam. Der andere Schüler hat dagegen die Ersatzbank drücken müssen und somit interpretierte er die Situation als irrelevant.
- Einige Situationen oder Ereignisse sind vergleichsweise eindeutig hinsichtlich ihrer Interpretation, so dass die meisten Menschen mit den gleichen Emotionen reagieren. Hierzu zählen Situationen, in denen ein Eingriff in die körperliche Unversehrtheit droht (wie bei einer Spritze), oder auch eine negative Bewertung durch andere Personen möglich ist (wie bei einer Rede).

Ganz offensichtlich gibt es eine schier unendliche Zahl an möglichen Interpretationsmöglichkeiten von Situationen. Ein wichtiges Thema im Kontext der Emotionsforschung ist daher, mögliche Appraisals zu ordnen und verschiedenen Dimensionen zuzuordnen, um dann Vorhersagen treffen zu können, welche Emotionen bei welchen Appraisalkonstellationen auftreten. Wichtige Appraisal-Theoretiker sind Richard Lazarus, Phoebe Ellsworth, Craig Smith, Nico Frijda und im deutschsprachigen Raum Klaus Scherer (einen guten Überblick zur aktuellen Appraisal-Forschung liefern z.B. Scherer, Schorr, & Johnstone, 2001). Diese Autoren sind sich mehr oder weniger einig darüber, dass wichtige Appraisals in der Beantwortung folgender Fragen liegen:

- Ist die Situation für mich angenehm oder unangenehm?
- Wie persönlich bedeutsam ist diese Situation für mich?
- Habe ich selbst, eine andere Person oder die Umstände die Situation verursacht?
- Verfüge ich über die Möglichkeit, die Situation zu verändern?
- Wie wahrscheinlich ist/war das Eintreten der Situation?

Die zentrale Aussage der Appraisaltheorie liegt nun darin, dass das Erleben bestimmter Emotionen dadurch hervorgerufen wird, dass mehrere dieser Fragen auf bestimmte Weise beantwortet werden. So tritt zum Beispiel die Emotion Dankbarkeit in Situationen auf, die wir als persönlich relevant, positiv und durch andere Personen verursacht erleben; Ärger entsteht, wenn wir den Eindruck haben, dass etwas persönlich bedeutsames, negatives eingetreten ist, aber vermeidbar gewesen wäre; Angst erleben wir, wenn etwas negatives, persönlich bedeutsames mit gewisser Wahrscheinlichkeit auftreten kann, und wir nur wenige Möglichkeiten sehen, die Situation zu verändern (vgl. auch weiter unten: Box zu Leistungsemotionen und ihre typischen Appraisalkonstellationen).

Wodurch werden nun wiederum diese Appraisals bestimmt? Was trägt dazu bei, dass man eine Situation als angenehm oder unangenehm, als persönlich bedeutsam oder unwichtig, als wahrscheinlich oder unwahrscheinlich bewertet? Ein großer Anteil liegt auch hier wieder in der Person und ihren persönlichen Überzeugungen, die ihre Wahrnehmung der Situation stark prägen. Jedoch können solche generalisierten Überzeugungen auch von Signalen, die in der Situation selbst liegen, verändert, teilweise sogar vollständig überschrieben werden. Generelle persönliche Überzeugungen tragen vor allem dann zur Interpretation von Situationen bei, wenn die Situation selbst unauffällig oder unbekannt ist.

Appraisaltheorie: Implikationen für die Praxis

Dass Emotionen durch die gedankliche Interpretation von Situationen entstehen, bedeutet für Sie, dass Sie Einfluss auf Emotionen Ihrer Schülerinnen und Schüler nehmen können, indem Sie diese gedanklichen Bewertungen der Situationen zu verändern versuchen.

Die Interpretation einer Situation wird u.a. dadurch geprägt, wie der einzelne Schüler sie durch die „Brille" seiner generellen Überzeugungen wahrnimmt. So wird beispielsweise ein Schüler, der generell überzeugt ist, in Mathematik begabt zu sein (d.h. sein mathematisches Fähigkeitsselbstkonzept ist positiv ausgeprägt), eine Mathematikprüfung eher als bewältigbar beurteilen. Ebenso liegt es in der Person des Schülers, inwieweit er Leistungen in einem Fach als wichtig erachtet (beispielsweise für die eigene geplante Berufslaufbahn). Und auch die Frage, ob ein Leistungsergebnis als Erfolg oder Misserfolg eingestuft wird, hängt stark vom Schüler selbst und insbesondere seinen Erwartungen ab (hatte der Schüler „ein gutes Gefühl" in einer Prüfung, wird er von der Note 3 eher enttäuscht sein, als wenn er befürchtet hatte, sehr schlecht abgeschnitten zu haben).

Aber auch die Situation selbst kann starke „Signale" aussenden, welche Interpretation nahe gelegt wird. Auch der von sich grundsätzlich überzeugte Schüler kann eingeschüchtert werden, wenn eine Prüfung als sehr schwer angesagt wird. Vermeiden Sie dies nach Möglichkeit! Auch die persönliche Einschätzung geringer Bedeutsamkeit einer Prüfung kann sich ins Gegenteil wenden, wenn man kurzfristig erfährt, eine Prüfung gehe mit dreifachem anstatt einfachem Gewicht in die Abschlussnote ein. Vermeiden Sie nach Möglichkeit auch solche „unangenehmen Überraschungen", auch als Maßregelung sollte so etwas nicht eingesetzt werden. Schließlich kann die Einschätzung der eigenen Leistung als Erfolg oder Misserfolg stark von der Situation selbst geprägt werden – die Note 3, die zunächst enttäuschte, kann rasch in einen Erfolg umgedeutet werden, wenn man erfährt, dass die Arbeit insgesamt schlecht ausgefallen ist und somit diese Note zumindest im Sozialvergleich mit dem Rest der Klasse als gut zu bewerten ist.

Schulische Situationen so zu gestalten, dass für Ihre Schüler emotionsgünstige Appraisals resultieren, ist eine der zentralen Aufgaben für Sie als Lehrkraft. Wie beispielsweise eine Prüfungssituation von Ihren Schülern wahrgenommen wird, liegt stark daran, wie Sie selbst diese Prüfung den Schülern darstellen.

Mit etwas Geduld und nachhaltigen, konsistenten Rückmeldungen können Sie auch auf die generellen Überzeugungen Ihrer Schüler einwirken und somit Einfluss auf deren emotionales Erleben nehmen. Sie stellen für Ihre Schüler wichtige Autoritätspersonen dar, und Ihre Überzeugungen, die Sie in Form von verbaler, aber auch nonverbaler (z.B. mimischer und gestischer) Rückmeldung an die Schüler senden, prägen diese stärker, als Sie vielleicht annehmen.

1.3.2 Entstehung von Leistungsemotionen: Weiners Attributionstheorie und Pekruns Kontroll-Wert Ansatz

Der Psychologe Bernard Weiner prägte die Forschung zum Thema Attributionen. Seine Theorien und Befunde sind für pädagogische Kontexte von großer Bedeutung, insbesondere im Zusammenhang mit dem Phänomen Motivation (vgl. auch Kapitel „Motivation"). Aber auch die *emotionalen Folgen* von Erfolgs- und Misserfolgsattributionen sind von Weiner und Kollegen untersucht worden (Weiner, 1985, 1986). Attributionen sind in diesem Kontext quasi identisch mit Appraisals: Sie sind die Interpretationen dessen, wodurch man einen Erfolg oder Misserfolg verursacht sieht. Weiner und Kollegen untersuchten zahlreiche verschiedene Erfolgs- und Misserfolgsattributionen und die nachfolgenden Emotionen. Sie kamen dabei zu zwei zentralen Schlüssen:

1. Erfolg und Misserfolg an sich rufen Emotionen hervor. Unabhängig davon, worauf man ein Leistungsergebnis zurückführt, erlebt man Freude bei Erfolg und Frustration bzw. Trauer bei Misserfolg. Diese beiden Emotionen nennt Weiner daher auch ergebnisabhängige Emotionen.

2. Beginnt eine Person, den Leistungsergebnissen bestimmte Ursachen zuzuschreiben, stellen sich weitere, differenzierte Emotionen ein: Diese nennt Weiner at-
tributionsabhängige Emotionen.

In der Attributionsforschung werden drei Dimensionen unterschieden, entlang derer man Erfolge bzw. Misserfolge verursacht sehen kann: Kontrollierbarkeit (für die
betroffene Person kontrollierbar vs. unkontrollierbar), Lokation (internal vs. external,
d.h. innerhalb oder außerhalb der betroffenen Person liegend) und Stabilität (stabil vs.
instabil, d.h. durch eine veränderliche oder unveränderliche Ursache entstanden). Bedeutsam für das emotionale Erleben nach Erfolgen bzw. Misserfolgen sind nach Weiner
vor allem die Dimensionen Kontrollierbarkeit und Lokation. Stolz bzw. Scham tritt
demzufolge dann auf, wenn man einen Erfolg bzw. einen Misserfolg internal stabil attribuiert, d.h. auf eine Eigenschaft der eigenen Person zurückführt. Im Falle externaler
Attribution von Erfolg bzw. Misserfolg sollte man Weiner zufolge Dankbarkeit bzw.
Ärger erleben. Die dritte in der Attributionsforschung typischerweise berücksichtigte
Attributionsdimension Stabilität beeinflusst laut Weiner vorwiegend die Erwartung bezüglich zukünftiger Leistungsergebnisse und damit das Erleben von Hoffnung und
Hoffnungslosigkeit: Führt man einen Misserfolg auf eine instabile Ursache zurück
bleibt die Hoffnung, dass es beim nächsten Mal anders sein könnte; bei einer stabilen
Misserfolgsattribution reagiert man hoffnungslos, da man nicht erwarten kann, dass
das Ergebnis beim nächsten Mal besser ausfallen könnte.

Ein weiterer wichtiger Aspekt von Weiners Theorie ist, dass wir nicht nur unseren eigenen Erfolgen und Misserfolgen Ursachen zuschreiben, sondern auch den Erfolgen und
Misserfolgen anderer Personen. Auch solche Fremdattributionen können Emotionen zur
Folge haben. Beobachtet man beispielsweise einen Misserfolg bei jemand anderem und
attribuiert diesen auf internale (d.h. in diesem Fall in der anderen Person liegende) und
unkontrollierbare Ursachen, reagiert man in der Regel mit Mitleid – die andere Person
tut einem leid, weil man sieht, dass diese einen Misserfolg erleben muss, für den sie
„nichts kann". Beobachtet man hingegen einen Misserfolg bei einer anderen Person und
attribuiert diesen internal kontrollierbar, reagiert man mit Ärger bzw. Verachtung – die
andere Person hätte ja selbst dazu beitragen können, den Misserfolg zu vermeiden. Bei
beobachteten Erfolgen kann man hingegen mit empathischer Freude reagieren (bei internalen stabilen Ursachen), ggf. aber auch mit Überraschung (bei unkontrollierbaren
Ursachen).

Attribution und Emotion: Implikationen für die Praxis

Dass Emotionen dadurch entstehen, wie Erfolge bzw. Misserfolge attribuiert werden,
bedeutet für Sie, dass Sie anhand der emotionalen Reaktion Ihrer Schülerinnen und
Schüler etwas über deren persönliche Überzeugungen erfahren können. Versuchen
Sie hierfür sensibel zu werden, um ihre Schüler besser kennen zu lernen und nutzen
Sie diese Information, um ungünstige Ausprägungen in günstige zu wenden.

Ein Schüler dankt Ihnen für eine gute Note? – Er scheint seinen Erfolg nicht auf eigene Anstrengung oder Begabung zurückzuführen, sondern auf Ihre freundlichen Fragen oder großzügige Beurteilung. Weisen Sie ihn darauf hin, dass er sich die Note verdient habe, denn internale Attributionen von Erfolg sind eher wünschenswert als externale.

Eine Schülerin scheint sich über eine schlechte Note geradezu zu schämen? – Sie führt den Misserfolg offenbar auf internale, unkontrollierbare Ursachen zurück (z.B. eigene Unzulänglichkeit) und hat nun das Gefühl, vor anderen „dumm da zu stehen". Versuchen Sie ihr zu vermitteln, dass sie durchaus Möglichkeiten hat, es beim nächsten Mal besser zu machen, denn kontrollierbare Attributionen von Misserfolg sind günstiger als unkontrollierbare.

Dass man auch fremden Erfolgen und Misserfolgen Ursachen zuschreibt und entsprechend emotional reagiert, bedeutet für Sie, dass Sie mit Ihren Emotionen preisgeben, was Sie denken – was wiederum die Einstellungen Ihrer Schüler prägen kann.

Auch wenn Ihnen ihre „schwachen" Schüler gelegentlich richtig Leid tun, vermeiden Sie Mitleid im Zusammenhang mit einer schlechten Leistungsrückmeldung! Ihr Mitleid signalisiert Ihren Schülern, dass auch Sie nicht mehr an sie glauben. Die Schüler übernehmen diese internale, stabile Attribution und ihr Selbstkonzept der Begabung sinkt (oder bleibt niedrig).

Zeigen Sie stattdessen im Kontext von schlechten Leistungsrückmeldungen lieber Ärger. Dieser signalisiert ihren Schülern, dass Sie eigentlich glauben, dass sie es besser können – also deren Misserfolg internal und kontrollierbar attribuiert haben. Dies überträgt sich auf Ihre Schüler und ihr Selbstkonzept der Begabung profitiert. Tatsächlich kann in diesem Zusammenhang die negative Emotion Ärger Positives bewirken.

Während Leistungsemotionen in Weiners Theorie eher am Rande behandelt wurden, sind diese der zentrale Gegenstand der Kontroll-Wert-Theorie von Pekrun (Pekrun, 2000, 2006). Pekruns Ansatz ist auf der Appraisal-Theorie begründet. Auch hier wird also davon ausgegangen, dass Leistungsemotionen dann entstehen, wenn Leistungsaktivitäten und -ergebnisse auf bestimmte Weise interpretiert werden. Pekruns Theorie geht insofern über die von Weiner hinaus, als sie Appraisals im Allgemeinen und nicht nur den Ausschnitt der Attributionen von Erfolg und Misserfolg betrachtet. Während sich Weiners Theorie somit auf retrospektive Emotionen beschränkt (nämlich auf Emotionen, die bereits eingetroffene Erfolge und Misserfolge betreffen), berücksichtigt Pekrun in seinem Ansatz auch aktuelle und prospektive Emotionen.

Die zentrale Annahme des Ansatzes von Pekrun spiegelt sich in ihrem Namen wider: Er postuliert, dass zwei Typen von Appraisals für Leistungsemotionen am bedeutsamsten sind: die subjektive Kontrolle über lern- und leistungsbezogene Aktivitäten und Leistungsergebnisse sowie der Wert dieser Aktivitäten und Ergebnisse. Welche Interpretationen von Situationen diese beiden Typen von Appraisals genau ausmachen, wird im Folgenden näher erläutert.

Subjektive Kontrolle bezieht sich darauf, inwieweit man glaubt, eine Situation und ihre Konsequenzen „im Griff" zu haben, sie also kontrollieren zu können. Diese Kontrollkognitionen werden geprägt durch Überzeugungen, wodurch man Handlungen und ihre Ergebnisse verursacht sieht. Hierzu zählen in die Zukunft gerichtete Erwartungen, dass etwas aufgrund von bestimmten Umständen eintreten wird oder nicht (sog. prospektive Kausalerwartungen). Beispiele für solche prospektiven Kausalerwartungen sind Überlegungen wie „Wenn ich mich anstrenge, dann schaffe ich die Prüfung" (hohe Kontrollerwartung) oder auch „Ich bin in diesem Bereich einfach unbegabt, ich werde die Prüfung niemals schaffen" (niedrige Kontrollerwartung). Kontroll-Appraisals beinhalten aber auch aktuelle Kontrollwahrnehmungen, wenn man zum Beispiel in einer Prüfung denkt, „Ich habe noch viel Zeit, da kann ich die Ergebnisse noch einmal in Ruhe überprüfen" (hohe Kontrolle) oder „Die Aufgabenstellung verstehe ich nicht – ich kann die Aufgabe nicht bearbeiten" (niedrige Kontrolle). Und schließlich zählen zu Kontroll-Appraisals auch die klassischen rückblickenden Attributionen von Erfolgen und Misserfolgen. Pekruns Theorie lehnt sich hier an Weiners an und betont, dass hier eine wichtige Unterscheidung nicht nur in der Höhe der Kontrolle liegt, sondern auch in der Lokalisierung der Verursachung (durch einen selbst oder jemand anderen). Beispiele solcher Kontrollappraisals sind „Ich bin durchgefallen, weil ich mich nicht genug angestrengt habe" (internale Kontrolle) oder „Ich habe schlecht abgeschnitten, weil der Lehrer nicht den Stoff abgefragt hat, der vereinbart war" (externale Kontrolle).

Wert-Appraisals beziehen sich zum einen auf die Wahrnehmung, ob eine Lernaktivität oder ein Leistungsergebnis grundsätzlich als positiv oder negativ beurteilt wird. Die Überlegung, „Super, ich bin nicht durchgefallen" ist ein Beispiel für ein positives Wert-Appraisal. Dasselbe Ergebnis könnte von einem anderen Schüler natürlich auch negativ beurteilt werden („So was Blödes, nur eine Vier"). Zum anderen beziehen sich Wert-Appraisals auch darauf, als wie wichtig bzw. persönlich bedeutsam eine Aktivität bzw. ein Leistungsergebnis eingeschätzt wird. So werden Misserfolge in der Regel als negativ bewertet, aber sie können als mehr oder weniger „schlimm" empfunden werden. Durch die Führerscheinprüfung zu fallen hat für die meisten beispielsweise eine größere persönliche Relevanz als in der Schule in einem „nicht vorrückungsrelevanten" Nebenfach schlecht abzuschneiden. Wert-Appraisals beinhalten also stets sowohl eine kategoriale Wertung (positiv/negativ) und eine dimensionale Wertung (mehr oder weniger positiv oder negativ).

Überlegen Sie sich einmal für Lern- und Leistungssituationen in Ihrem Studium, oder auch für Situationen in Ihrer anstehenden Aufgabe als Lehrkraft: Wie fallen Ihre Kontroll- und Wertappraisals hinsichtlich bestimmter Aspekte Ihres Studiums bzw. Ihres Berufs aus?

Kontrollappraisals:

– In welchem Studienfach/welcher Prüfung empfinden Sie hohe Kontrolle? In welchem fühlen Sie sich eher „ausgeliefert"?

– Welche Aspekte des Unterrichtens sehen Sie als kontrollierbar an, d.h. Sie erwarten, diese "im Griff" zu haben? Welche Dinge erscheinen Ihnen eher unberechenbar?

Wertappraisals:

– Wie würden Sie bestimmte Leistungsergebnisse in einer Ihrer anstehenden Prüfungen bewerten? Eine Drei ein Erfolg? Eine Zwei ein Misserfolg?

– Wie wichtig ist Ihnen eine Ihrer anstehenden Prüfungen? Wie persönlich bedeutsam wäre es für Sie, in dieser gut oder schlecht abzuschneiden?

– Wenn Sie an das Unterrichten denken – wie würden Sie es bewerten, wenn eine Schülerin die richtige Antwort hineinruft? Erfolg, weil sie die Antwort wohl von Ihnen gelernt hat? Misserfolg, weil sie sich nicht an die Klassenregel gehalten hat, dass nicht hineingerufen werden soll?

Wenn Sie sich in diese Situationen hineinversetzen, wird Ihnen auffallen, dass eng mit den entsprechenden Appraisals verknüpft sogleich Emotionen in Ihnen aufkeimen. Welche Appraisalkonstellationen zu welchen Emotionen im Leistungskontext führen, ist Gegenstand des nächsten Abschnitts. Die Gefühle von Lehrkräften im Zusammenhang mit Unterrichten werden zudem unter Abschnitt 2.5 („Lehrkraft im Fokus") noch einmal näher behandelt.

Angesichts der Vielzahl diskreter Emotionen ist es nicht trivial, allgemeine Regeln für die Wirkung von Kontroll- und Wertappraisals für das Erleben von Emotionen aufzustellen. Trotzdem gibt es drei allgemeine Wirkmechanismen von Kontroll- und Wertappraisals auf das emotionale Erleben: (1) Das *kategoriale Wert-Appraisal* einer Tätigkeit (angenehm oder unangenehm) oder eines Leistungsergebnisses (Erfolg oder Misserfolg) bestimmt zunächst die *Valenz von Emotionen* (d.h. allgemein positive oder negative Emotionen werden erlebt). (2) Das *Kontroll-Appraisal* bestimmt die *Qualität von Emotionen*, d.h., welche diskrete Emotion erlebt wird (steht eine Prüfung bevor, wird man beispielsweise bei hoher subjektiver Kontrolle Vorfreude empfinden, bei geringerer subjektiver Kontrolle hingegen Angst). (3) Das *dimensionale Wert-Appraisal* einer Tätigkeit oder eines Leistungsergebnisses, gepaart mit dem Kontroll-Appraisal bestimmt die *Intensität der Emotionen*; wobei die Einschätzung der persönlichen Wichtigkeit typischerweise sowohl positive als auch negative Emotionen verstärkt und das Ausmaß, zu dem man Kontrolle in der jeweiligen Situation erlebt, positive Emotionen in der Regel verstärkt und negative Emotionen abschwächt. Beispielsweise wird der Ärger oder die Enttäuschung über die verpatzte Führerscheinprüfung viel größer sein als der Ärger über die misslungene Abfrage im „nicht-vorrückungsrelevanten" Nebenfach (wegen der höheren persönlichen Relevanz der Führerscheinprüfung). Bei gleicher persönlicher Relevanz wird außerdem die Freude über einen Erfolg im Falle hoher Kontrolle (z.B. in einer Prüfung, für die man sich sehr angestrengt hat) größer ausfallen, als an einem bei niedriger Kontrolle (z.B., wenn man bei einem Glücksrad einen „Treffer" gelandet hat).

Eine Ausnahme zum eben beschriebenen dritten Punkt – je höher die persönliche Bedeutung, desto intensiver die Emotion – stellt die Emotion Langeweile dar. Das heißt, je *wichtiger* einem eine Tätigkeit oder ein Leistungsergebnis ist, desto *weniger* Langeweile erlebt man (Goetz, Frenzel, & Haag, 2006). Auch was das Kontrollerleben anbetrifft, stellt sich die Situation für Langeweile anders dar als für die meisten anderen Leistungsemotionen. Langeweile tritt sowohl in Situationen hoher subjektiver Kontrolle ein (man ist sich der Aktivität und ihrer Ergebnisse so sicher, dass es „langweilig" wird – sog. Unterforderungslangeweile) als auch in Situationen niedriger subjektiver Kontrolle (wenn man die Situation so wenig im Griff hat, dass man „abschaltet"), in diesem Zusammenhang spricht man auch von „Überforderungslangeweile" (Götz & Frenzel, 2010).

Letztlich ist jede Emotion durch eine ihr eigene Appraisalkonstellation geprägt. In Tabelle 2 sind exemplarisch einige Leistungsemotionen und die für sie typische Ausprägung entlang der Dimensionen Kontrollierbarkeit (hoch vs. niedrig, bzw. internal vs. external) und Wert (positiv vs. negativ) dargestellt und die entsprechenden Leistungssituationen kurz beschrieben.

Tabelle 2. Einige Leistungsemotionen und ihre typischen Appraisalkonstellationen (nach Pekrun, 2006)

Emotion	Umschreibung der Situation	Kontrolle	Wert
Vorfreude	Erwartung eines Erfolges, der mit hoher Sicherheit eintreten wird	hoch	positiv
Hoffnung	Erwartung eines Erfolges, der mit mittlerer Sicherheit eintreten wird	mittel	positiv
Angst	Erwartung eines Misserfolges, der mit mittlerer Sicherheit eintreten wird	mittel	negativ
Hoffnungs-losigkeit	Erwartung eines Misserfolgs, der mit hoher Sicherheit eintreten wird	niedrig	negativ
Tätigkeits-freude	positive Bewertung der aktuellen Tätigkeit	hoch	hoch

Langeweile	negative Bewertung der aktuellen Tätigkeit (zu leicht oder zu schwer)	hoch oder niedrig	negativ
Ärger	negative Bewertung der aktuellen Tätigkeit	external	negativ
Ergebnisfreude	Eingetretener Erfolg	irrelevant	positiv
Frustration bzw. Trauer	Eingetretener Misserfolg	irrelevant	negativ
Stolz	Eingetretener Erfolg, der auf die eigene Tüchtigkeit zurückgeführt wird	internal	positiv
Dankbarkeit	Eingetretener Erfolg, der auf Hilfe anderer zurückgeführt wird	external	positiv
Erleichterung	Eingetretener Erfolg, der nicht erwartet wurde	niedrig	positiv
Enttäuschung	Eingetretener Misserfolg, der nicht erwartet wurde	niedrig	negativ
Scham	Eingetretener Misserfolg, der auf eigene (unveränderliche) Unzulänglichkeit zurückgeführt wird	internal	negativ
Ärger	Eingetretener Misserfolg, der auf fremde Verursachung zurückgeführt wird ODER Misserfolg, der auf eigene (veränderliche) Unzulänglichkeit zurückgeführt wird ODER eingetretener Misserfolg bei anderer Person, die auf deren (veränderliche) Unzulänglichkeit zurückgeführt wird	external oder internal	negativ
Mitleid	Eingetretener Misserfolg bei anderer Person, die auf deren (unveränderliche) Unzulänglichkeit zurückgeführt wird	internal	negativ

Wert-Appraisals und Emotionen: Implikationen für die Praxis

Wegen der komplexen Zusammenhänge zwischen Wertappraisals und Emotionen gilt es in der Praxis genau abzuwägen, ob und wie man versucht, auf diese Überzeugungen bei Lernenden Einfluss zu nehmen.

Betont man den **Wert von Leistungsergebnissen** („Diese Note geht doppelt in die Abschlussnote ein"; „Das Abschneiden in dieser Prüfung ist wirklich wichtig für dein späteres Leben, z.B. ob du einen Ausbildungsplatz bekommst oder nicht"), hat das ambivalente motivationale und emotionale Folgen bei Lernenden. Einerseits **erhöht sich der Anreiz, sich für die jeweilige Aufgabe auch anzustrengen** (vgl. Erwartungs-mal-Wert-Theorie der Motivation; siehe Abschnitt 2.2.4 im Kapitel „Motivation"). Es bringt auch **intensivere positive Emotionen im Erfolgsfall** mit sich und es wäre zu erwarten, dass **weniger Langeweile** im Zusammenhang mit solchen Leistungsanforderungen erlebt wird. Andererseits **verstärkt** es aber auch vor, während und nach der Aufgabendurchführung **negative Emotionen** wie Angst, Ärger und Enttäuschung. Für den Fall, dass die Erfolgserwartung eines Schülers eher niedrig ist, können solche gut gemeinten „motivierenden" Aussagen dadurch **emotional sehr belastend** werden – denn sie verstärken in ihm Angst oder gar Hoffnungslosigkeit.

Betont man den **Wettbewerbscharakter** in einer Leistungssituation, erhöht dies in der Regel ebenfalls den Wert des Leistungsergebnisses, mit den oben beschriebenen ambivalenten emotionalen Wirkungen. Besonders, wenn der Wettbewerb einzig und allein **auf Basis eines sozialen Vergleichs** etabliert wird („Mal sehen, wer von Euch am besten/schnellsten/schönsten xyz kann"), **überwiegen jedoch die negativen Effekte.** In diesem Fall geht der einzelne Erfolg auf Kosten des Misserfolgs aller anderen und Erfolg wird „verknappt", denn nur einer kann der Beste sein. So resultieren bei einer Mehrheit der Schülerinnen und Schüler Misserfolge mit entsprechenden negativen Emotionen, was durch die große Freude der wenigen Sieger nicht aufgewogen werden kann. Versuchen Sie stattdessen Wettbewerbssituationen herzustellen, bei denen die Erfolgskriterien absolut verankert sind, und die von einer hinreichenden Menge der Schüler erreicht werden können („Mal sehen, wer von Euch in x Sekunden xyz x-mal schafft"). Günstiger als Wettbewerb zwischen Einzelnen sind auch **Gruppenwettbewerbe**, bei denen der eigene Erfolg (auch) von der Zusammenarbeit in der Gruppe abhängt. Auch hier wird die Freude über einen Erfolg groß sein, die Frustration im Falle von Misserfolg hingegen erwartungsgemäß geringer ausfallen.

Empfehlenswert ist generell die Betonung des **Wertes einer Aufgabe selbst** („Das ist eine spannende Sache", „Diese Art von Aufgaben macht den meisten Leuten Spaß"). Denn hier ist zu erwarten, dass positive Emotionen gesteigert werden und Langeweile sinkt.

1.3.3 Einflüsse der Sozialumwelt auf Leistungsemotionen

Wie oben beschrieben entstehen Appraisals und die resultierenden Emotionen einerseits aufgrund von generalisierten Überzeugungen, andererseits hängen sie von der jeweiligen Situation ab. Wer danach strebt, Emotionen von Schülern positiv zu beeinflussen, muss sich also Gedanken darüber machen, wie sich generalisierte Überzeugungen bei Schülern ausbilden und welche situativen Gegebenheiten zu welchen Appraisals führen. Hinsichtlich dieser Fragestellungen gibt es viele Überschneidungen mit den Überlegungen zu Einflussmöglichkeiten auf Motivation. Da es wie soeben beschrieben für das emotionale Erleben in Leistungskontexten entscheidend ist, wie man über sich selbst, über gestellte Aufgaben sowie über die Verursachung von Erfolgen und Misserfolgen denkt, wirken sich Interventionen auf das Selbstkonzept, auf Schwierigkeitseinschätzungen oder auch auf Attributionen mittelbar auch auf das emotionale Erleben aus. Die im Kapitel „Motivation" beschriebenen „Umwelteinflüsse auf die Motivation" (Abschnitt 2.2) sind also auch für das emotionale Erleben von Lernenden von großer Bedeutung. Eltern, Lehrkräfte, Gleichaltrige (Peers) und Medien sind demnach auch im Hinblick auf Leistungsemotionen wichtige Instanzen der Sozialumwelt.

Über die im Kapitel „Motivation" beschriebenen Möglichkeiten zur Einflussnahme auf Motivation hinaus sollen hier Empfehlungen zur positiven Beeinflussung von Leistungsemotionen beschrieben werden, die Pekrun (2000, 2006) ableitend aus seiner Kontroll-Wert-Theorie für Leistungsemotionen formuliert hat. Er nennt fünf Facetten der Sozialumwelt, die Kontroll- und Wertappraisals beeinflussen können und somit für Emotionen besonders relevant sein dürften. Diese Facetten bezeichnet er mit Instruktion, Wertinduktion, Autonomiegewährung, Erwartungen und Zielstrukturen sowie Leistungsrückmeldungen und -konsequenzen.

Lehrende (typischerweise Lehrkräfte, aber auch Eltern) können durch die Gestaltung von **Instruktion** Einfluss auf generalisierte Kontrollüberzeugungen von Lernenden nehmen. Bei einer klar strukturierten und verständlichen Stoff- und Aufgabenpräsentation steigt die Wahrscheinlichkeit, dass die Inhalte verstanden und gelernt werden. In der Folge trägt dies dazu bei, dass Schüler positive subjektive Kompetenzüberzeugungen entwickeln und sich den ihnen gestellten Leistungsanforderungen gewachsen fühlen (hohe Kontrolle), was das emotionale Erleben positiv beeinflusst. Außerdem kann durch die Auswahl der Art und Schwierigkeit von Aufgaben während des Lernprozesses und bei Leistungsüberprüfungen auf situative Kontroll-Appraisals Einfluss genommen werden. Vertraute Aufgabenformate werden eher als kontrollierbar erlebt, inhaltlich und strukturell neuartige Aufgaben können dagegen die wahrgenommene Kontrolle senken und somit negativen Emotionen wie Angst Vorschub leisten.

Mit **Wertinduktion** ist gemeint, dass Sozialisationsinstanzen unmittelbar auf die Überzeugungen von Lernenden hinsichtlich der Bedeutsamkeit von Lernaktivitäten und Leistungsergebnissen Einfluss nehmen können. Zum einen ist dies durch direkte verbale Äußerungen möglich. Schüler, denen durch Eltern, Lehrkräfte und Medien wiederholt explizit vermittelt wird, dass bestimmte Fächer oder auch gute Leistungen wichtig sind, bilden erwartungsgemäß – wenn auch nicht zwangsläufig – mit der Zeit entsprechende generalisierte Überzeugungen aus. Hinzu kommen die häufig glaubwürdigeren, eher indirekten Botschaften zu Wertigkeiten von Verhalten. Diese spiegeln sich zum Beispiel in den Reaktionen auf Erfolge und Misserfolge wider, oder auch in der Themenwahl bei Unterhaltungen und im vorgelebten Verhalten der Bezugspersonen. Ein dritter Faktor der Wertinduktion liegt schließlich darin, dass Lernstoff und Aufgaben an sich so gestaltet werden können, dass sie für Lernende mehr oder weniger Bedeutungsgehalt besitzen (s.u. Anregungen zur Gestaltung emotionsgünstigen Unterrichts).

Wie auch im Kapitel „Motivation" beschrieben, spielt **Autonomiegewährung** im Kontext von Lernen und Leistung eine zentrale Rolle bezüglich der Übernahme von Werten und Handlungszielen (Selbstbestimmungstheorie der Motivation, Deci & Ryan, 1985; Deci & Ryan, 1993; Ryan & Deci, 2000). Selbst gewählte Aufgaben haben eine größere persönliche Bedeutung als von außen vorgegebene. Es ist zudem eine wichtige Quelle für Kontrollüberzeugungen, wenn es einem selbstständig gelingt, ein Ziel zu erreichen. So gelangt man zur Überzeugung, Situationen selbst „in den Griff" bekommen zu können und positive Emotionen in Lernsituationen werden gefördert. Eine wichtige Bedingung hierfür ist jedoch, dass Lernende bereits eine gewisse Kompetenz für die Aufgaben besitzen und zur Selbstregulation in der Lage sind (vgl. Kapitel „Selbstreguliertes Lernen"). Das richtige Ausmaß an Autonomiegewährung zu finden, um Leistungsemotionen positiv zu beeinflussen, ist daher eine große Herausforderung. So können Aufgaben, die scheinbar viele Freiheiten gewähren, positiven Emotionen eher abträglich sein, wenn sie sehr komplex sind und nur grob umrissen werden. In diesem Fall wird nämlich das Kontrollerleben der Schüler gesenkt und so Hilflosigkeit verursacht.

Je nachdem, mit welchen **Erwartungen** man an eine Aufgabe herangeht, kann ein und dasselbe Ergebnis als Erfolg oder als Misserfolg erlebt werden, mit entsprechenden emotionalen Folgen. Eltern, Lehrer und Gleichaltrige können die Ausbildung solcher Leistungserwartungen und Zielen bei Lernenden stark beeinflussen. Äußerungen angemessen hoher Erwartungen von Seiten der Bezugspersonen können bei Lernenden den Glauben an ihre Kompetenz und Kontrollüberzeugungen positiv beeinflussen, mit positiven Folgen für das emotionale Erleben. Überhöhte Erwartungen, insbesondere verknüpft mit Sanktionen bei Nichterreichung, erhöhen jedoch die Bedeutung von Misserfolg und sind somit emotional ungünstig. Wie auch die Motivation, beeinflussen **Zielstrukturen** im Klassenzimmer zudem das emotionale Erleben. Dabei sind Lernzielstrukturen (charakterisiert durch einen Fokus auf dem Verständnis des Lerngegenstands, auf individuellen Verbesserungsmöglichkeiten und auf Fehlern als Lerngelegenheiten) für das emotionale Erleben weitaus günstiger als Leistungszielstrukturen, die charakterisiert sind durch zahlreiche Leistungsbewertungen, Anwendung einer sozialen Bezugsnorm, öffentliche Rückmeldung von Zensuren, Bevorzugung von Lernenden mit guten Leistungen sowie durch die Nutzung von wettbewerbsorientierten Unterrichtsmethoden. Empirische Studien belegen, dass die Angst von Schülern höher ist, je stärker eine

Wettbewerbsorientierung in ihrer Klasse herrscht (Goetz, 2004; Helmke, 1983; Pekrun, 1983).

Eine der wichtigsten Quellen für die Entwicklung von subjektiven Kompetenzüberzeugungen sind schließlich **Leistungsrückmeldungen und -konsequenzen**. Wiederholte Erfolgsrückmeldungen in einem bestimmten Aufgabenbereich führen in der Regel dazu, dass man zur Überzeugung gelangt, solche Aufgaben gut meistern zu können. In der Folge erlebt man bei solchen Anforderungen hohe Kontrolle und somit eher positive Emotionen. Umgekehrt führen wiederholte Misserfolgsrückmeldungen zu niedrigen Kompetenzüberzeugungen und dem Erleben von Kontrollverlust in entsprechenden Situationen, mit ungünstigen emotionalen Folgen (Angst, Hoffnungslosigkeit). Außerdem sind die Konsequenzen, die an Erfolge und Misserfolge geknüpft sind, entscheidend dafür, wie persönlich bedeutsam diese Leistungsergebnisse sind (d.h., diese beeinflussen das Wertappraisal). Wie oben beschrieben intensivieren persönlich relevante Folgen (im Misserfolgsfall z. B. eine Prüfung wiederholen zu müssen; im Erfolgsfall z. B. öffentlich geehrt oder auch finanziell belohnt zu werden) positives wie negatives emotionales Erleben. Negative Konsequenzen im Fall von Misserfolg sollten daher generell vermieden werden. Aber auch positive Konsequenzen im Fall von Erfolg können ambivalente Folgen haben, insbesondere wenn sie angekündigt werden. Dies verstärkt zwar die positiven Emotionen im Erfolgsfall, jedoch ist auch die Enttäuschung bei Nichterreichen größer. Auch unter motivationspsychologischer Hinsicht sind angekündigte Belohnungen ungünstig, da sie das Autonomieerleben unterminieren (Deci & Ryan, 1985, 1993; Ryan & Deci, 2000).

Abbildung 5 zeigt überblicksartig die soeben beschriebenen Annahmen zu den Einflüssen der Sozialumwelt auf Emotionen im Lern- und Leistungskontext. Wie beschrieben, wird davon ausgegangen, dass die Haupt-Wirkungsrichtung von den generalisierten Überzeugungen, über die aktuellen Appraisals, auf die Emotionen liegt. Es sind aber auch die entgegengesetzten Wirkrichtungen möglich, was im Modell durch entsprechende Rückkopplungspfeile berücksichtigt ist. So ist unter anderem davon auszugehen, dass Emotionen ihrerseits Überzeugungen und Appraisals beeinflussen. Erlebt ein Schüler beispielsweise immer wieder Prüfungsangst, auch wenn er sich gut auf Prüfungen vorbereitet hat, wird er vermutlich immer weniger an sich und seine Kompetenz glauben, was sich wiederum auf die aktuellen Kontroll-Appraisals in neuen Prüfungen auswirkt. Eine weitere Rückkopplung findet vermutlich zwischen Emotionen und der Sozialumwelt statt. Zum Beispiel wird hilflos wirkenden Schülern typischerweise mehr Unterstützung angeboten. Begeisterten und interessierten Schülern werden dagegen eher herausfordernde Aufgaben zugewiesen und es werden ihnen mehr Mitsprache und größere Handlungsspielräume eingeräumt. Schließlich ist in Abbildung 5 auch berücksichtigt, dass neben Appraisals auch emotionale Traits (also die Neigung, bestimmt Emotionen verstärkt zu erleben) Effekte auf das emotionale Erleben im Leistungskontext haben.

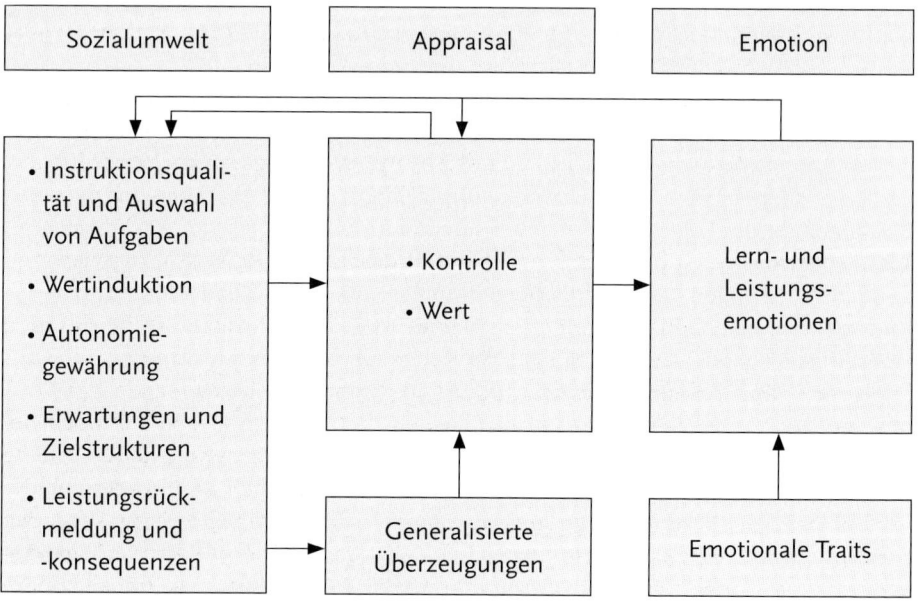

Abbildung 5. Übersicht zu Ursachen von Leistungsemotionen

Fazit

Der bekannteste Theorieansatz zur Entstehung von Emotionen ist die Appraisaltheorie, die besagt, dass Emotionen durch kognitive Bewertungsprozesse von Situationen, Tätigkeiten oder der eigenen Person verursacht werden. Für Leistungsemotionen wurden zwei Gruppen von Appraisals als besonders bedeutsam identifiziert: Kontrollappraisals (u.a. die Beurteilung der eigenen Fähigkeit, Aufgaben bewältigen zu können, sowie Attributionen für Erfolge und Misserfolge) und Wertappraisals (u.a. die Bewertung der persönlichen Bedeutsamkeit von Erfolg und Misserfolg). Die Sozialumwelt kann über verschiedene Prozesse zu emotionsgünstigen Appraisals bei Lernenden beitragen, unter anderem über optimierte Instruktion, Wertinduktion, Autonomiegewährung, sowie adäquate Erwartungen und Leistungskonsequenzen.

1.4 Wirkungen von Emotionen

Bis jetzt lag der Fokus dieses Kapitels auf Emotionen an sich und wie sie entstehen können. Die zentrale Bedeutung von Emotionen liegt jedoch auch darin, dass sie sehr starke Wirkungen entfalten können. Überlegen Sie zunächst für sich selbst – wann und wie hat zuletzt eine intensive Emotion bei Ihnen Ihre Gedanken gefärbt und Ihr Verhalten beeinflusst?

Denken Sie auch kurz darüber nach, welche Emotionen Sie schon bei Ihren Schülerinnen und Schülern beobachten konnten und wie deren Emotionen ihr Lernverhalten und ihre Leistungsergebnisse mit beeinflusst haben.

1.4.1 Allgemeinpsychologische Befunde zu Wirkungen von Emotionen

Im folgenden Abschnitt geht es um die Wirkungen von Emotionen auf Denken und Gedächtnis. Wie oben bereits dargestellt, sind Emotionen zentrale Komponenten des subjektiven Wohlbefindens von Menschen und daher an sich bedeutsam für Praxis und Forschung. Die Wirkungen, die Emotionen entfalten, verstärken jedoch noch ihre Bedeutung. Hat ein Schüler Angst vor Prüfungen, ist das für den Schüler – ebenso wie für seine Eltern – unangenehm und kann sich im schlimmsten Fall bis zur Depression steigern, ein eindeutig zu vermeidender Umstand. Führt diese Angst des Schülers zudem noch dazu, dass er in Prüfungen seine Leistungen nicht voll abrufen kann, und dass er sie nicht besteht, im schlimmsten Fall die Klasse wiederholen muss oder den Abschluss nicht erreicht, sind das so schwerwiegende Folgen der Emotion Angst, dass ihre Bedeutung damit noch mehr Gewicht bekommt.

Inwiefern hängen unsere Leistungen davon ab, wie wir uns fühlen? Diese Frage ist im Kontext zweier Forschungstraditionen untersucht worden, der Stimmungsforschung und der Gedächtnisforschung. Deren wichtigsten Befunde sind im Folgenden kurz dargestellt.

In der **Stimmungsforschung** werden Versuchsteilnehmer typischerweise gezielt in positive, neutrale oder negative Stimmungen versetzt und im Anschluss wird untersucht, wie sich dies auf kognitive Prozesse auswirkt. Diese so genannte Stimmungsinduktion wird erzielt, indem man den Probanden Bilder bzw. Videos zeigt, oder sie auffordert, sich an positive, negative oder neutrale persönliche Erlebnisse zu erinnern. Es gibt verschiedene, teils auch etwas widersprüchliche Ansätze zu Wirkungen von Emotionen und so sind auch die empirischen Befunde hierzu uneinheitlich. Einerseits wird argumentiert, dass Stimmung – sowohl positive als auch negative – kognitive Ressourcen verbraucht und somit kognitive Leistungen negativ beeinflusst. Tatsächlich konnte in einigen Studien gezeigt werden, dass beispielsweise das Aufmerksamkeits- und Planungsverhalten sowohl in negativer als auch in positiver Stimmung ungünstiger ausgeprägt war als in neutraler Stimmung. Ebenso konnte beobachtet werden, dass die Leistung bei kognitiv anspruchsvollen Aufgaben zum schlussfolgernden Denken in neutraler Stimmung am besten ausfiel (Meinhardt & Pekrun, 2003; Oaksford, Morris, Grainger, & Williams, 1996; Spies, Hesse, & Hummitzsch, 1996). Es wird aber auch argumentiert, dass positive und negative Stimmung mit unterschiedlichen Denk- und Verarbeitungsstilen einhergeht und damit je nach Typ der gestellten Aufgaben die Leistung durch die Stimmung gesteigert oder gesenkt werden kann. Negative Stimmung wird demnach stärker mit konvergentem, analytischem, detailorientiertem Denken assoziiert und damit zwar mit einer tieferen, aber dafür „schmaleren" Herangehensweise an gestellte Aufgaben. Im Fall von positiver Stimmung, so wird argumentiert, denke man dagegen eher divergent und heuristisch und könne so flexibler und kreativer an Aufgaben herangehen. Empirisch konnte tatsächlich wiederholt gezeigt werden, dass die Leistungen in Wortflüssigkeit oder auch der Fähigkeit, rasch zu neuen Aufgaben zu wechseln, in positiver Stimmung besser sind; empirisch nur schwach belegt ist, ob man in negativer Stimmung tatsächlich zu gesteigerten Leistungen bei konvergenten Denkaufgaben in der Lage ist (Mitchell & Phillips, 2007).

Im Kontext der **Gedächtnisforschung** wird Probanden typischerweise Lernmaterial gegeben, das neutral, positiv oder negativ gefärbt ist (z.B. Wortlisten wie „Buch, Baum, Haus" vs. „Glück, Liebe, Sonne" vs. „Hass, Gewalt, Waffe") und in der Folge wir untersucht, wie gut solches Material gelernt und erinnert wird. Übereinstimmend belegt eine Vielzahl an Studien, dass man sich sowohl an positives als auch negatives emotionales Lernmaterial besser erinnert als an neutrales Material (z.B. Burke, Heuer, & Reisberg, 1992). Gleiches gilt auch für autobiographische Ereignisse – emotional eindringliche Erlebnisse, positive wie negative, bleiben einem besser in Erinnerung. Dies wird unter anderem darauf zurückgeführt, dass emotionale Reize hirnphysiologisch mit einer Erregung der Amygdala einhergehen, welche auf den sensorischen Kortex wirkt (diejenige Hirnregion, die Aufmerksamkeit auf den Stimulus richtet) und den Hippocampus beeinflusst (diejenige Hirnregion, die für Prozesse der Konsolidierung im Gedächtnis verantwortlich ist; vgl. z.B. Richardson, Strange, & Dolan, 2004).

Ein weiterer bekannter Befund, der Gedächtnis- und Stimmungsforschung zusammenführte, ist der des **stimmungsabhängigen Lernens** (engl. mood-dependent learning, Bower, 1981; Parrott & Spackman, 2000). Hier wurden Probanden in positive bzw. negative Stimmung versetzt und mussten dann positives bzw. negatives Material lernen. Diese Studien ergaben, dass inhaltlich positiv gefärbtes Lernmaterial in positiver Stimmung besonders gut gelernt wird. Außerdem ließen sich positive Effekte auf die Erinnerungsleistung nachweisen, wenn inhaltlich negatives Lernmaterial in negativer Stimmung gelernt wurde. Schließlich gibt es Befunde zum **stimmungsabhängigen Abruf** (engl. mood-state-dependent recall, Blaney, 1986). In diesem Fall wurden Probanden beim Lernen und beim Abruf in die gleiche bzw. unterschiedliche Stimmungen versetzt und es stellte sich heraus, dass bei kongruenter Stimmungslage die Erinnerungsleistung besser war als bei unterschiedlicher Stimmung während Lern- und Abrufphase. Dies kann ein guter Tipp für Schüler zum Beispiel beim Lernen von Gedichten sein – ein trauriges Gedicht merkt man sich demnach leichter, wenn man sich beim Lernen in eine gedämpfte Stimmung versetzt (z.B. indem man an einen traurigen Film denkt). Und am besten gelingt das Vortragen wohl dann, wenn man sich auch dann kurz vorher an diesen Film erinnert.

Problematisch bei all diesen Untersuchungen ist jedoch, dass unbeachtet blieb, inwieweit die Lernaufgabe an sich die Befindlichkeit der Lernenden beeinflusst (d.h. ob das Lernen ihnen Spaß macht oder sie frustriert). Lern- und Leistungsemotionen, also diejenigen Emotionen, die an sich mit Lernaktivitäten und Leistungsanforderungen verknüpft sind, wurden in diesen Studien dementsprechend nicht untersucht. Außerdem sind die Lernsituationen in diesen ausschließlich laborbasierten Studien eher artifiziell und somit eingeschränkt in ihrer Generalisierbarkeit auf schulisches Lernen. In der pädagogisch-psychologischen Forschung sind Überlegungen formuliert worden, wie sich insbesondere Leistungsemotionen auswirken können. Dies ist Gegenstand des folgenden Abschnitts.

1.4.2 Anwendung auf den Lern- und Leistungskontext

Pekrun (2000, 2006) hat auch die theoretischen Überlegungen zu Wirkungen von Leistungsemotionen geprägt. Pekrun nennt drei Wirkmechanismen, über die lern- und leistungsbezogene Emotionen auf akademische Leistung Einfluss nehmen können, nämlich über kognitive Ressourcen, Lernstrategien und Motivation.

Auch für lern- und leistungsbezogene Emotionen ist anzunehmen, dass sie **kognitive Ressourcen** verbrauchen. Erlebt man während der Durchführung einer Aufgabe intensive Emotionen, wird dementsprechend Aufmerksamkeit von der zu bearbeitenden Aufgabe abgelenkt und die Leistung so gemindert. Dies gilt vor allem für komplexe Aufgaben, die viel Aufmerksamkeit beanspruchen, und für negative Emotionen. Im Lern- und Leistungskontext ist das insbesondere für Angst empirisch gut belegt (vergleiche überblicksartig z.B. Zeidner, 1998). Aber auch Ärger während einer Aufgabe verbraucht notwendige Ressourcen und beeinträchtigt so die Aufgabenbearbeitung (empirische Hinweise hierfür finden sich z.B. bei Götz, 2004). Wie oben beschrieben, konnte in der Stimmungsforschung auch gezeigt werden, dass positive Stimmung kognitive Ressourcen verbrauchen kann. Hier wurde die Stimmung jedoch unabhängig von den gestellten Aufgaben manipuliert. Für positive *aufgabenbezogene* Emotionen (wie Lernfreude) ist anzunehmen, dass diese im Gegenteil dazu beitragen, die Aufmerksamkeit auf die Aufgabe zu fokussieren. Dies führt zu Leistungssteigerungen bei emotional positiv erlebten Aufgaben. Im positiven Fall wird man bei der Aufgabendurchführung rasch von den (aufgabenirrelevanten) emotional gefärbten Gedankeninhalten („Ui, das macht ja richtig Spaß") zu den aufgabenrelevanten Gedankeninhalten zurückkehren („Was soll ich denn bei der nächsten Aufgabe machen?"). Im negativen Fall jedoch wird man dagegen vermutlich bei den aufgabenirrelevanten emotionalen Gedanken verweilen („Hmm, das verstehe ich nicht, so eine blöde Aufgabe...") und vielleicht sogar gedanklich noch weiter abschweifen („Was kann ich denn heute Abend unternehmen...?").

In Anknüpfung an die beschriebenen Befunde aus der Stimmungsforschung zu unterschiedlichen Verarbeitungsstilen bei positiver vs. negativer Stimmung ist außerdem davon auszugehen, dass Leistungsemotionen den Einsatz von **Lernstrategien** beeinflussen. So sollten positive Emotionen wie Freude und Stolz mit verständnisorientierten, flexiblen Strategien wie Elaboration einhergehen. Für negative Emotionen wie Angst und Ärger ist dagegen zu erwarten, dass sie eher mit rigiden, weniger verständnisorientierten Lernstrategien wie Wiederholen und Auswendiglernen im Zusammenhang stehen dürften. Je stärker gestellte Aufgaben flexibles, transferorientiertes Denken erfordern, desto mehr beeinträchtigen negative Emotionen somit die Leistung. Außerdem kann man annehmen, dass Emotionen Wirkungen auf das Ausmaß der **Selbstregulation des Lernens** entfalten. Demzufolge begünstigen positive Emotionen selbstreguliertes Vorgehen beim Lernen. Im Falle negativer Emotionen wird dagegen eher das Befolgen extern vorgegebener Regeln gefördert (empirische Hinweise hierauf finden sich ebenfalls z.B. bei Götz, 2004). Langfristig ist ein selbstregulierter Ansatz beim Lernen typischerweise mit größerem Lernerfolg verknüpft als ein fremdregulierter (vgl. Kapitel „Selbstreguliertes Lernen"), weswegen auch über diesen Wirkmechanismus eher leistungsförderliche Effekte positiver Emotionen und leistungsmindernde Effekte negativer Emotionen abzuleiten sind.

Das Erleben von Emotionen ist auch eng an die Form von **Motivation** geknüpft, mit der man an Lernaufgaben herangeht, insbesondere hinsichtlich der intrinsischen vs. extrinsischen Motivation (vgl. Kapitel „Motivation"). Positive aufgabenbezogene Emotionen wie Lernfreude bewirken, dass man das Lernen an sich als belohnend empfindet, also intrinsisch motiviert an das Lernen herangeht. Dadurch zeigt man beim Lernen auch ein gutes Durchhaltevermögen – fachbegrifflich Persistenz – gerade im Fall von Rückschlägen und Hindernissen. Erlebt man in einer Leistungssituation positive ergebnisbezogene Emotionen (wie Vorfreude auf ein gutes Ergebnis), wird man beflügelt, Anstrengung als Mittel zum Zweck (das gute Ergebnis und seine Folgen) zu investieren. Dies entspricht einem Zustand extrinsischer Motivation. Aufgrund erhöhter intrinsischer und extrinsischer Motivation sind auch in diesem Sinne leistungsförderliche Effekte positiver Emotionen zu erwarten.

Herrschen dagegen in einer Lern- oder Leistungssituation negative Emotionen wie Langeweile oder Hoffnungslosigkeit vor, senkt dies sowohl die intrinsische Motivation (also die Tätigkeit um ihrer selbst willen ausführen zu wollen) als auch die extrinsische Motivation (also sich als Mittel zum Zweck anzustrengen). Aus dieser Perspektive sind für solche negativen Emotionen starke leistungsmindernde Effekte zu erwarten. Eine Ausnahme bilden jedoch so genannte „negativ-aktivierende" Emotionen (so benannt durch Pekrun, 2000) wie die Prüfungsangst. Diese senkt zwar die intrinsische Motivation, da die Lernhandlung an sich aufgrund der Angst als unangenehm empfunden wird. Zugleich steigert Angst aber unter Umständen die Anstrengung aufgrund von erhöhter (extrinsischer) Motivation zur Vermeidung von Misserfolg. Insgesamt sind für diese negativ-aktivierenden Emotionen somit weniger starke negative Effekte auf die Leistung zu erwarten. Ein langfristiger Lernerfolg ist jedoch durch eine solche, auf rein extrinsischen, misserfolgsvermeidenden Triebfedern lastende Lernhandlung nicht zu erwarten (siehe auch Kapitel „Motivation").

In Abbildung 6 sind die beschriebenen Wirkmechanismen von Emotionen auf kognitive Leistungen zusammenfassend dargestellt. Wie bereits im Zusammenhang mit den Wirkungen von Emotionen ist in der Beschreibung bisher vor allem auf eine Hauptwirkungsrichtung eingegangen worden, nämlich von den Emotionen, über kognitive Ressourcen, Lernverhalten und Motivation, auf die Lernleistung. Aber auch hier ist selbstverständlich anzunehmen, dass es entgegengesetzte Wirkrichtungen gibt. So ist zum Beispiel davon auszugehen, dass eine Lernaufgabe mehr Spaß macht, wenn man mehr kognitive Ressourcen zur Verfügung hat – zum Beispiel wenn man ausgeschlafen ist (Wirkung von kognitiven Ressourcen auf Emotionen). Ebenso ist zum Beispiel anzunehmen, dass das Lernen in einem Umfeld, das viele Möglichkeiten zur Selbstregulation gibt, weniger langweilig ist als in einem stark fremdbestimmten Lernumfeld (Wirkung von Selbstregulation auf Emotionen). Schließlich ist es auch und gerade für den Zusammenhang zwischen Motivation und Emotion schwierig, eine klare Wirkrichtung auszumachen. In vieler Hinsicht gibt es starke Überlappungen zwischen beiden Phänomenen. Wie oben beschrieben wird in diversen Emotionsdefinitionen eine motivationale Komponente als Bestandteil von Emotionen genannt. Umgekehrt wird in einigen Motivationstheorien das affektive Erleben als Kernaspekt mancher Motivationsformen angesehen, wie zum Beispiel das Erleben von Freude bei der intrinsischen Motivation, oder das Erleben von Angst bei der Vermeidungsmotivation. Unterm Strich ist es eine wichtige Aussage dieses Lehrbuches, dass sich Lehrkräfte immer wieder Gedanken darum machen sollten, *warum* Schülerinnen und

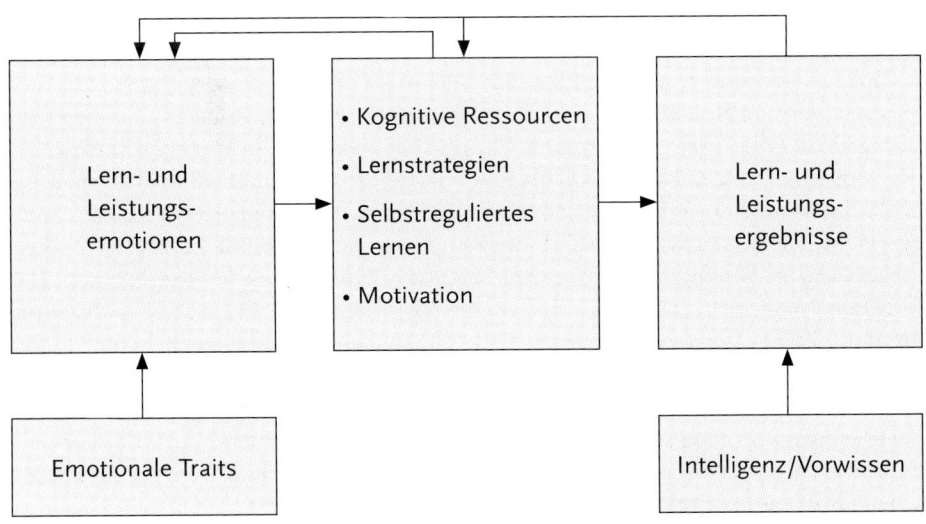

Abbildung 6. Übersicht zu Wirkungen von Leistungsemotionen

Schüler bestimmte lernbezogene Verhaltensweisen an den Tag legen (Motivation), *wie* Schülerinnen und Schüler ihr Lernen gestalten (Selbstregulation) – und dass ein wichtiger Schlüssel zur Beantwortung dieser Fragen darin liegt, zu bedenken, *wie sich die Lernenden bei der Durchführung von Lernaufgaben fühlen* (Emotion).

Fazit

Emotionen beeinflussen unsere Wahrnehmung, unser Denken und Handeln. Befunde aus der Hirn-, Stimmungs- und Gedächtnisforschung belegen den Zusammenhang zwischen Emotionen und Lernen. Für schulische Lernkontexte kann angenommen werden, dass Emotionen über kognitive Ressourcen, über Lernstrategien und Selbstregulation beim Lernen sowie über Motivation die Lernleistung beeinflussen.

1.5 Emotionsverläufe über die Schulzeit

Wie entwickeln sich Emotionen über die Lebensspanne? Wie intensiv und häufig kommen welche Emotionen vor, was wissen Kinder verschiedenen Alters über Emotionen, ihre Auslöser und Folgen? Wie können sie mit ihren eigenen Gefühlen und den Gefühlen anderer umgehen (Stichwort Emotionsregulation)? Das Gebiet der Emotionsentwicklung, das diese Fragen zu beantworten versucht, ist ein umfangreicher, eigener Forschungsbereich (für einen Überblick vgl. z.B. Holodinsky & Friedlmeier, 2005). In diesem Kapitel sollen nur diejenigen zentralen Aspekte dieses Forschungsbereichs beleuchtet werden, welche die Entwicklung von Leistungsemotionen im Speziellen betreffen. Hinsichtlich der frühkindlichen und vorschulischen Formen von Leistungsemotionen konzentrieren sich die Forschungen vor allem auf die Emotionen Stolz und Scham (Lagattuta & Thompson, 2007; Lewis, 2000, vgl. auch Kapitel „Motivation", Abschnitt 2.3.1). Als Ergebnis dieser Arbeiten ist festzustellen, dass sich Kinder von der reinen „Freude am Effekt" im ersten Lebensjahr nach und nach weiterentwickeln, bis sie in etwa ab dem Alter von 3 Jahren Stolz in Abgrenzung zu Freude und Scham in Abgrenzung von Frustration erleben und äußern können. Die für diese Emotionen zugrunde liegenden geistigen Prozesse, die sich erst in diesem Alter entfalten, sind ein Bewusstsein ihres Selbst, das Erkennen und Beachten äußerer Standards zur Beurteilung von Leistungen und die Verinnerlichung dieser Standards für die Bewertung des Selbst. Im Alter zwischen 3 und 5 Jahren verbessern sich diese Fähigkeiten noch weiter, vor allem aufgrund der Sprachentwicklung; Kinder sind dann auch in der Lage, Standards selbst zu benennen, Stolz und Scham bei sich selbst und anderen zu erkennen und verbal zu bezeichnen. Allerdings haben Kinder auch in diesem Alter noch Schwierigkeiten, Stolz von Freude zu differenzieren. Sie zeigen positive emotionale Reaktionen als Ergebnis jeder Art von Erfolg, egal ob dieser aufgrund ihrer eigenen Anstrengung oder aufgrund von günstigen äußeren Bedingungen (z.B. einfache Aufgabe) eingetreten ist. Diese Unterscheidung treffen sie erst ab dem Alter von ca. 8 Jahren.

Hinsichtlich der Intensität und Häufigkeit des Erlebens weiterer Leistungsemotionen ab dem Schuleintritt weiß man vergleichsweise wenig. In einigen Längsschnittstudien ist jedoch übereinstimmend gezeigt worden, dass das durchschnittliche Ausmaß an negativen Emotionen im Laufe der Schulzeit eher ansteigt, während Intensität und Häufigkeit des Erlebens positiver Emotionen eher abnimmt. Insbesondere die Prüfungsangst scheint im Laufe der Grundschule relativ stark anzusteigen, im Sekundarbereich aber im Schülerdurchschnitt eher konstant zu bleiben. Die Freude am Lernen dagegen scheint mit dem Beginn der Einschulung und sogar noch in der Sekundarstufe im Schülerdurchschnitt kontinuierlich abzusinken und sich erst ab der 8. Klasse zu stabilisieren (Helmke, 1983; Pekrun, Frenzel, Goetz, & Perry, 2007). Ähnlich verhält es sich für das (akademische) Interesse, das während des Schulalters zunächst steiler und dann flacher abzusinken scheint (Frenzel, Goetz, Pekrun, & Watt, 2010; Watt, 2004).

Diese insgesamt ungünstigen emotionalen Entwicklungsverläufe sind durch verschiedene Ansätze erklärt worden (vgl. auch Kapitel „Motivation"). Während der Grundschulzeit gelangen viele Schüler über einen (schmerzlichen) Entwicklungsprozess von unbändiger Neugier, universellen Interessen und fast grenzenloser Überzeugung hinsichtlich der eigenen Fähigkeiten über wiederholte Misserfolgserlebnisse zur Einsicht in eigene Unzulänglichkeiten (Helmke, 1983; Jerusalem & Schwarzer, 1991). Diese Misserfolge sind an sich emotional negativ gefärbt, und die resultierenden niedrigeren (wenn auch realistischeren) Selbstkonzepte führen wiederum zu niedrigeren Kontrollappraisals, mit negativen emotionalen Folgen. Im Verlauf der Sekundarstufe steigen dann die Anforderungen noch einmal deutlich an (vor allem im Gymnasium), und eine zunehmende Anstrengung ist erforderlich, um den eigenen Erwartungen und denen anderer (Eltern, Lehrkräfte) weiter gerecht zu werden. Diese erhöhte Investition an Anstrengung bringt offensichtlich emotionale Kosten mit sich. In der Pubertät treten außerdem außerschulische und soziale Interessen mit schulischen Anforderungen zunehmend in Konkurrenz. Das Interesse an akademischen Inhalten sinkt typischerweise und schulische Inhalte werden als zunehmend langweilig erlebt. Auch der Ärger, sich mit solchen Themen auseinandersetzen zu müssen, anstatt sich mit den in diesem Alter subjektiv als viel wichtiger eingestuften Inhalten zu beschäftigen, steigt an. Als weitere mögliche Faktoren für die negative Emotionsentwicklung im Schulalter schließlich sind Instruktionsstrukturen und Klassenklimata zu nennen. Einige Studien haben gezeigt, dass mit ansteigenden Klassenstufen mehr Wettbewerb unter den Schülern herrscht, dass vermehrt traditionelle, lehrerzentrierte Unterrichtsstrategien eingesetzt werden und der persönliche Kontakt zwischen Lehrkräften und Schülern geringer wird. Es gibt allerdings kaum Forschungsbefunde dazu, ob diese instruktionalen Bedingungen tatsächlich damit in Verbindung gebracht werden können, dass sich das emotionale Erleben von Schülerinnen und Schülern so ungünstig entwickelt. Längsschnittstudien, die solche Fragestellungen untersuchen können, sind äußerst aufwendig, und ihre Ergebnisse sind teilweise auch methodisch problematisch: Sie basieren darauf, Schülern wiederholt, beispielsweise im jährlichen Abstand, Fragebogen vorzulegen, um festzustellen, ob und wie sich die Schülerantworten auf diese (identischen) Fragen ändern. Nun kann man sich aber – auch bei gleich bleibenden Fragen – nicht ganz sicher sein, ob man tatsächlich jedes Jahr so das Gleiche misst. In einer unserer neueren Studien konnten wir zeigen, dass sich das Verständnis der Schüler vom Begriff „Interesse" von der 5. bis zur 9. Klassenstufe ändert. Während für die jüngeren Schüler noch die affektive Komponente des Interesses weit am wichtigsten war („Interesse bedeutet, dass mir etwas Spaß macht"), waren für ältere Schüler kognitive Komponenten stärker im Vordergrund („Interesse bedeutet, dass man etwas freiwillig macht und gut kann"). Verändert sich ein zu messendes Konstrukt über die Zeit hinweg auf solche Weise, wird es schwierig, zuverlässige Aussagen über die quantitative Ausprägung des Konstrukts über die Zeit hinweg zu machen.

Ein letzter, empirisch und theoretisch klar belegter Faktor, der für sich verändernde Ausprägungen von Leistungsemotionen über die Schulzeit hinweg mitverantwortlich gemacht werden kann, sind Bezugsgruppeneffekte. Diese beruhen darauf, dass Schüler ihre eigenen Leistungen auf der Basis des Vergleichs mit ihren Mitschülern beurteilen (vgl. übersichtsartig Köller, 2004; siehe auch Kapitel „Motivation"). Diese Selbsteinschätzungen beeinflussen wiederum die Kontrollappraisals und damit auch die Leistungsemotionen. Wechsel in der Bezugsgruppe bringen daher Veränderungen des emotionalen Erlebens von Schülerinnen und Schülern mit sich. In Deutschland betrifft das beispielsweise den Übergang von der Grundschule in Schulen des gegliederten Sekundarschulwesens (Hauptschule, Realschule, Gymnasium). Während die Schulklassen der Grundschule Schüler des gesamten Leistungsspektrums umfassen, finden sich Schüler nach dem Übergang beispielsweise ans Gymnasium typischerweise in Klassen mit vergleichsweise hohem durchschnittlichen Leistungspotenzial wieder. Das hat zur Folge, dass diese Schüler bei der Beurteilung ihrer eigenen Leistungen im Vergleich mit denen ihrer Mitschüler viel häufiger als an der Grundschule schlecht abschneiden, mit entsprechenden negativen emotionalen Folgen (Ärger, Angst). Noch stärker sind diese Effekte beim Übergang an Hochbegabtenklassen, wie in Studien von Preckel und Kollegen gezeigt werden konnte. Allerdings vermindert sich – zumindest in der ersten Zeit nach dem Übergang in Hochbegabtenklassen – hier auch die Unterforderungslangeweile (Preckel, Goetz, & Frenzel, 2010). Aus dieser Perspektive ist gut abzuwägen, ob ein Kind in eine leistungsstarke Schule oder Klasse zu geben ist. Auch wenn man sich davon erhofft, dass hier optimale Lernbedingungen herrschen, können unter Umständen große emotionale Kosten und Motivationseinbrüche die Folge sein. Umgekehrt kann ein Übergang in leistungsschwächere Bezugsgruppen unter Umständen emotional und motivational positive Folgen haben, wenn die betroffenen Schüler dann nicht mehr zu den Leistungsschwachen zählen und im sozialen Vergleich mit ihren Mitschülern besser abschneiden.

Fazit

Freude am Erfolg und Trauer bzw. Frustration über Misserfolg treten bereits im frühen Kindesalter auf. Klein- und Grundschulkinder überschätzen ihre eigene Leistungsfähigkeit und sind begeisterte Lerner. Später zeigen sich ungünstige Entwicklungen bei Leistungsemotionen mit relativ starken Verlusten von Lernfreude und Anstiegen von Angst, Ärger und Langeweile. Dies ist unter anderem bedingt durch Bezugsgruppeneffekte. In der Adoleszenz flachen sich diese Entwicklungsverläufe ab, wenn sich selektive Interessen ausbilden.

1.6 Möglichkeiten der Einflussnahme: Anregungen zur Gestaltung eines emotionsgünstigen Unterrichts

 Sie kennen diese Unterrichtsstunden aus eigener Erfahrung als Schüler oder Schülerin und auch aus Ihrer Praxis beim Unterrichten: Manchmal läuft es einfach richtig gut. Das Lernen im Klassenzimmer macht Spaß, alle (oder fast alle) sind mit Feuer und Flamme dabei. Die Zeit vergeht schnell und hinterher freuen sich alle (oder fast alle) schon auf die nächste Stunde. Überlegen Sie einmal – bei welchem Lehrer ging es Ihnen selbst als Schüler so? Welche Verhaltensweisen hat dieser an den Tag gelegt, dass es Ihnen richtig gut ging mit dem Lernen?

Um etwas beeinflussen zu können, braucht man begründete Annahmen zu seiner Verursachung, sowie wirksame Techniken, um das zu verändernde Phänomen bzw. die es verursachenden Faktoren zu beeinflussen. In bestimmten Kulturen dachten und denken die Menschen, dass Götter das Wetter verursachen. Daher entwickelten sie Methoden wie Tänze oder Gebete, um die Götter zum Regen- oder Sonnenscheinmachen zu veranlassen. Bei den Olympischen Spielen in Peking im Jahr 2008 schoss man Silberjodid-Munition in die Atmosphäre, um die Feuchtigkeit zu binden und Regenwolken zum Abregnen zu veranlassen. Beide Ansätze erscheinen nur bedingt erfolgreich; im ersten Fall, weil wohl die vermutete Ursache doch nur wenig Einfluss hat, im anderen Fall, weil die angewandte Technik zur Einflussnahme (noch) nicht ausgereift war.

Wenn man nun auf das emotionale Erleben von Schülerinnen und Schülern Einfluss nehmen möchte, braucht man ebenfalls erstens begründete Annahmen zur

Verursachung von Emotionen und zweitens wirksame Techniken, um die Emotionen selbst bzw. ihre auslösenden Umstände zu verändern. Im folgenden Abschnitt sollen Techniken vorgestellt werden, mittels derer Lehrkräfte dazu beitragen können, das emotionale Erleben von Schülerinnen und Schülern günstig zu gestalten. Zuoberst steht hier der Versuch, positive Emotionen an sich im Klassenzimmer zu erhöhen. Aus der Kontroll-Wert-Theorie zu Leistungsemotionen von Pekrun lässt sich außerdem ableiten, dass subjektive Überzeugungen zur Kontrollierbarkeit und dem Wert von Lernhandlungen und ihren Konsequenzen wichtige Verursacher von Emotionen sind und somit deren Optimierung das emotionale Erleben von Schülerinnen und Schülern verbessern kann. Schließlich kann durch die Unterstützung bei der Regulation von Emotionen sowie durch eigene, vorgelebte Emotionen das emotionale Erleben der Lernenden positiv beeinflusst werden.

1.6.1 Förderung von Freude beim Lernen im Klassenzimmer

Ohne in „Spaßpädagogik" oder „Lernen als Show" zu verfallen, gilt es sich als Lehrkraft immer wieder zu fragen, ob und wie die gewählten Methoden und Themen für die Schüler interessant gemacht werden können und wie Lernen im Klassenzimmer Freude machen kann. Ein Grundsatz hierfür lautet: Laden Sie Humor in Ihr Klassenzimmer ein. Lassen Sie es zu, dass mindestens einmal pro Stunde laut gelacht wird (allerdings niemals auf Kosten Einzelner). Überlegen Sie sich gezielt, welche lustige Assoziation ein Thema bei Ihnen weckt und planen Sie solche Witze und Geschichten bewusst in Ihren Unterrichtsvortrag ein. Verwenden Sie bei den Schülern beliebte (Comic-)Figuren als Vermittler von Informationen. Seien Sie selbstironisch. Schlüpfen Sie schauspielerisch in fremde Rollen – besuchen Sie doch ihre Klasse einmal als Bundeskanzler/in, Napoleon oder „Pretty Woman". Sorgen Sie sich nicht, dass solche Aktionen Ihre Autorität untergraben oder den Unterrichtsfluss zu sehr stören. In einer unserer Studien hat sich gezeigt, dass Schüler von Lehrkräften, die von sich selbst sagten, „Humor und Spaß spielen in meinem Unterricht eine große Rolle", die Erklärungen dieser Lehrkräfte als verständlicher und vernetzter empfunden haben und mehr Vertrauen zu ihren Lehrkräften aufgebaut haben, als Schüler von Lehrkräften, für die Humor eine weniger wichtige Rolle spielt (Frenzel, Goetz, & Pekrun, 2008).

1.6.2 Einflussnahme auf Kontroll- und Wertkognitionen

Wie können Schülerinnen und Schüler zu positiven subjektiven Kontrollüberzeugungen gelangen? Unter welchen Umständen werden sie ihr Lernen und die Leistungsergebnisse als kontrollierbar erleben? Wichtig hierfür ist, dass die Lernenden Ereignisse in ihrer Umgebung als vorhersehbar erleben und die Gewissheit erlangen, dass sie durch spezifische Handlungen relativ eindeutig vorhersehbare Wirkungen erzielen können, also „Kontrolle" über die Ergebnisse ihrer Handlung haben. Dies hat erwartungsgemäß zur Folge, dass positive Emotionen der Schülerinnen und Schüler gestärkt und negative Emotionen gemindert werden. Im Folgenden werden einige Handlungsweisen von Lehrkräften beschrieben, wodurch dies erreichbar ist.

Empfehlungen, um Kontrollüberzeugungen von Schülerinnen und Schülern positiv zu beeinflussen

- **Klare Strukturierung des Unterrichts.** Voraussetzung hierfür ist, dass Sie zunächst selbst die Unterrichtsziele nachvollziehbar und folgerichtig anordnen und die angewandten Methoden darauf abstimmen. In der Folge ist entscheidend, dass Sie diese Ziele, aber auch Aufgaben und Rollen aller Beteiligten im Klassenzimmer, klar kommunizieren. Teilen Sie beispielsweise am Schuljahresanfang ihren Schülern mit, welche Themen Sie im Unterricht für wie lange behandeln möchten. Beginnen Sie Unterrichtseinheiten, wenn möglich jede Unterrichtsstunde, mit der Information, was das Ziel dieser Einheit ist. Benennen Sie erreichte Zwischenziele und fassen Sie zum Abschluss von Einheiten noch einmal zusammen, wo Sie nun gelandet sind (bzw. gelandet sein wollen). Aufgabenklarheit können Sie optimieren, indem Sie z.B. Ihre schriftlichen Arbeitsaufträge von Kollegen gegenlesen lassen, mündlich gestellte Fragen Ihrerseits stets kritisch betrachten und häufig auf mehrfach unterschiedliche Weise formulieren. Wenn Sie Fragen an die Klasse stellen, warten Sie mindestens drei Sekunden ab, bis Sie jemanden aufrufen und achten Sie auf eine ausgewogene Wahl antwortender Schüler. Dies ist für das Erleben von Kontrollierbarkeit gerade bei schwächeren Schülern wichtig.
- **Eindeutige Formulierung von Leistungsanforderungen.** Wie Sie aus eigener Erfahrung wissen, haben Prüfungen stets einen leicht unvorhersehbaren, unkontrollierbaren Charakter; dies ergibt sich allein durch die Rollenverteilung „Prüfer" (der Fragende, Kontrollierende) vs. „Prüfling" (der Antwortende, Ausgelieferte). Als Lehrkraft können Sie diesen Umstand jedoch abschwächen und somit zum Erleben von Kontrolle auf Seiten der Schülerinnen und Schüler beitragen. Vermeiden Sie, Prüfungen als Drohgebärde zu missbrauchen. Legen Sie offen, welche Inhalte Sie in Ihren Prüfungen abfragen werden, wie viele Punkte durch welche Aufgaben zu erlangen sind, und wie viele Punkte für das Erreichen von verschiedenen Kriterien, zumindest dem Kriterium „bestanden", notwendig sind – besser noch ist die komplette Bekanntgabe des Notenschlüssels vor einer schriftlichen Arbeit. Spüren die Schüler, dass Noten erst nach der geschriebenen Arbeit anhand der Leistungsverteilung in der Klasse festgelegt werden, trägt das zum Verlust von Kontrollerleben bei: In diesem Fall hängt die eigene Leistung davon ab, wie gut oder schlecht die anderen abschneiden – ein für den Einzelnen gänzlich unkontrollierbarer Umstand.

- **Klare Trennung zwischen „Lernzeiten" und „Prüfungszeiten".** Typischerweise gehen Schüler davon aus, dass ihre Leistungen in der Schule kontinuierlich auf dem Prüfstand stehen. In diesem Fall erscheinen falsche Antworten bzw. Nachfragen stets als Indikatoren von Unvermögen interpretierbar und die Lernenden rechnen mit schlechten Leistungsbewertungen als Folge solcher Handlungen. Ist sich ein Schüler einer Sache unsicher, wird er es unter diesen Umständen eher vermeiden, sich zu melden. Dabei ist klar, dass Nachfragen für den Lernerfolg von großer Bedeutung sind. Um für die Schüler „gefahrlose" Antwortversuche und verständnisbildende Nachfragen häufiger werden zu lassen, ist es hilfreich, wenn Sie mit Ihnen klar vereinbaren, wann bei Ihnen „Lernzeiten" herrschen, in denen Fehler als Lerngelegenheiten betrachtet werden und nicht in die Leistungsbewertung einfließen, und wann „Prüfungszeiten" sind, in denen Lernzielkontrollen vorgenommen werden.
- **Offen-strukturierte Gestaltung von Lerngelegenheiten.** Unter der Voraussetzung, dass die Aufgaben klar umrissen sind, kann es für das Kontrollerleben von Schülern positive Wirkungen haben, wenn diese erfahren, dass sie sich Ziele selbst stecken dürfen und durch selbst gewählte Strategien erreichen können. Erreicht man ein Ziel nur durch die eng angeleitete Abarbeitung kleiner Schritte, empfindet man sich selbst als weniger „wirksam", als wenn man – auch und gerade auf Umwegen – ein Ziel selbständig erreicht. Um dies im Unterricht zu ermöglichen, helfen klassische Projektarbeiten, die sich über einen längeren Zeitraum hinziehen. Positive Effekte hat es aber auch, wenn Sie es zulassen, dass verschiedene Lösungswege verfolgt werden (auch wenn Sie manche Wege selbst als „umständlich" empfinden).
- **Kommunikation kontrollierbarer Ursachen von Erfolg und Misserfolg.** Die Zuschreibung eines Erfolges oder Misserfolges auf kontrollierbare oder unkontrollierbare Ursachen, d.h. die Attribution, hängt in nicht unerheblichem Maße davon ab, wie dies von der Lehrkraft kommuniziert wird. Kurzfristig kann die Attribution von Misserfolgen auf unkontrollierbare, externe Ursachen („Pech gehabt") psychologisch günstig sein, ebenso wie die Attribution von Erfolgen auf unkontrollierbare, internale Ursachen („Dieser Aufgabentyp liegt mir"). Für den langfristigen Lernerfolg und eine emotionale Stabilität gerade im Falle von ungewohnten Kontexten ist es jedoch am günstigsten, wenn schulische Erfolge und Misserfolge auf kontrollierbare, internale Ursachen zurückgeführt werden, das heißt, auf Anstrengung und Strategieeinsatz. Als Lehrkraft können Sie solche Attributionen durch so genannte Kommentierungstechniken bei Ihren Schülern stärken (mündliche und schriftliche Anmerkungen unmittelbar im Kontext der Leistungsrückmeldung). Erfolge sollten somit zum Beispiel kommentiert werden mit, „Sehr gut, du hast dich wirklich gut vorbereitet und warst sehr konzentriert", Misserfolge zum Beispiel mit „Schade, das nächste Mal solltest du dir möglichst die Vokabeln noch besser einprägen, hast du zu Hause einen Vokabelkasten?" (vgl. auch Kapitel „Motivation", Abschnitt 2.4).

Empfehlungen, um Wertüberzeugungen von Schülerinnen und Schülern positiv zu beeinflussen

Wie oben bereits diskutiert (vgl. Wertappraisals – Implikationen für die Praxis), ist die Einflussnahme auf Wert-Überzeugungen von Schülern mit Vorsicht zu betreiben, da bei hoher Bedeutsamkeit von Leistungsergebnissen sowohl positive als auch negative Emotionen verstärkt werden können. Eindeutig positive Effekte haben nur Ansätze zur Förderung der Bedeutsamkeit von Lernaktivitäten selbst, und nicht von Leistungsergebnissen. Im Folgenden skizzieren wir einige Möglichkeiten, wie Lehrkräfte Lernaktivitäten für die Schüler attraktiv gestalten können.

- **Direkte Kommunikation.** Die Bedeutsamkeit, Wichtigkeit und Attraktivität eines Lerngegenstandes kann direkt an die Schüler kommuniziert werden; zum Beispiel, indem Sie sagen, „Das ist ein total spannendes Thema". Solange Sie solche Aussagen authentisch äußern, das heißt nur dann, wenn Sie dies auch wirklich selbst finden, brauchen Sie sich nicht zu sorgen, dass sie abgedroschen wirken. Wirksam ist es auch, die Neuartigkeit und mögliche Ambiguität des Lerngegenstands zu betonen, um ihn attraktiv zu machen, zum Beispiel durch Aussagen wie „Das ist ganz anders als man auf den ersten Blick denkt" oder „Das wissen eigentlich auch die Wissenschaftler bis heute nicht so genau". Eventuell müssen Sie sich die Interessantheit eines Themas erst wieder selbst vor Augen führen, gerade wenn Sie es schon sehr oft im Unterricht behandelt haben oder wenn es für Sie persönlich sehr einfache, basale Fakten oder Fertigkeiten sind. Sie tun aber sich selbst und ihren Schülern ein Gutes, wenn Sie sich als Teil ihrer Unterrichtsvorbereitung noch einmal bewusst über die Bedeutsamkeit und Interessantheit eines Unterrichtsthemas Gedanken machen und sich überlegen, wie Sie dies den Schülern vermitteln können.

- **Authentische Aufgabenstellungen.** Einfach nur Zahlenkolonnen addieren – das ist keine attraktive Aufgabe. Herausfinden, wie viel man am Flohmarkt verdient hat, nachdem man eine Menge CDs und Kleidungsstücke verkauft hat, ist da schon interessanter; auch wenn man sich diese Situation nur vorstellt und in Form einer Sachaufgabe gestellt bekommt. Im Fach Mathematik sind solche authentischen Aufgaben, die der Lebenswelt der Schüler entnommen sind, bereits recht weit verbreitet. Aber auch in anderen Fächern ist dies eine wirksame Methode, um die Bedeutsamkeit von gestellten Aufgaben zu erhöhen und damit auch die Freude bei der Durchführung solcher Aufgaben zu steigern und Langeweile zu minimieren. Die Schwierigkeit liegt hier oft darin, die Lebenswelt der Schüler auch wirklich zu kennen (z.B.: Verkaufen die Schüler überhaupt jemals etwas auf einem Flohmarkt oder längst nur noch bei Ebay?) und ebenso schwierig ist es oft, Aufgaben dann dort einzubetten. Fragen Sie bei den Schülern nach, welche Themen ihnen gerade wichtig sind und lassen sie diese teilhaben am Prozess, herauszufinden, inwieweit schulische Fertigkeiten hierfür von Belang sind. Einen empirischen Nachweis für die Effektivität dieser intuitiv plausiblen Methode lieferten Hulleman und Kollegen mit einem Feldexperiment, das im renommierten Fachmagazin „Science" publiziert wurde (Hulleman & Harackiewicz, 2009). Die Wissenschaftler forderten zufällig ausgewählte Neuntklässler auf, für ein halbes Jahr alle 3 bis 4 Wochen in ein kleines Tagebuch zu schreiben, inwiefern sie die Inhalte ihres Physik- bzw. Chemieunterrichts für ihr eigenes Leben als nützlich empfanden (Experimentalbedingung); eine weitere Gruppe zufällig ausgewählter Neuntklässler sollte lediglich jeweils aufschreiben, was sie in der letzten Zeit in Physik bzw. Chemie gelernt haben (Kontrollbedingung). Die Ergebnisse zeigten, dass gerade bei schwachen Schülern das Interesse und die Leistung in Physik bzw. Chemie in der Experimentalbedingung anstiegen, während sie in der Kontrollbedingung unverändert blieben.

- **Angebot von Wahlmöglichkeiten.** Schon bei Kleinkindern gilt es als hilfreicher Erziehungstipp, das Kind auswählen zu lassen, ob es die blaue oder die rote Jacke anziehen möchte, anstatt „anzuordnen", dass das Kind eine Jacke anziehen soll. Durch die Wahlmöglichkeit wird die Situation interessant und die Tatsache, dass eine (möglicherweise ungewünschte) Anforderung erfüllt werden muss, gerät in den Hintergrund. Machen Sie sich diesen Umstand ebenfalls zunutze, indem Sie Schüler so oft wie möglich Wahlmöglichkeiten vorgeben. Wichtig hierbei ist, keine offenen, sondern so genannte „geschlossene" Fragen zu stellen, also nicht „Was wollt ihr?", sondern „Wollt ihr A oder B?". Lassen sie hierbei jeden Schüler einzeln seine Wahl treffen und vermeiden Sie „Mehrheitsabstimmungen" – diese haben möglicherweise zur negativen Folge, dass die „überstimmten" Schüler besonders unwillig an die Arbeit gehen. So können Sie auch die oben erläuterte Anforderung der Authentizität von Aufgaben leichter erfüllen – verschiedene Aufgaben mögen für einzelne Schüler mehr oder weniger persönliche Relevanz haben. Durch eine Wahlmöglichkeit kann sich jeder „seiner" Aufgabe widmen.
- **Vermeidung sozialnormorientierter Leistungsrückmeldungen.** Sozialnormorientierte Rückmeldungen nach dem Typ „Du bist besser/schlechter als die meisten anderen in der Klasse" betonen die Wertigkeit von Leistungsergebnissen, „verknappen" den Erfolg und somit positive emotionale Folgen und sind daher zu vermeiden (s.o. Wertappraisals – Implikationen für die Praxis). Stattdessen ist es empfehlenswert, sach- und kriteriumsbezogene Kompetenzrückmeldungen zu geben, wie zum Beispiel „Du kannst quadratische Gleichungen bereits gut lösen" oder „Du solltest das Lösen quadratischer Gleichungen noch üben". Auf diese Weise wird die Bedeutung der Aufgabe an sich stärker betont und die positiven bzw. negativen Leistungskonsequenzen stehen weniger im Mittelpunkt.

1.6.3 Unterstützung bei der Regulation von Emotionen

Auch wenn manchmal alles stimmt – interessantes Thema, enthusiastische Lehrkraft, ansprechende Aufgaben – negative Emotionen im Lern- und Leistungskontext werden niemals vollständig zu vermeiden sein. Neben all den Anstrengungen dafür, dass im Klassenzimmer positive Emotionen entstehen und negative Emotionen minimiert werden, ist es daher auch wichtig, die Schüler darin zu unterstützen, ihre eigenen Emotionen zu regulieren. Zur Emotionsregulation zählt sowohl das Herbeiführen und Aufrechterhalten positiver Emotionen, als auch die Bewältigung negativer Emotionen (letzteres wird in der psychologischen Forschung auch mit dem Stichwort „Coping" bezeichnet, vgl. überblicksartig z.B. Zeidner & Endler, 1996). Grundsätzlich werden Emotionswissen und Emotionsregulationskompetenzen schon früh in der Eltern-Kind-Beziehung geprägt. Trotzdem können auch Lehrkräfte ihre Schüler beim Umgang mit ihren Emotionen insbesondere in Bezug auf schulische Herausforderungen unterstützen. Im Folgenden wird beschrieben, wodurch dies erreichbar ist (vgl. auch Goetz, Frenzel, Pekrun, & Hall, 2006).

- **Betonung der Bedeutung von Emotionen und von Emotionsregulation.** Im Unterschied zu „harten Faktoren" wie Leistung und Kompetenz, gelten Aspekte wie Emotion und Motivation als untergeordnet in ihrer Bedeutung und ihre Thematisierung wird gern vermieden. Dabei ist es empfehlenswert, mit den Schülern Emotionen im Leistungskontext zu thematisieren. Es kann beispielsweise die negativen Effekte von Prüfungsangst mindern, wenn man sich seiner Nervositätsgefühle bewusst wird und klar macht, was diese bewirken können. Räumen Sie also dem Thema Emotionen und Emotionsregulation im Leistungskontext einmal etwas Zeit in Ihrem Unterricht ein, beispielsweise indem Sie die Schüler sich gegenseitig zu diesem Thema interviewen lassen oder Sie ein Prüfungsangst-Comic zeichnen lassen.
- **Vermittlung der Kontrollierbarkeit emotionalen Erlebens.** Ähnlich wie manche Schüler schicksalsergeben zu dem (in der Regel falschen) Schluss kommen, für ein bestimmtes Fach „einfach unbegabt" zu sein, empfinden auch viele, ihren Emotionen im Leistungskontext, gerade der Angst, schlichtweg ausgeliefert zu sein. Eine Vielzahl an Forschungsarbeiten hat jedoch gezeigt, dass Prüfungsangst eine besonders gut therapierbare Störung darstellt und es eine Reihe sehr wirksamer Methoden gibt, um sie zu bekämpfen. Lehrkräfte können mithelfen, aufzuzeigen, dass Leistungsemotionen beeinflussbar sind, beispielsweise indem sie von ihren eigenen Erfahrungen im Umgang mit Prüfungsangst berichten. Wichtig ist, dass bei diesen Schilderungen klar wird, dass es sich hierbei um einen vom Betroffenen aktiv betriebenen Prozess handelte, man also durch eigenes Handeln und bewusstes Umdenken seine Gefühle „in den Griff" bekommen kann.
- **Einüben von Emotionsregulations-Strategien.** Als „Lerncoach" sind Lehrkräfte nicht nur dafür verantwortlich, ihren Schülerinnen und Schülern inhaltlichen Stoff zu vermitteln – sie können und sollen ihnen auch helfen, optimale Lernbedingungen selbst herzustellen und sich in die Lage zu versetzen, Leistungen im Ernstfall auch abrufen zu können. Ein Teil dieser Anleitung zur Selbstregulation macht auch die Anleitung und Einübung von Emotionsregulations-Strategien im Klassenzim-

mer aus. Führen Sie zum Beispiel kleinere Entspannungseinheiten vor Ihren Prüfungen als Ritual ein. Probieren Sie zusammen mit Ihren Schülern aus, ob leise Musik während Freiarbeitsphasen die Stimmung und Konzentration verbessern kann. Helfen Sie den Schülern, sich durch Selbstinstruktion während Prüfungen und auch während des Lernens zu motivieren und störende, emotionsinduzierte Gedanken zu vertreiben – dies kann zum Beispiel durch kleine Zettel erfolgen, auf denen steht „Ich bin gut vorbereitet" oder „Stopp! Erst noch mal ruhig die Angabe durchlesen". Mit solchen Techniken können die Emotionen selbst verändert werden (man spricht in diesem Zusammenhang auch von emotionsorientierten Strategien). Mindestens ebenso hilfreich kann es sein, die emotionsauslösenden Umstände zu ändern, um aufkeimende negative Emotionen zu mindern bzw. positive Emotionen entstehen zu lassen (sog. problemorientierte Strategien). Hierzu zählt, Hilfe aufzusuchen, die Situation aktiv so umzugestalten, dass sie emotional angenehmer wird, oder auch die Situation innerlich umzuinterpretieren, um sich wieder besser zu fühlen. Ermöglichen Sie dies Ihren Schülern möglichst oft im Klassenzimmer: Lassen Sie Nachfragen eine Selbstverständlichkeit sein; lassen Sie es gelegentlich zu, dass sich Schüler im Klassenzimmer bewegen; diskutieren Sie mit ihren Schülern, ob und warum sie ein Thema „langweilig" finden und was man nicht vielleicht doch daran finden könnte.

1.6.4 Vorleben leistungsförderlicher Emotionen

Verschiedene Studien haben gezeigt, dass sich Personen bei sozialen Interaktionen mit ihren Emotionen „anstecken" können. Dementsprechend ist davon auszugehen, dass sich die Emotionen von Lehrkräften und Schülern gegenseitig beeinflussen. Das heißt, wenn sich eine Lehrkraft in einer Unterrichtsstunde sehr ärgert und diesem Ärger ungezügelt Luft macht, werden auch ihre Schüler gereizt und umgekehrt. Empfindet und äußert die Lehrkraft hingegen echte Freude an ihrem unterrichteten Fach und Neugier auf die Lösung einer Aufgabe, kann auch dieser „Funke" überspringen und so bei den Schülern die Freude an diesem Fach geweckt werden (empirische Hinweise hierfür liefert eine Studie von Frenzel, Goetz, Lüdtke, Pekrun, & Sutton, 2009, vgl. auch Abschnitt 1.7 „Lehrkraft im Fokus").

Neben diesem „Ansteckungseffekt" entfaltet auch Modell-Lernen seine Wirkung, beispielsweise wenn Schülerinnen und Schüler beobachten, wie Lehrkräfte mit ihren eigenen Fehlern und Misserfolgen umgehen. Schülerinnen und Schüler können also von ihren Lehrkräften Freude am Lernen, Kontrolle von Ärger und Frustration, oder auch einen konstruktiven Umgang mit Misserfolgen lernen. Sollten Sie sich einmal sehr über einen Schüler oder eine Schülerin ärgern, äußern Sie dies ruhig, artikulieren aber auch, wie Sie mit Ihrem Ärger umgehen und sich wieder auf den Unterricht zu konzentrieren versuchen. Oder erzählen Sie doch einmal Ihren Schülern davon, dass

Sie beispielsweise bei Visitationen aufgeregt sind und wie Sie mit Ihrer Nervosität in solchen Situationen fertig zu werden suchen.

 Überlegen Sie nun einmal – welche der in diesem Abschnitt genannten Techniken haben Sie selbst schon einmal im Unterricht eingesetzt? Wie wirksam erschienen sie Ihnen, um das emotionale Klima in der Klasse positiv zu beeinflussen? Bitten Sie doch einmal einen Kollegen oder eine Kollegin, Ihren Unterricht zu besuchen, und gezielt zu beobachten, wie sich die Emotionen Ihrer Schülerinnen und Schüler im Laufe der Unterrichtsstunde entwickeln. So können Sie wertvolles Feedback zur Wirksamkeit Ihrer angewandten Techniken erhalten.

Fazit

Lehrkräfte haben die Chance, die Leistungsemotionen von Lernenden günstig zu beeinflussen. Humor und Freude sollten fester Bestandteil von Instruktionsprozessen sein. Außerdem können die Emotionen von Lernenden indirekt positiv beeinflusst werden, indem Kontroll- und Wertüberzeugungen optimiert werden. Lernende sollten zudem bei der Regulation ihrer Emotionen unterstützt werden, und leistungsförderliche Emotionen können gestärkt werden, indem Lehrkräfte diese authentisch vorleben.

1.7 Lehrkraft im Fokus

Im letzten Abschnitt dieses Kapitels soll nun noch die Lehrkraft selbst in den Mittelpunkt gestellt werden – schließlich ist das Lehren und Lernen im Klassenzimmer nicht nur für die Schülerinnen und Schüler mit Gefühlen behaftet, sondern natürlich auch für die Lehrkräfte. Sympathien und Antipathien, Erfolgs- und Misserfolgserlebnisse von Lernenden und Lehrenden prägen den Unterrichtsalltag und somit ist das Klassenzimmer stets von Emotionen aller Akteure durchdrungen.

In der pädagogischen Forschung gibt es ein auffälliges Forschungsdefizit zu Emotionen von Lehrkräften. Interessanterweise wurde der „Lehrer als Experte" mit seinem fachlichen, fachdidaktischen und pädagogisch-psychologischen Wissen zwar wiederholt umfassend beleuchtet, der „Lehrer als Mensch" mit seinen positiven wie negativen Gemütslagen hat hingegen bisher nur wenig Forschungsaufmerksamkeit erhalten. Eine Ausnahme bildet hier das Phänomen „Burnout" bzw. Probleme der extremen Berufsbelastung, das für soziale Berufe im Allgemeinen, und gerade auch für den Lehrberuf, bereits recht intensiv erforscht wurde (einen guten Überblick liefern z.B. Rothland, 2007; Vandenberghe & Huberman, 1999). Für (angehende) Lehrkräfte ist das Problem der Berufsbelastung zweifellos von großer Bedeutung, hierauf wird im Folgenden daher genauer eingegangen.

Hohe berufliche Belastung wurde bisher vorwiegend als problematisches Syndrom an sich betrachtet; aufgrund ihrer schwerwiegenden Konsequenzen wie gesundheitlichen und psychischen Beschwerden und vorzeitigem Ausscheiden aus der beruflichen Tätigkeit ist dieses Thema zweifellos von großer Relevanz. Jedoch möchten wir in diesem Beitrag auch betonen, dass Emotionen – negative wie positive – allgemein das menschliche Erleben und Verhalten beeinflussen (vgl. oben Abschnitt „Wirkungen von Emotionen"). Somit sollten Lehreremotionen unseres Erachtens hinsichtlich ihrer Wirkungen auf das Verhalten von Lehrkräften im „alltäglichen Klassenzimmer" betrachtet werden, nicht nur unter einer pathologischen Perspektive, d.h. im Zusammenhang mit Leiden und Krankheit. In einem weiteren Abschnitt wird daher ein Modell von Frenzel und Kollegen vorgestellt (Frenzel, et al., 2008; Frenzel, Goetz, Stephens, & Jacob, 2009), das die wechselseitigen Einflüsse zwischen Lehreremotionen, dem Unterrichtsverhalten der Lehrkräfte und dem Verhalten der Schülerinnen und Schüler im Klassenzimmer beschreibt. Aus diesem Modell ist auch eine Reihe von Ansatzpunkten ableitbar, wie Lehrkräfte für sich selbst und ihre Schüler ein „emotional gesundes" Klassenzimmer etablieren können.

1.7.1 Burnout und Berufsbelastung

Allgemeine Begriffsdefinition von Burnout und Berufsbelastung

In der klassischen Definition wird Burnout als Endzustand einer Entwicklungslinie bezeichnet, die mit idealistischer Begeisterung beginnt und über frustrierende Erlebnisse zu Desillusionierung und Apathie führt (Pschyrembel, 2007). Es beschreibt einen Zustand emotionaler Erschöpfung mit reduzierter Leistungsfähigkeit, erhöhter Häufigkeit psychosomatischer Erkrankungen, Depression oder Aggressivität und einer erhöhten Suchtgefährdung. Der Begriff „Burnout" wurde 1974 von Herbert Freudenberger erstmals verwendet. „Helfende Berufe" (Ärzte, Pflegeberufe, Rettungsdienstpersonal, Lehrer, Sozialarbeiter, Erzieher) fielen ihm durch besonders häufige Krankschreibung, Arbeitsunfähigkeit oder Frühverrentung auf. Als Ursache identifizierte er eine hohe Arbeitsbelastung, gepaart mit einem besonders hohen persönlichen Engagement. Er schloss daraus, dass diese Kombination aus Persönlichkeitsfaktoren der Betroffenen und ihres Arbeitsumfeldes zum „Ausbrennen" führt.

Ein weit verbreiteter Ansatz zum Konstrukt Burnout stammt von Christina Maslach (Maslach & Jackson, 1981). Ihr zufolge setzt sich das Syndrom aus drei Komponenten zusammen, die sich separat erfassen lassen. Diese sind **emotionale und physische Erschöpfung**, **Depersonalisierung** und **reduzierte Leistungsfähigkeit**. Demzufolge empfinden Burnout-Klienten gegenüber Kollegen, Schülern, Klienten, etc., aber auch gegenüber sich selbst negative Emotionen und fühlen sich körperlich ausgelaugt. Es kommt zu Zynismus und die Betroffenen ziehen sich aus dem sozialen Leben zurück.

Außerdem wird die Arbeit auf das Notwendigste reduziert, Veränderungen und Probleme gemieden, so dass die Leistungsfähigkeit stark absinkt.

Obwohl das Phänomen Burnout schon eine Vielzahl an Forschungsarbeiten hervorgebracht hat, ist es in der aktuellen psychologischen Forschung nicht unumstritten. Es wird unter anderem argumentiert, dass diese umschriebenen Symptome von Burnout große Überschneidungen mit Depression aufweisen. In der Tat ist eine Abgrenzung zwischen Burnout und Depression in klinischer Hinsicht kaum möglich. Burnout kommt auch nicht als klinische Diagnose in den einschlägigen Diagnose-Handbüchern wie der Internationale Klassifikation der Krankheiten (ICD) oder dem Diagnostischen und Statistischen Handbuch Psychischer Störungen (DSM) vor. Kritiker nennen Burnout daher auch eine „Modediagnose", die sozial eher erwünscht ist als die der Depression. So kann man davon ausgehen, dass viele Burnout-Betroffene faktisch an einer Depression leiden. Das zentrale Charakteristikum von Burnout, nämlich dass man zunächst voller idealistischer Begeisterung gewesen sein muss, bevor man über frustrierende Erlebnisse zu Desillusionierung und Apathie gelangt, scheint zudem bei vielen Betroffenen gar nicht zuzutreffen: Es gibt Befunde, dass bis zu einem Drittel aller Lehramtstudierenden schon während des Studiums krankhafte Erschöpfungserscheinungen zeigen. Berichten solche schon im Studium stark belasteten Personen dann besondere Belastung im Lehrerberuf, kann man nicht davon ausgehen, dass sie jemals „gebrannt" haben (Rauin, 2007). Insofern ist es wohl präziser, anstatt des eher schwammigen Begriffs Burnout mit der Konnotation, „gebrannt" haben zu müssen, von allgemein hoher beruflicher Belastung zu sprechen.

Auch Schaarschmidt, einer der bekannten deutschsprachigen Forscher zu beruflicher Belastung insbesondere bei Lehrkräften, unterscheidet zwei Risikomuster der beruflichen Belastung (z.B. Schaarschmidt, 2005), die sich unter anderem durch das Ausgangsniveau an Idealismus und Engagement unterscheiden. Das Risikomuster A ist durch überhöhtes Engagement gekennzeichnet (hohe Bedeutsamkeit der Arbeit, Verausgabungsbereitschaft und Perfektionsstreben) gepaart mit geringer Distanzierungsfähigkeit und entspricht dem klassischen Bild des Ausbrennens als Folge hohen Engagements. Den Personen dieses Profils fällt es also schwer, Abstand zu den Problemen von Arbeit und Beruf zu gewinnen und sie geraten auf dieser Weise in zu starke subjektive Belastungssituationen. Beim Risikomuster B ist laut Schaarschmidt das Arbeitsengagement gering ausgeprägt (niedrige subjektive Bedeutsamkeit der Arbeit und beruflicher Ehrgeiz), ebenso wie die Distanzierungsfähigkeit. Personen dieses Risikotyps sind wenig widerstandsfähig, haben wenige Ressourcen zur Bewältigung von belastenden Situationen und resignieren daher rasch. Dies entspricht eher der Modellvorstellung von vornherein ausgeprägter geringer Belastbarkeit.

Erfassung von Burnout und Berufsbelastung

Abgesehen von den körperlichen Symptomen ist eine hohe berufliche Belastung vor allem durch charakteristisches psychisches Erleben gekennzeichnet, wobei das emotionale Erleben eine zentrale Rolle spielt. Diese subjektiven Belastungsempfindungen werden in der Regel durch Selbstauskunft der Betroffenen erfasst. Im Folgenden werden zwei einschlägige Selbstberichtverfahren zur Erfassung von Burnout bzw. Berufsbelastung etwas näher vorgestellt, das MBI (Maslach Burnout Inventory) von Maslach und Jackson (1986) und das Verfahren AVEM (Arbeitsbezogenes Verhaltens- und Erlebensmuster) von Schaarschmidt und Fischer (1996). Auch an dieser Stelle sei noch einmal darauf hingewiesen, dass die Durchführung dieser Verfahren Schulpsychologen oder anderem diagnostisch geschultem Personal vorbehalten bleiben sollte, da eine standardisierte Durchführung und professionelle Interpretation der Ergebnisse unabdingbar ist, um seriöse Aussagen über die Ausprägung des Belastungserlebens von Einzelpersonen machen zu können. Eine Selbstreflexion anhand der beschriebenen Verfahren und Theorien zur Berufsbelastung kann sicherlich gewinnbringend sein, von einer „Selbstdiagnose" wird hier jedoch abgeraten.

Auf Basis ihres Komponenten-Ansatzes des Phänomens Burnout entwickelte Maslach zusammen mit ihrer Kollegin Jackson das „Maslach Burnout Inventory" zur diagnostischen Erfassung des Syndroms. Bei diesem Verfahren werden die drei Komponenten emotionale und physische Erschöpfung, Depersonalisierung und subjektive Leistungsfähigkeit mit neun, fünf bzw. acht Aussagen erfasst (siehe Tabelle 3 für Beispiel-Aussagen). Die Probanden beurteilen anhand einer siebenstufigen Skala von „nie" über „einige Male im Monat" bis „jeden Tag", wie häufig sie die in den Aussagen beschriebenen Empfindungen oder Ereignisse erleben. Jede der Skalen zu emotionaler und physischer Erschöpfung, Depersonalisierung und subjektiver Leistungsfähigkeit wird separat ausgewertet, es wird kein Gesamtwert für Burnout gebildet. Als Indikatoren für eine hohe Ausprägung von Burnout werten es die Autoren, wenn Erschöpfung und Depersonalisierung jeweils hoch ausgeprägt sind und die subjektive Leistungsfähigkeit gering ausgeprägt ist. Die Autoren des Inventars haben die Skalen bei über 10.000 Berufstätigen verschiedener Berufsgruppen durchgeführt und heute liegen Normen für die Berufsgruppen schulische Lehrkräfte, Lehrkräfte im tertiären Bildungsbereich, soziale Berufe, Medizin, Psychiatrie und sonstige Berufe vor. Anhand dieser Normen kann für den Einzelnen festgestellt werden, ob seine Werte im Vergleich mit der eigenen Berufsgruppe als durchschnittlich oder auffällig hoch oder niedrig zu bewerten sind.

Das AVEM von Schaarschmidt und Fischer ist ein umfangreiches Verfahren, mit dem anhand von Selbsteinschätzungen das Belastungserleben in Bezug auf die Arbeitstätigkeit erhoben werden kann. Es besteht aus elf Skalen, die in einer Langform jeweils mit sechs Aussagen und in einer Kurzform mit jeweils vier Aussagen erfasst werden (siehe Tabelle 3 für Beispiel-Aussagen). Für jede der Aussagen wird von den Probanden auf einer fünfstufigen Skala beurteilt, wie sehr sie für sie zutrifft (von trifft völlig zu bis trifft überhaupt nicht zu). Die elf Skalen lassen sich gemäß der Autoren in drei Gruppen zusammenfassen: (1) „Arbeitsengagement" bestehend aus den Skalen Subjektive Bedeutsamkeit der Arbeit, Beruflicher Ehrgeiz, Verausgabungsbereitschaft, Perfektionsstreben und Distanzierungsfähigkeit; (2) „Persönliche Widerstandsfähigkeit und Bewältigungsverhalten gegenüber Belastungen" bestehend aus den Skalen Resignationstendenz bei Misserfolg und Offensive Problembewältigung; und (3) „Emotionen" bestehend aus den Skalen Innere Ruhe und Ausgeglichenheit, Erfolgserleben im Beruf, Lebenszufriedenheit sowie Erleben sozialer Unterstützung. Der Test wurde anhand von knapp 15.000 Teilnehmern normiert. Die Autoren berichten, dass sich die meisten Teilnehmer auf eine von vier typischen Konstellationen der Ausprägungen der 11 Skalen zuordnen lassen (sog. Typen-Analyse). Das Muster G („Gesundheit") ist charakterisiert durch deutliche, doch nicht exzessive Ausprägungen in den Dimensionen des Arbeitsengagements, hohe persönliche Widerstandsfähigkeit und günstiges Bewältigungsverhalten gegenüber Belastungen und hohe Werte im beruflichen Erfolgserleben, der Lebenszufriedenheit und dem Erleben sozialer Unterstützung. Das Muster S („Schonung") ist charakterisiert durch sehr geringe Ausprägungen in der Bedeutsamkeit der Arbeit, dem beruflichen Ehrgeiz, der Verausgabungsbereitschaft und dem Perfektionsstreben, bei hoher Distanzierungsfähigkeit und niedriger Resignationstendenz sowie relativ hohen Ausprägungen in der inneren Ruhe und Ausgeglichenheit, der Lebenszufriedenheit und dem Erleben sozialer Unterstützung (wobei die Quelle der Zufriedenheit bei diesen Personen vorwiegend außerhalb der Arbeit zu suchen sein dürfte). Außerdem identifizierten die Autoren zwei Risikomuster, bei denen psychische Gefährdungen und Beeinträchtigungen vorliegen, das Risiko-Muster A und B. Wie oben beschrieben ist das Risikomuster A durch überhöhtes Engagement, gepaart mit geringer Distanzierungsfähigkeit gekennzeichnet, während beim Risikomuster B das Arbeitsengagement gering ausgeprägt ist, bei gleichzeitig geringer Distanzierungsfähigkeit. Beiden Mustern ist gemein, dass die Betroffenen eine geringe Widerstandsfähigkeit gegenüber Belastungen aufweisen und eine hohe Resignationstendenz sowie starke negative Emotionen erleben.

Tabelle 3. Beispielaussagen aus dem MBI und dem AVEM

	Skala	Beispielaussage
MBI	Psychische und Emotionale Erschöpfung	Ich fühle mich durch meine Arbeit gefühlsmäßig am Ende.
	Depersonalisierung	Ich glaube, ich behandle Schüler zum Teil ziemlich unpersönlich.
	Subjektive Leistungsfähigkeit	Mit den Problemen meiner Schüler kann ich sehr gut umgehen.

	Skala	Beispielaussage
AVEM	Subjektive Bedeutsamkeit der Arbeit	Die Arbeit ist für mich der wichtigste Lebensinhalt.
	Beruflicher Ehrgeiz	Ich möchte beruflich weiter kommen, als es die meisten meiner Bekannten geschafft haben.
	Verausgabungsbereitschaft	Wenn es sein muss, arbeite ich bis zur Erschöpfung.
	Perfektionsstreben	Was immer ich tue, es muss perfekt sein.
	Distanzierungsfähigkeit	Nach der Arbeit kann ich ohne Probleme abschalten.
	Resignationstendenz bei Misserfolgen	Wenn ich keinen Erfolg habe, resigniere ich schnell.
	Offensive Problem-bewältigung	Für mich sind Schwierigkeiten dazu da, dass ich sie überwinde.
	Innere Ruhe und Ausgeglichenheit	Mich bringt so leicht nichts aus der Ruhe.
	Erfolgserleben im Beruf	Mein bisheriges Berufsleben war recht erfolgreich.
	Lebenszufriedenheit	Im Großen und Ganzen bin ich glücklich und zufrieden.
	Erleben sozialer Unterstützung	Wenn ich mal Rat und Hilfe brauche, ist immer jemand da.

Ursachen von Burnout und Berufsbelastung

Es wurde eine Reihe von möglichen Ursachen identifiziert, die zur Entstehung von beruflicher Belastung beitragen. Hierzu zählen Faktoren, die in der Persönlichkeit der Betroffenen liegen, sowie Faktoren in der Umwelt. In der Regel treten Probleme vor allem dann auf, wenn beides zusammentrifft: Eine gewisse Verletzlichkeit (fachbegrifflich Vulnerabilität) auf Seiten der Betroffenen, gepaart mit schwierigen Bedingungen in deren Umwelt (für einen Überblick zu Forschungsergebnissen siehe auch Cordes & Dougherty, 1993; Montgomery & Rupp, 2005).

Zu den Persönlichkeitsfaktoren, die starke berufliche Belastung zu begünstigen scheinen, zählen

- eine neurotische Persönlichkeit (charakterisiert durch eine Neigung zu Ängstlichkeit, mangelnder Selbstachtung, Irritationen, Zwanghaftigkeit)
- Perfektionsstreben (charakterisiert durch das Setzen zu hoher Ziele und Schwierigkeiten, Kompromisse einzugehen)

- Helfersyndrom (charakterisiert durch den Versuch, das eigene labile Selbstwertgefühl durch Aufopferung und die damit verbundene erwartete Dankbarkeit der Hilfsempfänger zu stabilisieren)
- besondere persönliche Defizite (wie eine schlechte Ausbildung, die Misserfolge provoziert).

Zu den Umweltfaktoren zählen

- objektive Arbeitsbelastungsfaktoren des Berufs (z.B. Nachtarbeit, starke körperliche Beanspruchung, hohe Lärmbelastung bei der Tätigkeitsausführung)
- rollenimmanente Belastungsfaktoren des Berufs (enger persönlicher Kontakt mit Klienten, Rolle des Anleitenden, Heilenden, für andere Verantwortlichen)
- problematische organisatorische Strukturen im Beruf (z.B. ambivalente, konfliktreiche Rollen; die Unmöglichkeit, sich die Klientel auszusuchen; zeitliche und organisatorische Unmöglichkeit, mit der Klientel befriedigend zu arbeiten; zu geringe intellektuelle Anregung; unklar umrissene Ziele und Erfolgskriterien; mangelnde oder schlecht funktionierende Teamarbeit; mangelnde emotionale und strategische Rückendeckung durch Vorgesetzte; zu wenig kontingente Rückmeldung, Lob und Anerkennung; zu starke Kontrolle und mangelnde Autonomie bei der Gestaltung der Tätigkeit)
- falsche Vorstellungen hinsichtlich des Berufs (sog. „professional mystiques“: persönliche über-optimistische Vorstellungen, ggf. auch vermittelt in der Ausbildung, z.B. dass Klienten grundsätzlich kooperativ und dankbar seien)
- private Probleme in Familie oder Partnerschaft, aber auch Einsamkeit oder ein schwaches soziales Umfeld.

Burnout und Berufsbelastung bei Lehrkräften

Der Beruf des Lehrers hat in unserer heutigen Gesellschaft einen ambivalenten Stand. Auf der einen Seite gelten Lehrkräfte nach wie vor als Experten auf ihren Gebieten (z.B. Rechtschreibung); sie sind qua Amt Autoritäts- und Respektpersonen. Faktisch verfügen sie tatsächlich über große Einflussmöglichkeiten hinsichtlich der Qualifikation und somit gesellschaftlichen Chancen ihrer Schutzbefohlenen. Einigkeit herrscht auch darüber, dass der Beruf der Lehrkraft ein hohes Maß an Durchsetzungsfähigkeit, Einfühlungsvermögen und fachlicher Kompetenz auf sich vereinen muss. Auf der anderen Seite werden Lehrkräfte häufig abwertend beurteilt („typisch Lehrer – weiß alles besser“) und ihre Arbeitsleistung wird als minderwertig eingeschätzt („Halbtagsjob mit vielen Ferien“). Hinzu kommt, dass der Beruf des Lehrers jedem gut bekannt zu sein scheint – jeder hat ja selbst genügend Jahre in der Schule verbracht und kann somit „mitreden“. Was ein Chemieingenieur oder ein Marketingleiter hingegen in seinem Beruf wirklich macht, ist nur Eingeweihten ein Begriff. Insgesamt ist der Beruf des Lehrers also geprägt von hohen gesellschaftlichen Ansprüchen bei gleichzeitig mangelnder Wertschätzung, was Frustrationen und Resignation Vorschub leisten kann.

Betrachtet man die oben genannten allgemeinen Umweltfaktoren, die überhöhte berufliche Belastung begünstigen, wird deutlich, dass einige – wenn auch nicht alle – dieser Faktoren beim Lehrerberuf tatsächlich problematisch ausgeprägt sind. Hinsichtlich der objektiven Arbeitsbelastungsfaktoren ist der teilweise hohe Lärmpegel in den Klassenzimmern und dem gesamten Schulhaus zu nennen. Was die organisatorischen Strukturen betrifft, ist der Beruf der Lehrkraft zwar durch relativ hohe intellektuelle Anregung und durch große Autonomie und Eigenverantwortlichkeit geprägt. Dafür bleiben aber auch kontingente Rückmeldungen aus und Teamarbeit ist eher die Ausnahme. Manche Lehrkräfte fühlen sich daher fast „allein gelassen". Auch falsche Vorstellungen hinsichtlich des Lehrerberufs (sog. „professional mystiques") bei Lehramtsstudenten sind nicht selten, der Übergang in die Praxis bedeutet daher bei manchen ein „böses Erwachen". In diesem Zusammenhang ist auch der Begriff „Praxisschock" geprägt worden (Corcoran, 1981; de Lorent, 1992).

Die weit verbreitete Annahme, dass sich für den Beruf des Lehrers vorwiegend Personen mit ungünstigen kognitiven und psychosozialen Merkmalen entschieden, weswegen diese besonders anfällig für Überforderung würden, konnte in einer aktuellen Studie von Klusmann und Kollegen jedoch nicht bestätigt werden (Klusmann, Trautwein, Lüdtke, Kunter, & Baumert, 2009). Beim Vergleich der kognitiven Fähigkeiten, beruflichen Interessen und Persönlichkeitsmerkmalen angehender Lehramtsstudierender mit den entsprechenden Merkmalen bei Studierenden anderer Fachrichtungen konnten die Autoren keine Unterschiede nachweisen.

1.7.2 Leistungsemotionen bei Lehrkräften – Ursachen und Wirkungen

Wie in Abschnitt 1.3 beschrieben, können Appraisals, also die kognitiven Bewertungen von Situationen, als zentrale Ursachen von Emotionen angesehen werden, und somit gilt dies auch für die von Lehrkräften im Klassenzimmer erlebten Gefühle. Um zu verstehen, was zur Entstehung von Emotionen bei Lehrkräften führen kann, muss man also auf die zentralen Appraisals von typischen Situationen im Klassenzimmer blicken. Dabei richten wir unsere Aufmerksamkeit auf diejenigen Emotionen, die explizit im Klassenzimmer entstehen – wohl wissend, dass viele der im Klassenzimmer anzutreffenden Emotionen, sowohl die der Lehrkräfte als auch die der Schüler, oft auch durch außerschulische Ereignisse ausgelöst worden sein können. Die Mehrheit der von Lehrkräften erlebten Emotionen, die im Klassenzimmer ausgelöst werden, kann aus der Perspektive der Leistungsemotionen betrachtet werden. Denn auch das Handeln von Lehrkräften unterliegt stets der Bewertung entlang von Gütemaßstäben. Auch als Lehrkraft erlebt man somit ständig Erfolge und Misserfolge im Klassenzimmer. Entsprechende emotionale Reaktionen bei den Lehrkräften sind die Folge. Im Unterschied zu Schülern, bei denen Leistungsüberprüfungen regelmäßig stattfinden, sind Leistungsstandards für Lehrkräfte eher implizit vorhanden und formalisierte

Rückmeldungen gibt es kaum. Trotzdem lassen sich übergeordnete Lehrideale identifizieren, anhand derer sich vermutlich jede Lehrkraft orientiert und von der spezifische Ziele für den Unterricht abgeleitet werden. Und auch wenn es nicht durch außenstehende Kontrollinstanzen geschieht – jede Lehrkraft wird das Unterrichtsgeschehen laufend hinsichtlich der Erreichung dieser Ziele überprüfen. Mit anderen Worten, hier finden Appraisalprozesse statt. Diese Appraisals wiederum prägen das emotionale Erleben der Lehrkräfte.

Welche übergeordneten Lehrideale lassen sich identifizieren, wonach streben die meisten Lehrkräfte im Rahmen ihrer professionellen Tätigkeit? Frenzel und Kollegen (Frenzel, et al., 2008; Frenzel, Goetz, Stephens, et al., 2009) postulieren, dass es drei solche übergeordneten Lehrideale gibt: Fachlicher Kompetenzzuwachs, Steigerung des motivationalen Engagements, und Entwicklung sozial-emotionaler Fähigkeiten bei den Schülern. Für die konkreten Unterrichtssituationen leiten sich aus diesen Idealen spezifische Ziele ab, die es zu erreichen gilt. Zum Beispiel streben sie danach, dass ihre Schüler die fachlichen Fragen zum soeben abgeschlossenen Thema richtig beantworten können (gute fachliche Kompetenz), dass die Schüler Interesse am jeweiligen Thema entdecken und aktiv am Unterricht teilnehmen (hohes motivationales Engagement), und dass die Schüler die Klassenregeln einhalten, d.h. sich gegenseitig und auch die Lehrkraft fair und höflich behandeln (günstiges sozial-emotionales Verhalten). Die Wahrnehmung des Schülerverhaltens durch die Lehrkraft spielt hier eine zentrale Rolle. Das emotionale Erleben wird geprägt durch die Beurteilung, ob das Schülerverhalten mit den Unterrichtszielen im Einklang steht (Appraisals). Dabei geht es nicht nur darum, ob bzw. inwieweit die Ziele überhaupt erreicht wurden, sondern auch um die Beurteilung folgender Fragen:

- Ist das Schülerverhalten zum Erreichen der Ziele dienlich?
- Kann ich dazu beitragen, die Ziele zu erreichen?
- Wer ist verantwortlich für die Nichterreichung von Zielen?
- Wie wichtig sind mir die Ziele?

Je nachdem, wie diese Fragen beantwortet werden, fällt die emotionale Reaktion auf Seiten der Lehrkraft aus. Die Mechanismen hier entsprechen denen, die oben generell für Leistungsemotionen beschrieben wurden (vgl. Tabelle 2 Leistungsemotionen und ihre typischen Appraisalkonstellationen). Wird das Schülerverhalten so interpretiert, dass das Ziel erreicht wurde, reagiert man emotional positiv – wie oben beschrieben ist im Erfolgsfall das emotionale Erleben grundsätzlich positiv. Appraisals hinsichtlich der Verantwortlichkeit für die Zielerreichung prägen das emotionale Erleben spezifischer (vgl. oben Stolz, Erleichterung, Dankbarkeit etc. stellt sich ein). Besonders stark werden diese Gefühle sein, je mehr man das Ziel persönlich als besonders wichtig erachtet (vgl. oben Wert-Appraisal, das jegliches emotionales Erleben verstärkt). Im Misserfolgs-Fall – das Schülerverhalten entspricht nicht der Erreichung des gewünschten Ziels – wird man emotional negativ reagieren. Je nachdem, ob man nun noch die

Möglichkeit sieht, durch eigenes Handeln die Situation verbessern zu können, oder ob man andere Personen als verantwortlich für die Nichterreichung des Ziels verantwortlich sieht, stellen sich spezifische negative Emotionen ein (Ärger, Angst, Hoffnungslosigkeit, etc.).

 Überlegen Sie einmal für sich selbst und Ihre Aufgaben als Lehrkraft:
Welche Ziele habe ich für meinen Unterricht?
Woran merke ich, ob ich meine Ziele erreicht habe oder eben nicht?
Brauche ich Hilfe, um meine Ziele zu erreichen? Wo kann ich diese Hilfe einholen?
Wie werde ich mich fühlen, wenn ich ein bestimmtes Ziel erreiche oder falls ich es nicht erreiche?

Wie in Abschnitt 1.4 beschrieben, beeinflussen unsere Gefühle unser Denken und Handeln. Somit wirken sich auch die Emotionen von Lehrkräften auf ihr Unterrichtshandeln aus. Die oben beschriebenen Zusammenhänge zwischen Emotionen und Lernstrategien lassen sich auch auf Lehrkräfte projizieren – man kann davon ausgehen, dass positive Emotionen bei Lehrkräften dazu führen, dass sie eine große Bandbreite an Lehrstrategien verfügbar haben. Somit können sie ihren Unterricht kreativer gestalten, sind offener für „riskante" Lehrstrategien und können auch flexibel auf spontan auftretende Hindernisse während einer Unterrichtsstunde reagieren, um trotzdem noch ihre Ziele zu erreichen. Lehrkräfte, deren emotionales Erleben von Angst und Ärger geprägt ist, werden sich hingegen schwerer tun, vom geplanten Unterrichtsskript abzuweichen und eher rigide Lehrstrategien wie Wiederholungsübungen anwenden.

Aufgrund der expressiven Komponente von Emotionen bleiben die Gefühle auf Seiten der Lehrkraft den Schülern nicht verborgen und entfalten so auch Wirkungen auf die Lernenden. „Emotionale Ansteckung" führt dazu, dass die Schüler die Emotionen bei der Lehrkraft nicht nur spüren, sondern ebenfalls emotional reagieren. In einer unserer empirischen Studien konnten wir zeigen, dass Sekundarschul-Lehrkräfte, die von sich selbst sagten, beim Unterrichten bestimmter Mathematik-Klassen viel Freude zu erleben, von ihren Schülern auch als enthusiastischer eingeschätzt wurden. Die Freude am Mathematikunterricht war nach einem Schuljahr bei den Schülern dieser Klassen größer ausgeprägt, als in den Klassen, die von weniger freudigen und somit auch weniger enthusiastischen Lehrkräften unterrichtet wurden (Frenzel, Goetz, Lüdtke, et al., 2009). Zudem hat ein Unterrichtsstil, der von Freude und Enthusiasmus der Lehrkraft geprägt ist – charakterisiert durch lebhafte Gestik, regelmäßigen Augenkontakt mit den Schülern, Humor und zahlreichen Beispielen – positive Effekte auf den Lernerfolg von Schülern, und insbesondere auch auf deren Motivation (einen guten Überblick zu den Effekten von nonverbalem Lehrerverhalten, insbesondere von Enthusiasmus, liefert z.B. Babad, 2007). Negative Emotionen der Lehrkraft können hingegen ungünstige Wirkungen auf Seiten der Schüler entfalten. Wiederholte Äußerungen negativer Emotionen durch die Lehrkraft können gegebenenfalls Reaktanz bei den Schülern hervorrufen („dem zeigen wir's jetzt erst recht"); sie reagieren mit gesenkter Motivation und ungünstigerem Sozialverhalten. Effekte negativer Emotionen von Lehrkräften können aber auch sublimer ablaufen. In einer aktuellen Studie von Beilock und Kollegen zeigte sich, dass sich die Mathematikangst von Grundschullehrerinnen negativ auf die Mathematikleistung von Mädchen auswirken kann (Beilock, Gunderson, Ramirez, & Levine, 2010). In der Studie entwickelten Mädchen, die über ein Schuljahr hinweg von Lehrerinnen mit starker Mathematikangst unterrichtet wurden, stärker das Stereotyp „Jungen sind gut in Mathe, Mädchen im Lesen" und zeigten einen schlechteren Lernzuwachs in Mathematik; Jungen blieben vom Ausmaß der Mathematikangst ihrer Lehrerinnen unbeeinflusst.

Auf diese Weise ergeben sich positive bzw. negative Kreisläufe der Emotionen der Lehrkräfte, ihrem Unterrichtsverhalten und dem Unterrichtsverhalten der Schülerinnen und Schüler. Abbildung 7 zeigt das von Frenzel und Kollegen entworfene Modell, das dies zusammenfassend darstellt. Das folgende Beispiel illustriert die im Modell postulierten Zusammenhänge. Als Inhalt einer konkreten Serie an Mathematikstunden habe sich eine Lehrkraft ein komplexes mathematisches Konzept vorgenommen, z.B. den Satz des Pythagoras. Als Eingangsgrößen gibt es nun zum einen die übergeordneten Lehrideale – sie möchte, dass die fachliche Kompetenz der Schüler gesteigert wird, dass deren Motivation hoch bleibt bzw. gesteigert wird und dass sich die Schüler angemessen sozial-emotional verhalten und entwickeln. Weitere Eingangsgrößen sind die objektiven Gegebenheiten in der Klasse – die Schüler verfügen über ein gewisses Maß an Vorwissen, Motivation im Fach Mathematik und einer gegebenen Ausprägung an sozial-emotionalen Fähigkeiten. Ihre übergeordneten Ideale setzt die Lehrkraft nun in konkrete Ziele für die Unterrichtseinheit um – sie strebt z.B. an, dass alle Schüler den Satz des Pythagoras verstehen, sich für das Thema interessieren und sich während des Unterrichts angemessen disziplinarisch verhalten. Schon in der Einführungsstunde für das Thema interpretiert sie die objektiven Gegebenheiten in der Klasse subjektiv anhand dessen, wie sich die Schüler in den jeweiligen Stunden verhalten – wie viele der Schüler können beantworten, wo der rechte Winkel im Dreieck ist? Stellen die Schüler Fragen und arbeiten mit, was signalisiert, dass sie sich für das Thema interessieren? Wie gut halten sie sich an die Klassenregeln? Der Abgleich zwischen den konkreten Unterrichtszielen und dem beobachteten Schülerverhalten (Appraisals) beeinflusst das emotionale Erleben der Lehrkraft.

Hat die Lehrkraft den Eindruck, ihre Ziele sind erreicht, reagiert sie erwartungsgemäß emotional positiv. In Folge reagiert sie gelassen auf mögliche kleine Störungen einzelner Schüler, sie bemüht sich um hilfreiche Alternativerklärungen, wenn Schüler mangelndes Verständnis signalisieren, und sie investiert gern Zeit und Anstrengung, interessante und anspruchsvolle Transferaufgaben zu finden (beflügelt durch die emotional positiv besetzten Erinnerungen an die gelungene Einführungsstunde und

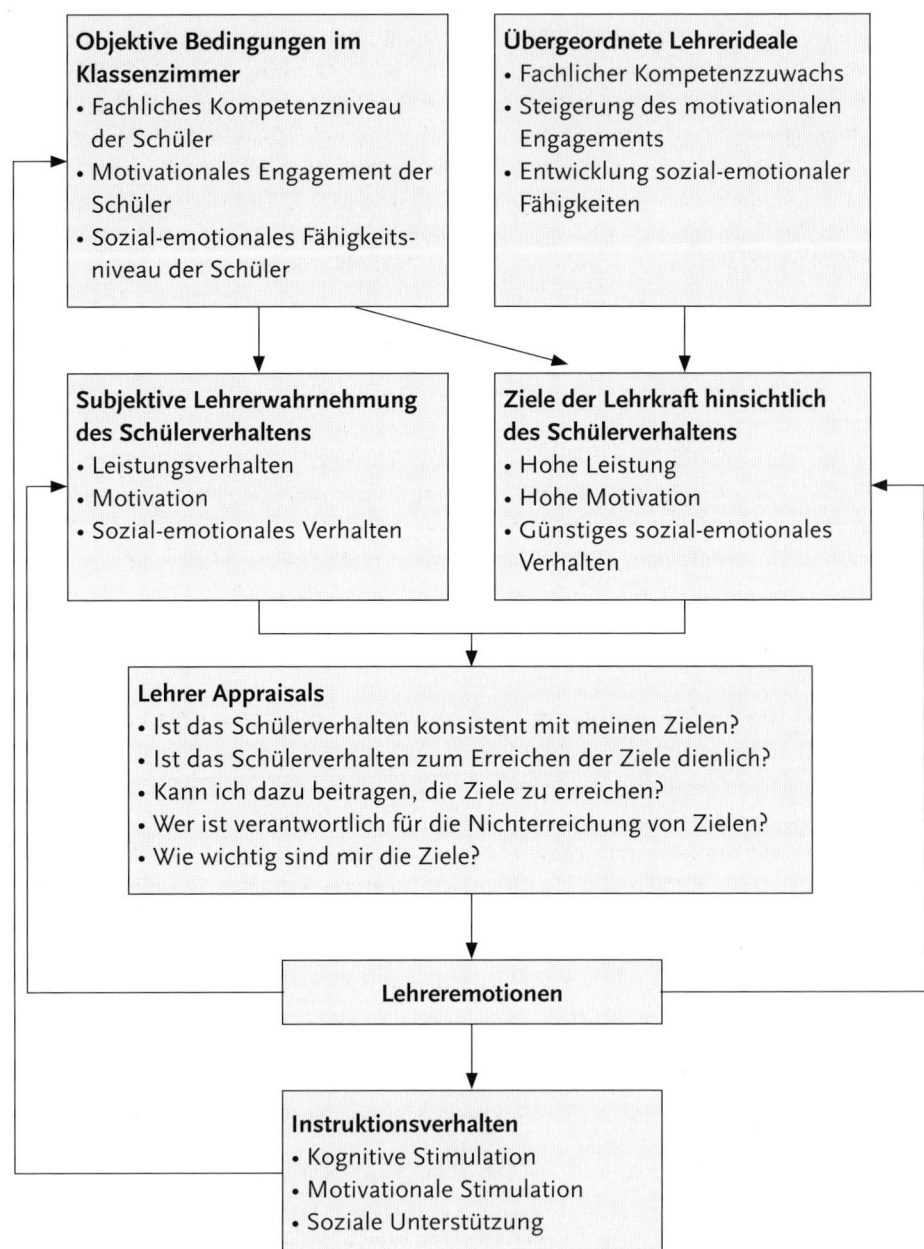

Objektive Bedingungen im Klassenzimmer
- Fachliches Kompetenzniveau der Schüler
- Motivationales Engagement der Schüler
- Sozial-emotionales Fähigkeitsniveau der Schüler

Übergeordnete Lehrerideale
- Fachlicher Kompetenzzuwachs
- Steigerung des motivationalen Engagements
- Entwicklung sozial-emotionaler Fähigkeiten

Subjektive Lehrerwahrnehmung des Schülerverhaltens
- Leistungsverhalten
- Motivation
- Sozial-emotionales Verhalten

Ziele der Lehrkraft hinsichtlich des Schülerverhaltens
- Hohe Leistung
- Hohe Motivation
- Günstiges sozial-emotionales Verhalten

Lehrer Appraisals
- Ist das Schülerverhalten konsistent mit meinen Zielen?
- Ist das Schülerverhalten zum Erreichen der Ziele dienlich?
- Kann ich dazu beitragen, die Ziele zu erreichen?
- Wer ist verantwortlich für die Nichterreichung von Zielen?
- Wie wichtig sind mir die Ziele?

Lehreremotionen

Instruktionsverhalten
- Kognitive Stimulation
- Motivationale Stimulation
- Soziale Unterstützung

Abbildung 7. Modell zu Ursachen und Folgen von Lehreremotionen (nach Frenzel, Goetz, Stephens, et al., 2009)

ihrer Überzeugung, die Klasse könne diese Aufgaben bewältigen). Enthusiastisch präsentiert sie diese Aufgaben in den Folgestunden ihrer Klasse. Dies wirkt sich wiederum positiv auf Motivation, Disziplin und Aufmerksamkeit der Schülerinnen und Schüler während der Stunden aus und steigert somit auch deren Lernerfolg.

Nimmt die Lehrkraft die Klasse dagegen bereits bei der Einführung des Problems als unaufmerksam und unmotiviert wahr und hat sie den Eindruck, dass die Schüler nicht einmal über die grundlegenden Kenntnisse zum Verständnis des Problems verfügen, reagiert sie vermutlich mit Ärger und Frustration. Über Störungen und falsche Antworten auf Fragen ärgert sie sich besonders und führt diese auf das Unvermögen der Schüler zurück. In der Folge wechselt sie zu rigideren Erklärungsstrategien sowie einfacheren, weniger kognitiv aktivierenden Beispielaufgaben. Daraufhin sinkt vermutlich das Interesse der Schülerinnen und Schüler und das Störverhalten steigt an.

Um ein positives Klima im Klassenzimmer zu schaffen, sollten solche negativen Kreisläufe durchbrochen bzw. positive Kreisläufe herbeigeführt werden. Das soeben beschriebene Modell liefert zahlreiche Ansatzpunkte, wie Lehrkräfte zu ihrer eigenen emotionalen Gesundheit und damit auch zur positiven Befindlichkeit und nicht zuletzt dem Lernerfolg der Schülerinnen und Schüler beitragen können. Im letzten Abschnitt dieses Kapitels werden einige Anregungen hierzu beschrieben.

1.7.3 Anregungen für die Aufrechterhaltung der eigenen emotionalen Gesundheit als Lehrkraft

Im Folgenden werden noch einmal die Elemente des Modells zu Ursachen und Wirkungen von Lehreremotionen aufgelistet und Empfehlungen abgeleitet, wie man als Lehrkraft daran arbeiten kann, seine eigene emotionale Gesundheit aufrechtzuerhalten.

Die übergeordneten Ideale betreffend:
* Klären Sie für sich, wie wichtig Ihnen die verschiedenen Ideale sind und priorisieren Sie – kein Lehrer kann alle Ideale erfüllen.

Die Unterrichtsziele betreffend:
* Setzen Sie sich realistische Ziele; lassen Sie sich nicht zu sehr von Lehrplänen treiben: Nichterreichung von Zielen ist für Sie (und Ihre Schüler) emotional belastend!

Die subjektiven Lehrerwahrnehmung betreffend:
* Richten Sie ihren Blick auf das Positive und betrachten Sie auch kleine Dinge als Erfolg (Schüler X, der sonst immer stört, war heute ruhig).
* Geben Sie ihren Schülern „Vorschusslorbeeren" – trauen Sie ihnen etwas zu! Lassen Sie sich nicht einreden, eine Klasse sei pauschal „schwierig" oder „schwach". Das prägt Ihre Wahrnehmung der Klasse negativ.

Die Appraisals betreffend:

- Hinterfragen Sie scheinbare Misserfolge hinsichtlich ihrer möglichen Dienlichkeit für Ihre Ziele: Sind viele „dumme Nachfragen" wirklich ein Zeichen dafür, dass die Schüler schlecht aufgepasst haben? Oder für Sie ein wichtiger Hinweis, noch einmal nach Alternativerklärungen zu suchen?
- Klopfen Sie sich selbst im Erfolgsfall auf die Schulter – Ihre gute Vorbereitung, Ihr guter Unterricht und Ihr Engagement hat dazu geführt, dass eine Unterrichtseinheit gut gelaufen ist! Lassen Sie nicht zu, dass dies auf die „einfache Klasse", das „dankbare Thema" o.ä. zurückgeführt wird.
- Gestehen Sie sich aber auch im Falle von Misserfolgen ein, dass Sie selbst dazu beitragen könnten, die Ziele in Zukunft besser zu erreichen, indem Sie agieren: Suchen Sie Hilfe und Unterstützung bei Kollegen, besuchen Sie Fortbildungen. Ziehen Sie sich nicht auf den Standpunkt zurück, da sei „nichts zu machen" – so bleiben Misserfolgserlebnisse weiter vorprogrammiert und Ihr emotionales Erleben wird weiter negativ geprägt.
- Seien Sie bereit, Ihre Ziele zu revidieren und ihnen weniger Wichtigkeit zuzugestehen, als Sie sich zunächst vorgenommen hatten. Ein subjektiv weniger wichtiges, untergeordnetes Ziel nicht erreicht zu haben, ist weniger emotional belastend, als ein Ziel, dem Sie persönlich eine große Wichtigkeit zuschreiben.

Die Emotionen betreffend:

- Versetzen Sie sich selbst vor dem Unterricht in eine positive Stimmung, indem Sie an etwas Angenehmes denken, oder sich ausmalen, dass die Stunde gut laufen wird.
- Verleihen Sie Ihren positiven Emotionen Ausdruck. Lassen Sie Humor in Ihr Klassenzimmer einziehen – lachen Sie, wenn etwas Unvorhergesehenes passiert. Überlegen Sie sich bereits bei der Unterrichtsvorbereitung, an welchen Stellen von Ihnen und von Ihren Schülern gelacht werden kann. Übertreiben auch Sie ruhig einmal Ihre positive Reaktion auf erwünschtes Schülerverhalten. Allein die Tatsache, dass Sie positive Emotionen ausdrücken (z.B. lächeln) verstärkt Ihr positives emotionales Erleben.
- Lassen Sie es zu, wenn negative Emotionen in Ihnen aufkeimen. Artikulieren Sie, was Sie stört – wenn möglich, ohne dabei aggressiv oder zynisch zu werden. Gelegentlich können scheinbar negative Emotionen auch positive Effekte haben (z.B. Ärger bei Schülermisserfolgen, vgl. Attribution und Emotion: Implikationen für die Praxis). Haben Sie den Eindruck, einmal zu weit gegangen zu sein – äußern Sie das gegenüber den Schülern in der nächsten Stunde. Nur so können diese von Ihnen lernen, wie man seine eigenen Emotionen bewusst wahrnimmt und diese auch reguliert.
- Nehmen Sie sozialen Kontakt auf, um frustrierende Erlebnisse zu verarbeiten. Sprechen Sie mit guten Freunden oder Verwandten über die Quellen negativer Emotionen in Ihrem Beruf. Nachdem Sie sich den Frust von der Seele geredet

haben, richten Sie den Blick bewusst auf Positives – „Was aber wirklich eine tolle Sache ist... Worüber ich mich neulich aber wirklich gefreut habe...".

Fazit

Der Lehrberuf ist durch eine Reihe objektiv belastender Faktoren gekennzeichnet, was bei einigen Lehrkräften auf Dauer emotionale und physische Erschöpfung hervorruft und ihre Leistungsfähigkeit senkt. Appraisals hinsichtlich der Erreichung von Zielen im Unterricht sind als zentrale Ursachen von Lehreremotionen anzusehen. Das emotionale Erleben von Lehrkräften wiederum beeinflusst maßgeblich ihr Unterrichtsverhalten. Ein günstiges emotionales Klassenklima ist somit für Lehrkräfte und Schüler gleichermaßen erstrebenswert.

1.8 Weiterführende Literatur

Brandstätter, V. & Otto, J. H. (Eds.) (2009). *Handbuch der Allgemeinen Psychologie: Motivation und Emotion*. Göttingen: Hogrefe.

Holodinsky, M., & Friedlmeier, W. (2005). *Emotionen – Entwicklung und Regulation*. Berlin: Springer.

Lewis, M. & Haviland-Jones, J. M. (Eds.) (2000). *Handbook of emotions*. New York: The Guilford Press.

Schutz, P. A. & Pekrun, R. (Eds.) (2007). *Emotion in education*. San Diego: Academic Press

Rothland, M. (Ed.) (2007). *Belastung und Beanspruchung im Lehrerberuf: Modelle, Befunde, Interventionen*. Wiesbaden: Verlag für Sozialwissenschaften.

Zeidner, M. (1998). *Test anxiety: The state of the art*. New York: Plenum.

MOTIVATION | 2

Markus Dresel & Lena Lämmle

2.1 „Aus der Praxis"

Es ist Freitagvormittag in der ersten Schulpause, Romy, Andi und Katrin aus der Klasse 9a unterhalten sich.

Andi:	Habt ihr die Mathehausaufgaben gemacht?
Katrin:	Nö.
Romy:	Klar.
Andi zu Romy:	Pf, hätte ich mir ja denken können.
Romy zu Andi:	Ich will Mathe halt verstehen [Lernzielorientierung]. Mich interessiert das einfach, deswegen mache ich auch diese Hausaufgaben gerne. [Interesse, intrinsische Motivation]
Katrin zu Romy:	Kann ich bei dir abschreiben? Ich bin eh zu doof für Mathe [Fähigkeitsselbstkonzept].
Andi:	Ich mache die Hausaufgaben nur, wenn eine Schulaufgabe ansteht, damit ich keine Fünf oder Sechs bekomme [Extrinsische Motivation, Vermeidungsleistungszielorientierung].
Romy zu Andi:	Das kann dann aber auch mal in die Hose gehen, oder?
Andi (grinsend) zu Romy:	Ach was, immer locker bleiben lautet die Devise. Bei mir klappt das immer auf diese Art eine Vier oder eine bessere Note zu erzielen [Erfolgserwartung].
Katrin zu Andi:	Ich finde das nicht lustig. Wenn ich Mathe so leicht verstehen könnte wie du, würde ich mich mehr anstrengen.
Andi zu Katrin:	Nur weil die Lehrerin sagt, dass Mathe wichtig ist [fremdbestimmt-extrinsische Motivation], muss das noch lange nicht stimmen. Du kannst auch reich werden ohne Mathe.
Romy zu Katrin:	Aber wenn dir das so wichtig ist, warum nimmst du dir nicht vor, Mathe zu verstehen und etwas dafür zu tun [Lernzielorientierung]?
Katrin zu Romy:	Na, weil ich genau weiß, was passiert. Ich raffe mich mühsam auf, die Aufgaben durchzulesen, versuche irgendwas zu verstehen, schaffe es aber nicht [Erfolgserwartung]. Egal wie viel ich mache, ich werde mich in Mathe doch nicht verbessern [Hilflosigkeit]. Ich mache nur noch so viel, dass es nicht auffällt, dass ich nichts kann [Vermeidungsleistungszielorientierung].
Romy zu Katrin:	So ein bisschen kann ich dich verstehen, mir geht es in Französisch manchmal so, aber der Lehrer ist auch echt schlecht, bei dem kann man nichts lernen [externale Ursachenerklärung].
Andi zu Romy:	Der Lehrer ist mir egal, ich will unbedingt den Frankreichaustausch nächstes Jahr mitmachen, dafür brauche ich eine gute Note [selbstbestimmt-extrinsische Motivation]. Daher strenge

	ich mich echt an. Die Zwei in der letzten French-Klassenarbeit hatte ich, weil ich gebüffelt habe wie ein Tier [internale Ursachenerklärung auf Anstrengung].
Katrin zu Andi:	Du machst doch immer nur was, wenn es um schöne Frauen geht [extrinsische Motivation].
Andi (grinsend) zu Katrin:	Eben.

2.2 Zentrale Komponenten und Wirkungen der Motivation von Lernenden

Die Aussagen der Schülerinnen und Schüler boten Gelegenheit, bereits einige Aspekte der Motivation von Lernenden kennenzulernen. In diesem Abschnitt erläutern wir zentrale Begriffe, Komponenten und Wirkmechanismen, vor allem jene, die im Zusammenhang mit Lern- und Leistungshandeln im schulischen Kontext von Bedeutung sind. Dabei gehen wir auch auf die Effekte der Motivation ein.

2.2.1 Was ist Motivation?

Viele Studierende dürften die Situation kennen, dass sie mit Freunden in einer Kneipe sitzen, sich aber auf eine anstehende Prüfung im Studium vorbereiten sollten. Wie schaffen wir es nun von der Kneipe an den Schreibtisch? Dazu müssten wir erst einmal „in die Gänge kommen". Im ersten Schritt fangen wir also an, uns nach Hause *zu bewegen*, lateinisch *movere*. Der Begriff *Motivation* leitet sich aus eben diesem Verb ab und drückt den Grundgedanken der Motivation aus als etwas, das uns antreibt und zwar in eine bestimmte Richtung. Motivation kann man nicht direkt „sehen", sondern nur anhand von Indikatoren im Verhalten, Denken und emotionalen Erleben erschließen. Sie ist also ein hypothetisches Konstrukt. Die Motivation für die Prüfungsvorbereitung könnte man beispielsweise daran erkennen, dass die Kneipe tatsächlich verlassen und der Schreibtisch aufgesucht wird.

Die im folgenden Kasten formulierte Definition von Motivation spiegelt das moderne Verständnis der Motivation wider und findet sich in ähnlicher Weise auch bei anderen Autoren (z. B. Schunk, Pintrich & Meece, 2008; Ziegler, 1999).

Definition
Motivation ist ein psychischer Prozess, der die Initiierung, Steuerung, Aufrechterhaltung und Evaluation zielgerichteten Handelns leistet.

Dieses moderne Verständnis von Motivation ist durch die folgenden Betrachtungsweisen charakterisiert:

- Motivation meint psychische Prozesse, die im gesamten Handlungsverlauf zum Tragen kommen. Dies umfasst zunächst die Initiierung einer zur Verfügung stehenden Handlungsoption. Der in der frühen Motivationspsychologie oftmals auf diesen Aspekt eingeengte Fokus wurde in den letzten Dekaden auf ein breiteres Verständnis ausgedehnt, das den gesamten Handlungsprozess einschließlich Planung, Ausführung und Bewertung von Handlungen umfasst.
- Die aktuelle Motivation für eine spezifische Handlung hängt sowohl von Merkmalen der Person als auch von Merkmalen der spezifischen Situation ab. Mit dieser Sichtweise wurde das Eigenschaftskonzept der Motivation überwunden, nach dem ausschließlich Personeigenschaften, die gegenüber situativen Einflüssen invariant sind, für das Handeln verantwortlich gemacht wurden. Daraus folgt, dass Individuen keineswegs in jeder Situation und für alle Dinge in gleicher Weise motiviert sein müssen. Gleichwohl ist eine Reihe vergleichsweise stabiler motivationaler Tendenzen und Überzeugungen anzunehmen, hinsichtlich derer sich Menschen unterscheiden (z.B. Interessen). Diese werden jedoch theoretisch von der aktuellen Motivation für eine spezifische Handlung getrennt und als personale Bedingungsfaktoren aufgefasst, die erst in Wechselwirkung mit den Merkmalen der Situation zur Herausbildung der aktuellen Motivation für eine bestimmte Handlung führen.
- Kognitive Prozesse sind im Zusammenhang mit der Motivation zentral. Dazu zählen u. a. Ziele als gedankliche Vorwegnahmen wünschenswerter Zustände, Bewertungen von Handlungsoptionen und Erwartungen darüber, ob erwünschte Zustände durch eigenes Handeln erreicht werden können, die ihrerseits durch Einschätzungen der eigenen Fähigkeiten beeinflusst sind.
- Bedeutsam sind zudem soziale Prozesse, die bei der Entstehung motivationaler Überzeugungen beteiligt sind. Ein wichtiges Beispiel dafür sind soziale Vergleichsprozesse (vor allem Vergleiche der eigenen Leistungen mit jenen von anderen Personen). Ein weiteres Beispiel sind Ziele, die darauf gerichtet sind, bei anderen Personen einen möglichst positiven Eindruck der eigenen Person (etwa der eigenen Leistungsfähigkeit) zu hinterlassen.

Ein einflussreiches Modell, das dem modernen Verständnis der Motivation gerecht wird, ist das *Rubikon-Modell der Handlungsphasen* (Heckhausen, 1987; Heckhausen & Gollwitzer, 1987; Überblick bei Achtziger & Gollwitzer, 2006), welches in Abbildung 1 dargestellt ist.

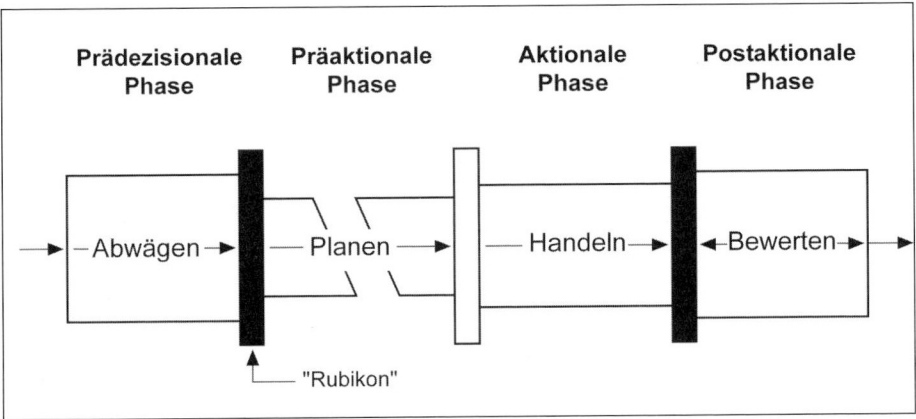

Abbildung 1. Rubikon-Modell der Handlungsphasen

Das Modell betrachtet menschliches Handeln unter einer chronologischen Perspektive und spezifiziert vier Phasen im Handlungsprozess: (1) In der *Abwägephase* (prädezisionale Phase) bilden Personen Bewertungen darüber, wie bedeutsam das Erreichen eines erwünschten bzw. das Vermeiden eines unerwünschten Zustands ist (*Wertkomponente*, die sich auf die Wünschbarkeit von Zuständen bezieht), sowie Erwartungen, ob das Gewünschte herbeigeführt bzw. das Befürchtete vermieden werden kann (*Erwartungskomponente*, die sich auf die Realisierbarkeit von Zuständen bezieht). Resultiert aus dem Abwägen eine hinreichend positive Bilanz, wird ein Handlungsziel gebildet. Diesen entscheidenden Punkt im Handlungsprozess vergleichen die Autoren mit dem Überschreiten des Flusses Rubikon durch Julius Cäsar, dem unwiderruflich der Eintritt in den römischen Bürgerkrieg folgte. (2) In der *Planungsphase* (präaktionale Phase) steht die Realisierung des gesetzten Handlungsziels im Vordergrund. Dazu zählen die Planung der Handlungsdurchführung, das Herbeiführen oder Abwarten einer günstigen Gelegenheit zur Handlungsinitiierung sowie die Abschirmung gegenüber anderen konkurrierenden Zielen. (3) In der *Handlungsphase* (aktionale Phase) kommt es dann zur Handlungsinitiierung des gesetzten Ziels. Hierbei sind die Regulation von Anstrengung und Ausdauer sowie die Abschirmung störender Einflüsse die wichtigsten Kontrollprozesse. Falls kein Wechsel zu einer alternativen Handlung und kein Abbruch der Handlung erfolgt, kommt es zu einem bestimmten Zeitpunkt zum Erreichen des angestrebten Zielzustands und damit zum Abschluss der Handlungsausführung. (4) In der *Bewertungsphase* (postaktionale Phase) werden Handlungsverlauf und Handlungsergebnisse evaluiert sowie Schlussfolgerungen für zukünftiges Handeln gezogen. Dazu zählt insbesondere die Analyse der Ursachen für Erfolg und Misserfolg.

Denken Sie darüber nach, welche Auswirkungen die Motivation und ihre beiden Komponenten (Erwartung und Wert) auf das Handeln und dessen Ergebnisse haben könnten. Betrachten Sie dabei alle vier Phasen im Handlungsprozess.

2.2.2 Konsequenzen der Motivation im Lernprozess

Die Stärke und die Qualität der Motivation für bestimmte Handlungsoptionen haben vielfältige Auswirkungen auf Umfang, Qualität und Ergebnisse von Handlungen. Im Zusammenhang von Lernprozessen sind insbesondere die folgenden Konsequenzen einer günstigen Lern- und Leistungsmotivation bedeutsam:

- Initiierung von Handlungen, die zum Lern- bzw. Leistungsziel passen
- Adäquates Setzen von Subzielen und Planen von Lernhandlungen
- Herstellung günstiger Bedingungen und Ressourcen für die Ausführung von Lernhandlungen (z. B. Anfordern von Hilfe)
- Wahl von optimal herausfordernden Schwierigkeitsgraden, die einen optimalen Lernzuwachs sichern (weder unter- noch stark überfordernd)
- Geringes Aufschiebeverhalten
- Adäquates Ausmaß an Anstrengungen
- Ausdauer, insbesondere bei auftretenden Schwierigkeiten (Persistenz)
- Hohe Qualität der Lernanstrengungen im Sinne des Einsatzes effektiver Lernstrategien (insbesondere verständnis-/tiefenorientierte Lernstrategien) und angemessener Selbstregulation (Monitoring bzw. „Überwachung" des Lernens, Anpassung der Strategien beim Auftreten von Schwierigkeiten)
- Wenig handlungsirrelevante Kognitionen (z. B. Besorgnisgedanken)
- Günstige handlungsbegleitende Emotionen (z. B. Lernfreude)
- Lernzuwachs und hohe Leistungsgüte

Entsprechend dieser Konsequenzen gelten verschiedene Komponenten der Lern- und Leistungsmotivation als wichtige Bedingungsfaktoren der Schulleistung. Ihnen kommt neben und in Interaktion mit kognitiven Lernvoraussetzungen (z. B. Intelligenz, Vorwissen) große Bedeutung für die Qualität und die Ergebnisse schulischen Lernens zu (Helmke & Schrader, 2006). Die Förderung einer günstigen Lern- und Leistungsmotivation stellt aber auch ein wichtiges Bildungsziel per se dar und zwar jenseits ihrer Relevanz für schulische Leistungen. Dies resultiert etwa aus der Anforderung moderner Wissensgesellschaften, auch nach Abschluss der formalen Ausbildung laufend Wissen zu erwerben und bestehendes Wissen anzupassen (*Lebenslanges Lernen*). Dafür wird eine ausgeprägte Lernmotivation als zentrale Bedingung betrachtet (vgl. Spiel & Schober, 2003).

2.2.3 Rahmenmodell der Lern- und Leistungsmotivation

Zur Ordnung des Gefüges von Komponenten, Bedingungen und Konsequenzen der Lern- und Leistungsmotivation schlagen wir ein Rahmenmodell vor, das in Abbildung 2 dargestellt ist. Im Folgenden wird die Struktur des Modells vorgestellt. In den nachfolgenden Abschnitten werden wichtige Aspekte und deren Wechselwirkungen detaillierter besprochen.

Im Zentrum des Rahmenmodells steht die aktuelle Motivation für bestimmte Lern- oder Leistungshandlungen in der konkreten (Lehr-Lern-)Situation (Block A). Diese resultiert aus Bewertungen der Wünschbarkeit (Wertkomponente) und Erwartungen bezüglich der Realisierbarkeit (Erwartungskomponente) von Handlungsoptionen. Diese beiden situationsbezogenen Bewertungen und die resultierende aktuelle Motivation sind stets als abhängig sowohl von überdauernden Merkmalen der Person als auch von Merkmalen der Lehr-Lern-Umwelt zu begreifen. Zu den Personmerkmalen zählen eine Reihe vergleichsweise stabiler und bereichsübergreifender motivationaler Tendenzen und Überzeugungen (Block B). Dies sind beispielsweise Interessen, überdauernde Zielorientierungen (eher wertbezogen) oder Annahmen über die Höhe der eigenen Fähigkeiten (eher erwartungsbezogen). Zu den Merkmalen des Lehr-Lern-Kontexts (Block C) zählen einerseits eher überdauernde Umweltmerkmale wie etwa Erwartungen und Werthaltungen von Lehrkräften, Eltern und Gleichaltrigen sowie klimatische Aspekte des Unterrichts. Andererseits sind die – davon abhängigen – Merkmale der spezifischen Lehr-Lern-Situation zu nennen. Darunter fallen u. a. die darin enthaltenen Möglichkeiten und Anforderungen für Lern- und Leistungshandlungen, die Interessantheit und Schwierigkeit der Themen und Tätigkeiten, Unterstützungsmöglichkeiten sowie die Art des Feedbacks.

Die mittlere Spalte des Rahmenmodells beinhaltet das Handeln der Person in der konkreten Lehr-Lern-Situation und ist in Anlehnung an das Rubikonmodell der Handlungsphasen strukturiert: Basierend auf der aktuellen Motivation (Abwägephase, Block A) werden bestimmte Handlungen geplant, initiiert und ausgeführt (Planungs- und Handlungsphase, Block D). Hier sind die vorgestellten Konsequenzen der Motivation verortet. Es schließt sich die Bewertung der Lern- bzw. Leistungshandlungen an, bei der die Ergebnisse unter Anwendung bestimmter Gütemaßstäbe als Erfolg oder Misserfolg beurteilt werden und eine mehr oder weniger explizite Ursachenanalyse vorgenommen wird (Bewertungsphase, Block E). Diese Bewertung erfolgt einerseits in Abhängigkeit der situationsübergreifenden motivationalen Tendenzen und Überzeugungen, beispielsweise wenn ein schulischer Erfolg vor dem Hintergrund geringer selbsteingeschätzter Fähigkeiten durch glückliche Umstände erklärt wird (B → E). Andererseits beeinflussen auch Umweltmerkmale die Bewertung, etwa extern angelegte Bewertungsmaßstäbe oder fähigkeitsbezogene Rückmeldungen von Lehrkräften (C → E).

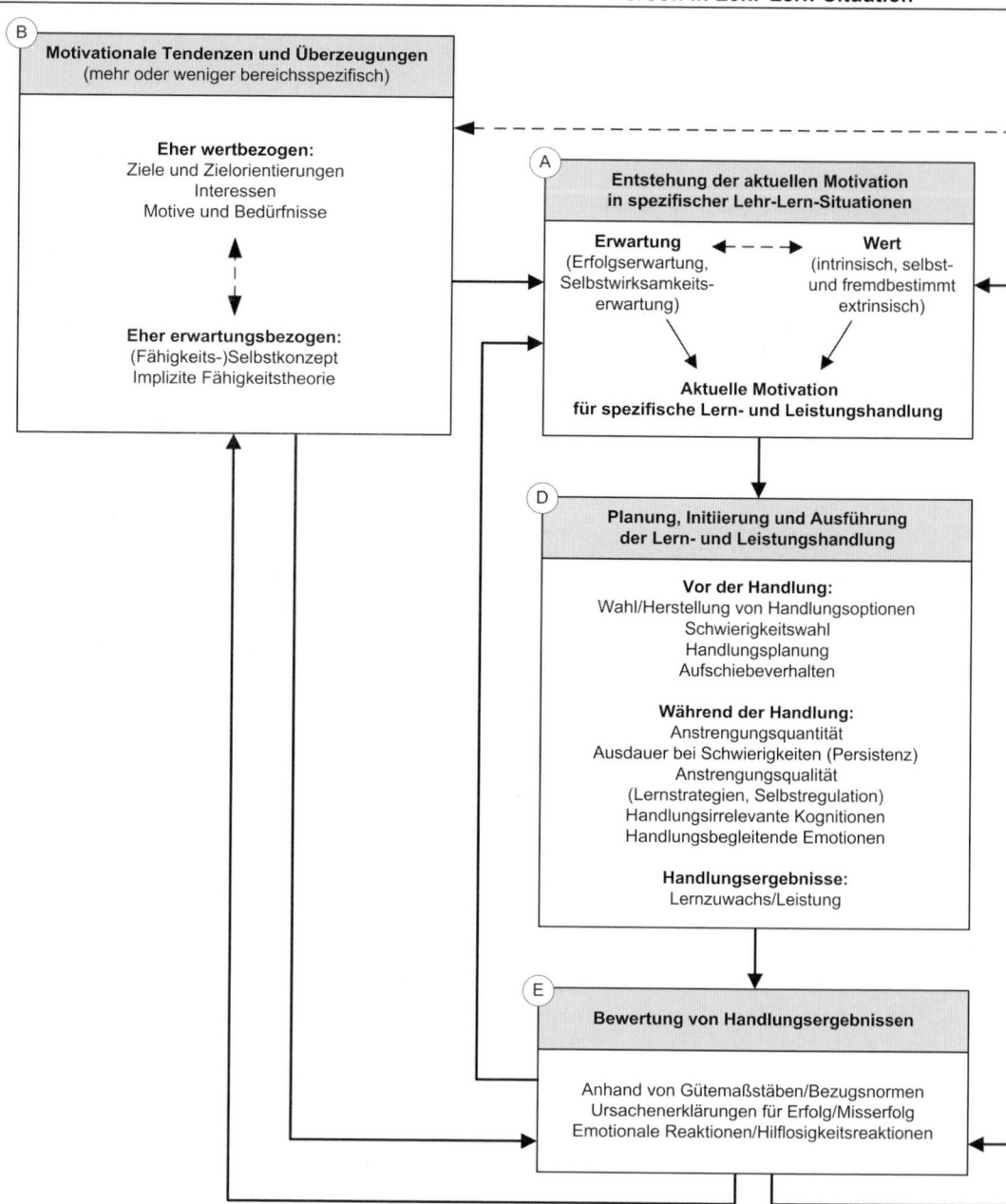

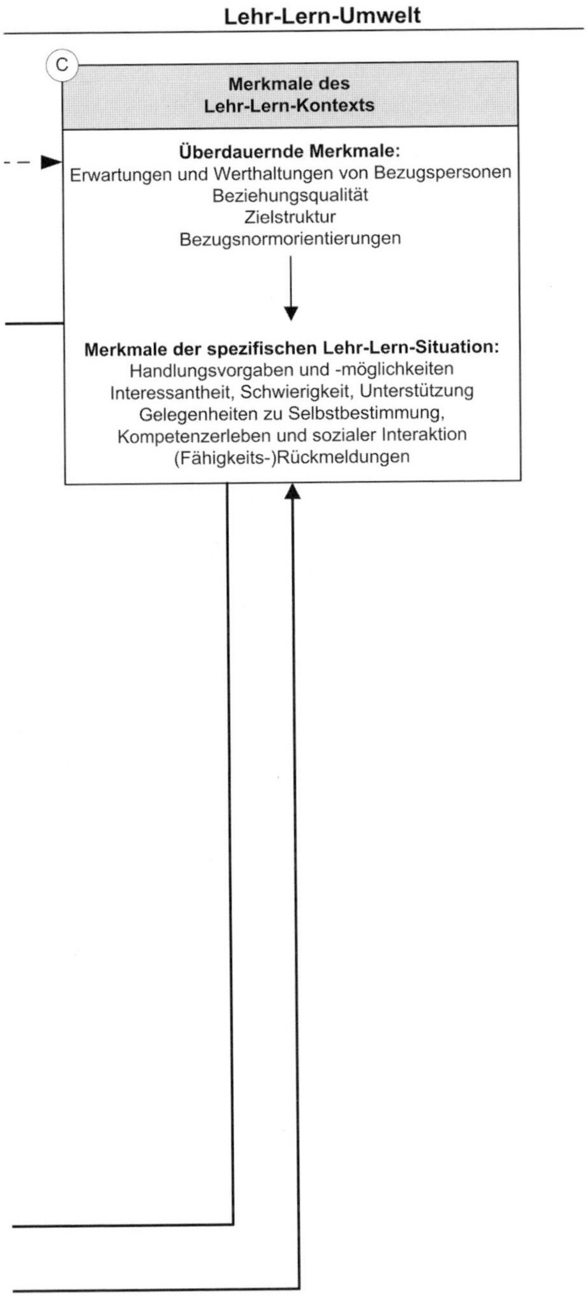

Lehr-Lern-Umwelt

C

**Merkmale des
Lehr-Lern-Kontexts**

Überdauernde Merkmale:
Erwartungen und Werthaltungen von Bezugspersonen
Beziehungsqualität
Zielstruktur
Bezugsnormorientierungen

Merkmale der spezifischen Lehr-Lern-Situation:
Handlungsvorgaben und -möglichkeiten
Interessantheit, Schwierigkeit, Unterstützung
Gelegenheiten zu Selbstbestimmung,
Kompetenzerleben und sozialer Interaktion
(Fähigkeits-)Rückmeldungen

Abbildung 2. Rahmenmodell der Lern- und Leistungsmotivation

Die Bewertung von Handlungsergebnissen und die vorgenommenen Ursachen-erklärungen wirken unmittelbar zurück auf Einschätzungen der Realisierbarkeit und Wünschbarkeit sowie die aktuelle Motivation bei vergleichbaren Handlungsoptionen (E → A). Aus wiederkehrenden Handlungsbewertungen können darüber hinaus Anpassungen personenspezifischer motivationaler Tendenzen und Überzeugungen resultieren, etwa wenn das Interesse an einem Thema reduziert wird, weil dabei keine auf eigene Fähigkeiten zurückführbare guten Leistungen möglich erscheinen (E → B). Aber auch in der Lernumwelt sind auf der Grundlage von Handlungsergebnissen Anpassungen zu erwarten (E → C). Beispiele dafür sind Eltern, die ihre Überzeugungen über die Fähigkeiten ihres Kindes nach Erfolg nach oben anpassen, oder Lehrkräfte, die ihren Unterricht an die Schwierigkeiten ihrer Schüler anpassen. Anhand dieser Rückkoppelungsmechanismen wird deutlich, dass motivationale Tendenzen und Überzeugungen in wiederholter Wechselwirkung mit der Umwelt entstehen und sich stabilisieren. Andererseits können sich aber auch Aspekte der Lernumwelt als Konsequenz dieser Wechselwirkungen an den Lernenden anpassen. Diese beiden Teilprozesse vollziehen sich stets anhand spezifischer Handlungen.

2.2.4 Situations- und handlungsbezogene Einschätzung von Erwartung und Wert

Wie bereits erwähnt, sind bei der Entstehung der aktuellen Motivation subjektive Erwartungen zur Realisierbarkeit und subjektive Bewertungen der Wünschbarkeit möglicher Handlungen und Handlungsergebnisse zentral (Block A in Abbildung 2). Die unumstrittene Bedeutung dieser beiden situationsspezifischen Motivationskomponenten spiegelt sich in vielen älteren und neueren *Erwartungs-Wert-Modellen der Motivation* wider. Die theoretische Grundidee in diesen Modellen ist, dass die resultierende Motivation das Ergebnis der Verknüpfung von Erwartung und Wert ist. Danach erhöht sich die resultierende Motivation mit Verbesserungen bei jeder der beiden Komponenten und gewisse Mindestausprägungen bei beiden Komponenten sind Bedingungen für eine von Null verschiedene Motivation: Erscheint einer Person eine Handlung in keiner Weise attraktiv oder nimmt sie an, dass sie diese auch unter Einsatz größter Anstrengungen nicht umsetzen kann, wird sie nicht für deren Umsetzung motiviert sein. Das im Zusammenhang des schulischen Lern- und Leistungshandelns wohl am besten etablierte Modell ist das erweiterte Erwartungs-Wert-Modell nach Eccles (1983). Es beinhaltet neben den Abhängigkeiten der aktuellen Motivation von situationsbezogenen Erwartungen und Bewertungen Aussagen dazu, in welcher Weise diese von motivationalen Tendenzen und Überzeugungen, Bewertungen früherer Lern- und Leistungserfahrungen sowie der sozialen Umwelt abhängen. Diese Annahmen unterliegen auch dem hier vorgestellten Rahmenmodell und werden in den nachfolgenden Abschnitten eingehender erläutert. Eine ausführliche Besprechung des Modells liefert Möller (2008).

Wertkomponente

Hinsichtlich der Frage, wie Personen bestimmte Tätigkeiten und deren Ergebnisse bewerten, welchen Wert (weitgehend synonym: Anreiz, Valenz) diese also in der subjektiven Wahrnehmung darstellen, hat die motivationspsychologische Forschung hilfreiche Unterscheidungen entwickelt. Die wohl bedeutsamste Unterscheidung ist jene zwischen intrinsischer Motivation und verschiedenen Formen der extrinsischen Motivation, die Deci und Ryan (1985, 1993) in ihrer *Selbstbestimmungstheorie der Motivation* vornehmen (eine ähnliche Unterscheidung enthält das Modell von Eccles, 1983).

Definition

Intrinsische Motivation kennzeichnet die Bereitschaft, eine Handlung auszuführen, weil sie für sich selbst befriedigend oder belohnend ist; entweder weil die Tätigkeit als solches positiv erlebt wird (tätigkeitsspezifische Anreize) oder weil das Thema als interessant erlebt wird (Interesse).

Extrinsische Motivation ist dadurch gekennzeichnet, dass der Wert nicht in der Handlung selbst, sondern in deren Folgen besteht. Diese wird differenziert in *selbstbestimmt-extrinsische Motivation*, bei der der Wert zwar außerhalb der Handlung, aber überwiegend innerhalb der handelnden Person liegt, und in *fremdbestimmt-extrinsische Motivation*, bei der sich der Wert der Handlung aus der fremdgesteuerten Belohnungs- und Sanktionierungsstruktur ergibt, in die Personen und ihre Handlungen eingebunden sind.

Bei der intrinsischen Motivation (*intrinsischer Wert* bei Eccles, 1983) liegt der Wert innerhalb der Handlung selbst. Es handelt sich dabei um eine selbstbestimmte Form der Motivation, bei der Personen Handlungen autonom und unabhängig von Verstärkung und Sanktionierung von außen durchführen (z.B. Spaß am Durchführen physikalischer Experimente, Interesse am Elektromagnetismus). Sie hat durchwegs positive Wirkungen, beispielsweise hinsichtlich der Selbstregulation des Lernens und der Leistungsgüte. Extrinsische Motivation ist weit vielfältiger, hinsichtlich ihrer Auswirkungen weit vielschichtiger und im schulischen Kontext auch weit häufiger vorzufinden als die intrinsische Motivation. Deshalb klassifizieren Deci und Ryan (1985) verschiedene Formen der extrinsischen Motivation danach, wie viel diese mit persönlichen Wert- und Zielsetzungen der handelnden Person zu tun haben. Deci und Ryan bezeichnen es als selbstbestimmt-extrinsische Motivation, wenn Handlungsfolgen als persönlich bedeutsam bewertet werden, etwa hinsichtlich ihrer Instrumentalität für andere persönliche Ziele (*instrumenteller Wert, Nützlichkeit* bei Eccles, 1983; Beispiel: eine Schülerin bereitet sich intensiv auf die Abiturprüfung im Fach Englisch vor, weil sie das persönliche Ziel hat, Managerin in einem internationalen Konzern zu

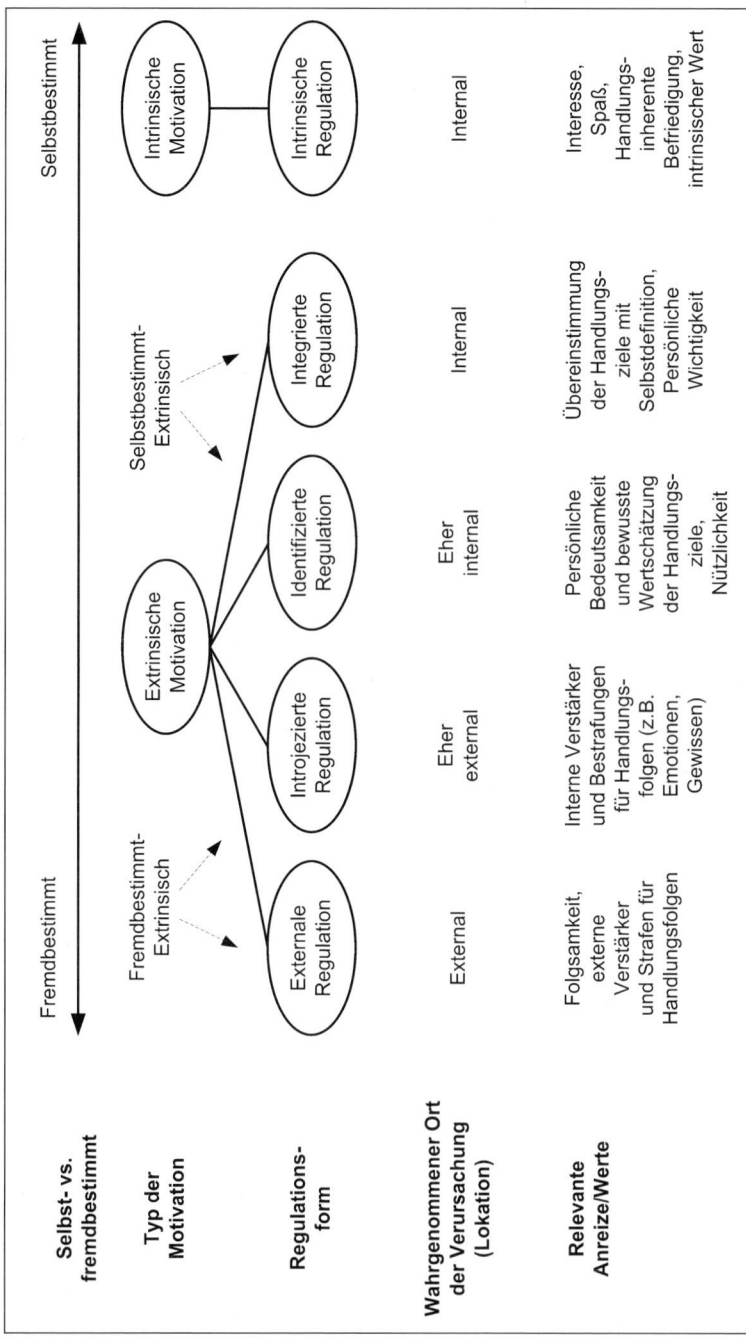

Abbildung 3: Selbstbestimmungskontinuum von handlungsbezogenen Werten (vereinfacht nach Ryan & Deci, 2000)

werden) oder weil Erfolg für die Selbstdefinition und Identität wichtig ist (*persönliche Wichtigkeit* bei Eccles, 1983; Beispiel: einem Schüler ist es sehr wichtig, bei einem schulischen Leichtathletikwettbewerb hervorragend abzuschneiden, da er sich als sportlich definiert). Die Fremdbestimmung überwiegt, wenn der Wert von Handlungen aus externalen Belohnungen, Sanktionen, Regeln oder Normen resultiert (z. B. wenn eine Schülerin Englisch lernt, um Bestrafungen zu entgehen oder ein schlechtes Gewissen zu vermeiden). Abbildung 3 veranschaulicht die dargestellten Motivationsformen und enthält zudem die noch feinere Differenzierung, die Ryan und Deci (2000) beschreiben.

Empirische Studien zeigen, dass selbstbestimmt-extrinsische Motivationsformen ähnlich positive Effekte wie die intrinsische Motivation haben können und dass langfristig negative Auswirkungen für den Lernprozess vor allem aus der fremdbestimmt-extrinsischen Motivation resultieren, etwa hinsichtlich des Einsatzes von Lernstrategien (vgl. Ryan & Deci, 2000). Allerdings kann eine fremdbestimmt-extrinsische Motivation kurzfristig auch lern- und leistungsförderlich wirken – zumindest wenn ohne Fremdsteuerung einer Lernhandlung gar kein Wert zugeschrieben würde. Bedeutsam ist zudem, dass sich intrinsische und extrinsische Motivation nicht gegenseitig ausschließen. Beispielsweise können Schülerinnen und Schüler sowohl den Gegenstand von Lernhandlungen interessant finden als auch die damit verbundene Kompetenzerweiterung als nützlich für die spätere Berufstätigkeit erachten (z. B. Buff, 2001). Festzuhalten ist damit, dass eine einfache Dichotomie von intrinsischer und extrinsischer Motivation zu kurz gedacht ist und dass eine differenziertere Betrachtung der extrinsischen Motivation nach dem Grad der Selbstbestimmung erforderlich ist, um die Auswirkungen des Werts verschiedener Handlungsfolgen angemessen erklären zu können.

 Denken Sie an eine Tätigkeit, die in Ihrem Leben viel Raum einnimmt (z.B. Lernaktivitäten im Zusammenhang Ihres Studiums). Wenn Sie diese Tätigkeit ausführen, warum tun Sie das dann? Reflektieren Sie ein wenig über diese Frage und damit über die verschiedenen Formen der intrinsischen und extrinsischen Motivation, die Ihrem Handeln unterliegen.

Erwartungskomponente

Definition
Die *Erfolgserwartung* (Synonym: subjektive Erfolgswahrscheinlichkeit) bezeichnet die subjektive Einschätzung von Personen darüber, mit welcher Wahrscheinlichkeit Erfolg bei der Bearbeitung einer Aufgabe eintritt.

Die Annahme einer Schülerin, dass sie bei der anstehenden Englisch-Klassenarbeit gut abschneiden wird, ist ein typisches Beispiel für eine hohe Erfolgserwartung im schulischen Lern- und Leistungskontext. In die Erfolgserwartung gehen neben der Erwartung darüber, mit welcher Wahrscheinlichkeit Erfolg durch eigenes Handeln selbst herbeigeführt werden kann, auch Erwartungen darüber ein, wie sich die Situation entwickelt, wenn nicht handelnd eingegriffen wird und mit welcher Wahrscheinlichkeit das Ergebnis ohne eigenes Zutun durch die Situation festgelegt ist. Um diese Konfundierung der angenommenen Effekte eigenen Handelns und externaler Kräfte zu überwinden, differenzieren Heckhausen und Rheinberg (1980) in ihrem *erweiterten kognitiven Motivationsmodell* zwischen mehreren Erwartungen, die Personen während des Abwägens ausbilden (Tabelle 1). Die erste der oben ausgeführten Erwartungen bezeichnen sie als *Handlungs-Ergebnis-Erwartung*, die zweite als *Situations-Ergebnis-Erwartung*. Die im zweckrationalen Modell von Heckhausen und Rheinberg ebenfalls enthaltenen *Ergebnis-Folge-Erwartungen* beziehen sich darauf, in welchem Maß der Handelnde annimmt, dass das Handlungsergebnis die erwünschten Folgen nach sich zieht, und ist damit eher der Wertkomponente der aktuellen Motivation zuzurechnen.

Tabelle 1. **Drei bedeutsame Erwartungstypen im erweiterten kognitiven Motivationsmodell von Heckhausen und Rheinberg (1980)**

Erwartungstyp	Definition	Beispiele
Handlungs-Ergebnis-Erwartung	Angenommene Wahrscheinlichkeit, mit der das Ergebnis durch eigenes Handeln herbeigeführt werden kann	1. „Wenn ich mich intensiv vorbereite, wird das Referat in der nächsten Seminarsitzung sehr gut werden." 2. „Ich bin in der Lage, die Textinterpretationen der letzten Deutschstunden so durchzuarbeiten, dass ich verstehe, wie man an solche Aufgabenstellungen herangeht. Dadurch werde ich in der anstehenden Deutsch-Klassenarbeit eine gute Note erhalten."
Situations-Ergebnis-Erwartung	Angenommene Wahrscheinlichkeit, mit der das Ergebnis ohne eigenes Zutun durch die Situation festgelegt ist	3. „Wenn ich mich in der Referatsgruppe nicht engagiere, dann werden es die Anderen umso mehr tun und das Ergebnis wird auch ohne mein Zutun gut sein." 4. „Wenn ich mich nicht für die anstehende Deutsch-Klassenarbeit vorbereite, werde ich trotzdem eine gute Note erhalten, weil mich die Lehrerin mag."

Ergebnis-Folgen-Erwartung	Angenommene Wahrscheinlichkeit, mit der das Ergebnis zu den erwünschten Folgen führt	5. „Wenn wir ein gutes Referat halten, erhalten wir vom Dozenten ein positives Feedback und die Kommilitonen werden uns dankbar sein." 6. „Wenn ich in der Deutsch-Klassenarbeit eine gute Note habe, laden mich meine Eltern ins Kino ein."

Als bedeutsam für den Motivationsprozess wird insbesondere die Handlungs-Ergebnis-Erwartung erachtet. Wie eine Vielzahl empirischer Studien gezeigt hat, hat die Erwartung, dass eigenes Lern- und Leistungshandeln zu Lernzuwächsen und positiven Leistungsergebnissen führt, günstige Effekte auf die Qualität von Lernprozessen und Leistungen (Überblick bei Schunk et al., 2008).

Entsprechend dieser fundamentalen Bedeutung der Handlungs-Ergebnis-Erwartung findet sie sich in ähnlicher Form auch in anderen Motivationsmodellen, firmiert dort aber unter anderen Begrifflichkeiten. Dies gilt zunächst für das Konzept der personalen *Kontrollüberzeugungen* nach Rotter (1966, 1990). Aber auch das Konzept der *Selbstwirksamkeitserwartung* nach Bandura (1977, 1997) kommt der Handlungs-Ergebnis-Erwartung recht nahe, wenngleich hier noch eine weitere Differenzierung vorgenommen wird: Bandura versteht die Selbstwirksamkeitserwartung als die Annahme einer Person darüber, ob sie selbst eine bestimmte Handlung erfolgreich ausführen kann (*efficacy expectation*) und grenzt diese von der Erwartung darüber ab, ob diese Handlung dann auch zu dem angestrebten Ergebnis führt (*outcome expectation*). Diese Unterscheidung kann man sich am zweiten Beispiel in Tabelle 1 veranschaulichen (in ähnlicher Weise findet man sie auch im handlungs-kontrolltheoretischen Modell von Skinner, Chapman und Baltes, 1988): Die Annahme des Schülers, dass er in der Lage ist, sich in lerneffektiver Weise mit dem Stoff der vergangenen Deutschstunden zu beschäftigen, entspricht seiner Selbstwirksamkeitserwartung, während seine Annahme, dass ein gutes Verständnis des Stoffs auch zu einer guten Note führt, seine Ergebniserwartung reflektiert. Diese auf den ersten Blick etwas verkünstelt anmutende theoretische Unterscheidung hat durchaus praktische Relevanz. So dürfte es nicht selten der Fall sein, dass Schülerinnen und Schüler zwar im Prinzip wissen, welche Lernaktivitäten zu schulischem Erfolg führen, sich aber nicht zutrauen, diese so auszuführen, dass sich ihr Wissen verbessert. Umgekehrt gilt beispielsweise, dass Schülerinnen und Schüler häufig kein fundiertes Wissen darüber besitzen, welche spezifischen Lernstrategien effektiv für das Erreichen eines bestimmten Lernziels sind, obwohl sie durchaus bereit wären, solche anzuwenden (konditionales Strategiewissen, vgl. Kapitel „Selbstreguliertes Lernen" in diesem Band).

2.2.5 Motive und Bedürfnisse

Ein großer Teil der grundlagen- als auch anwendungsorientierten Motivationsforschung hat sich mit vergleichsweise stabilen Personunterschieden beschäftigt. In den kommenden Abschnitten folgen wir diesem Fokus auf entsprechende motivationale Tendenzen (Block B in Abbildung 2). Wir werden mit den eher wertbezogenen Tendenzen beginnen und hierbei der historischen Entwicklung in der Motivationsforschung folgen („Motive und Bedürfnisse" in Abschnitt 2.2.5, „Ziele und Zielorientierungen" in Abschnitt 2.2.6, „Interesse" in Abschnitt 2.2.7). Im Anschluss daran stellen wir mit dem Fähigkeitsselbstkonzept und der impliziten Fähigkeitstheorie zwei selbstbezogene und motivational relevante Überzeugungssysteme vor, die eher erwartungsbezogen sind (Abschnitt 2.2.8). Angemerkt sei, dass diese motivationalen Tendenzen und Überzeugungen nicht eindeutig einer „Seite" der Motivation zugerechnet werden können und dass sie zudem in reziproken Abhängigkeitsverhältnissen zueinander stehen, auch über die beiden „Seiten" hinweg.

Motive
Im Abschnitt 2.2.1 wurde deutlich, dass Motivation als Prozess verstanden wird, sich also auf die aktuelle Handlung bezieht. Was ist dann aber unter einem *Motiv* zu verstehen, einem Begriff, der in der Alltagssprache häufig Verwendung findet?

> **Definition**
> *Motive* sind zeitlich überdauernde und interindividuell unterschiedliche Präferenzen für bestimmte Verhaltensklassen und die mit diesen Verhaltensklassen einhergehenden subjektiven Anreize, insbesondere das Erleben emotionaler Befriedigung (vgl. McClelland, 1987).

Damit können Motive als Teil der Persönlichkeit aufgefasst werden. Motive sind zwischen Personen (inter-individuell) variabel, aber innerhalb einer Person (intra-individuell) relativ stabil. Motive sind also etwas anderes als die (aktuelle) Motivation. Die Motivation für eine bestimmte Handlung hängt von der individuellen Ausprägung von Motiven mit ab – allerdings nur zu einem gewissen Teil. Dies ist deshalb der Fall, da in die aktuelle Motivation auch situationale Bedingungen einfließen. Zudem hat die Motivationsforschung der letzten Jahrzehnte überzeugend nachgewiesen, dass die Wirkung der – nicht-kognitiv und bereichsübergreifend konzipierten – Motive über eine Reihe an bereichsspezifischen Kognitionen vermittelt ist.

Insbesondere die ältere Motivationspsychologie hat sich ausführlich mit unterschiedlichen Motiven beschäftigt. Als zentrale Motive haben sich dabei das Leistungsmotiv, das Anschlussmotiv und das Machtmotiv herauskristallisiert (Tabelle 2). Nachfolgend gehen wir etwas ausführlicher auf das Leistungsmotiv ein, da ihm im

Zusammenhang des schulischen Leistungshandelns noch die größte Bedeutung zugesprochen wird.

Tabelle 2. Drei zentrale Motive

Motiv	Überdauernde Präferenz für	Subkomponenten	Weiterführende Literatur
Leistungs-motiv	Meistern schwieriger Aufgaben, Messen an Leistungsstandards, Überwindung von Schwierigkeiten, Konkurrieren mit und Übertreffen von anderen Personen	Hoffnung auf Erfolg Furcht vor Misserfolg	Brunstein & Heckhausen (2006)
Anschluss-motiv	Nähe, Bekanntschaften schließen und Beziehungen eingehen, Kooperation, Erwidern von Sympathie, Pflege von Freundschaften, Loyalität, Liebe	Hoffnung auf Anschluss Furcht vor Zurückweisung	Sokolowski & Heckhausen (2006)
Macht-motiv	Kontrolle der sozialen und gegenständlichen Umwelt, Beeinflussung oder Führung von Anderen	Hoffnung auf Kontrolle Furcht vor Kontrolle	Schmalt & Heckhausen (2006)

Leistungsmotiv

Das Leistungsmotiv bezieht sich auf das interindividuell unterschiedliche Bestreben, etwas Schwieriges zustande zu bringen. Dabei geht es um eine möglichst schnelle und selbstständige Beherrschung, die Überwindung von Hindernissen sowie das Erreichen eines Leistungsstandards bzw. Gütemaßstabs. Gütemaßstäbe können dabei Hoffnung auf Erfolg hervorrufen oder aber auch Furcht vor Misserfolg. Diese beiden Begriffe sind auf Atkinson (z. B. 1957) zurückzuführen, die er als Subkomponenten des Leistungsmotivs, also ebenso zeitlich stabil und interindividuell unterschiedlich, konzipiert. *Hoffnung auf Erfolg* kennzeichnet die Hoffnung oder Erwartung einer Person, Erfolg zu haben, und spiegelt ihre dispositionale Ausrichtung darauf wider, Stolz für erbrachte Leistung empfinden zu wollen. Erfolgshoffende Personen sind dadurch gekennzeichnet, dass sie sich Leistungsaufgaben zuwenden und sich dafür engagieren. Das Motivationssystem ist somit auf die Annäherung an erwünschte Zustände ausgerichtet. *Furcht vor Misserfolg* kennzeichnet die dispositionale Ausrichtung einer Person darauf, vermeiden zu wollen, sich bei Misserfolg beschämt oder blamiert zu fühlen. Hierbei ist das Motivationssystem auf die Vermeidung unerwünschter Zustände ausgerichtet. Das Motivationssystem kann also fundamental unterschiedlich ausgerichtet sein, entweder auf die *Annäherung* an erwünschte Zustände oder die *Vermeidung* von unerwünschten Zuständen. Auch für andere Motive wurden Annäherungs- und Vermeidungssubkomponenten postuliert (vgl. Tabelle 2).

Mit diesen unterschiedlichen Ausrichtungen gehen eine Reihe von Konsequenzen im Erleben und Verhalten einher, und zwar nicht nur im akademischen Kontext, sondern prinzipiell in allen Lebensbereichen, in denen Leistung gezeigt werden kann. Eine in der frühen Motivationspsychologie häufig fokussierte Konsequenz betrifft die Wahl von Aufgaben, die beispielsweise Elbe, Wenhold und Müller (2005) im Bereich des Sports mit Hilfe eines Handballwurfspiels und eines Golfspiels untersuchten. Für beide Sportaufgaben zeigte sich, dass erfolgsmotivierte Personen mittelschwere Aufgaben mit einer (subjektiven) Erfolgswahrscheinlichkeit nahe 50% wählten. Dieser Aufgabenbereich war gleichzeitig der, den Personen mit Furcht vor Misserfolg eher mieden – sie wählten eher für sie zu leichte oder zu schwere Aufgaben. Daneben stellten sich Elbe et al. (2005) die Frage, ob ein sportspezifischer Fragebogen zur Leistungsmotivmessung das tatsächlich gezeigte Sportverhalten besser vorhersagen kann als ein allgemeiner, d. h. bereichsunabhängiger Fragebogen zur Messung des Leistungsmotivs. Tatsächlich zeigte sich eine bessere Vorhersagekraft des sportspezifischen Instruments. Dies verweist darauf, dass Leistungsmotivation oftmals bereichsspezifisch ausgeprägt ist, Menschen also in unterschiedlichen Lebensbereichen unterschiedlich leistungsmotiviert sein können und es oftmals auch sind. Dieses Phänomen, das sich auch in vielen anderen Studien zeigt, ist neben der Vernachlässigung gedanklicher Prozesse einer der Hauptkritikpunkte am Motivkonzept. Was unterliegt aber nun dem unterschiedlichen Wahlverhalten von erfolgshoffenden und misserfolgsängstlichen Personen?

Die Wahl der Aufgabenschwierigkeit lässt sich mit Hilfe des *Risikowahlmodells* von Atkinson (1957) erklären. Diesem Modell nach wählen Personen ihre Aufgaben nach emotionalem Erfolgsanreiz und (subjektiver) Erfolgswahrscheinlichkeit. Sie stehen nach Atkinson in umgekehrt proportionalem Verhältnis zueinander: Einer leichten Aufgabe mit einer hohen Erfolgswahrscheinlichkeit wird ein geringer Anreiz zugeschrieben – bei Erfolg könnte man sich nur wenig stolz fühlen. Eine sehr schwere Aufgabe, die nur Wenige lösen können, sollte hingegen einen hohen emotionalen Anreiz haben. Um die Annahme zu formalisieren, dass die aktuelle Motivation sowohl von der subjektiven Erfolgswahrscheinlichkeit als auch vom subjektivem Erfolgsanreiz abhängt und beide Komponenten gewisse Mindestausprägungen aufweisen müssen, postulierte Atkinson, dass die aktuelle Motivation eine multiplikative Verknüpfung beider Komponenten ist. Daraus resultiert, dass die Motivation einer umgekehrten U-Funktion folgt, die bei mittleren subjektiven Aufgabenschwierigkeiten maximal und bei sehr leichten und sehr schweren Aufgaben minimal ist. Diese Annahmen sind in Abbildung 4 veranschaulicht.

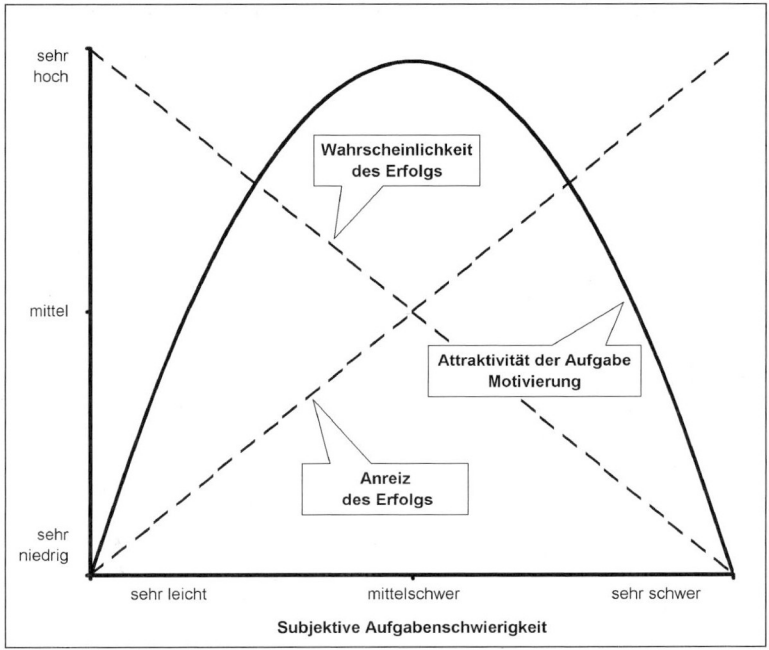

Abbildung 4. Wahl der Aufgabenschwierigkeit nach dem Risikowahlmodell von Atkinson (1957)

Was hat das nun aber mit Hoffnung auf Erfolg und Furcht vor Misserfolg zu tun? Es zeigte sich bald, dass die postulierte Funktion der Motivation nur für erfolgsmotivierte Personen zutrifft. Bei ihnen ist die aktuelle Motivation bei einer Erfolgswahrscheinlichkeit um 50% am höchsten und sie wählen bevorzugt mittelschwere Aufgaben. Bei Aufgaben in diesem Schwierigkeitsbereich haben Anstrengung und Fähigkeit den größten Effekt – dementsprechend lassen Erfolg und Misserfolg Rückschlüsse auf die eigenen Fähigkeiten zu. Genau dies meiden Misserfolgsängstliche. Sie haben Furcht davor, dass der Misserfolg auf mangelnde Fähigkeiten zurückgeführt werden muss (vgl. Abschnitt 2.2.9). Deshalb wählen sie häufiger leichte Aufgaben mit einer hohen Erfolgswahrscheinlichkeit, bei denen das Risiko von Misserfolg gering ist, oder schwere Aufgaben, an denen die meisten Personen scheitern und deshalb der Rückschluss auf mangelnde eigene Fähigkeiten nicht nahe liegt. Auch wenn dieses unterschiedliche Wahlverhalten von überwiegend misserfolgsängstlichen Personen empirisch gut bestätigt werden konnte, folgt es dennoch nicht der inversen Funktion, die Atkinson (1957) ursprünglich postulierte (minimale Motivation bei mittleren, maximale Motivation bei sehr geringen und sehr hohen Aufgabenschwierigkeiten). Eine weitere Limitation der Annahmen von Atkinson betrifft die Beschränkung auf den emotionalen Erfolgsanreiz in seinem Modell (Erleben von Stolz). Nur für diese spezielle Facette des subjektiven Werts kann eine inverse Beziehung zur Erfolgswahrscheinlichkeit angenommen werden. Wie spätere empirische Arbeiten zeigten, gilt dies nicht für andere Wertkomponenten, wie etwa den intrinsischen oder den instrumentellen Wert, so dass Erfolgserwartung und subjektiver Wert als insgesamt positiv korrelierende Motivationskomponenten aufgefasst werden müssen (z. B. Eccles & Wigfield, 1995). Nicht zuletzt diese Befunde führten zur Überwindung des streng formalisierten Verständnisses von Motivation und der Annahme einer multiplikativen Verknüpfung von Erwartung und Wert bei Atkinson (1957).

Bedürfnisse bei Maslow sowie Deci und Ryan

Der Motivbegriff ist eng verknüpft mit dem Begriff „Bedürfnis" – beide Begriffe werden oftmals synonym verwendet. Im Zusammenhang von universellen Bedürfnissen ist die *Bedürfnishierarchie* von Maslow (1954) bekannt geworden (Abbildung 5).

Höhere Bedürfnisse (auf Entwicklung gerichtet) ↑	5. **Selbstverwirklichung** (eigenes Potential ausschöpfen, Verstehen, Autonomie etc.)
	4. **Wertschätzung** (Selbstwert, Kompetenz, Anerkennung etc.)
	3. **Bindung** (Zusammengehörigkeit, Bindung, Liebe, Akzeptanz etc.)
	2. **Sicherheit** (Schutz, Angstfreiheit, Ordnung etc.)
Niedrigere Bedürfnisse (auf Defizitreduktion gerichtet) ↓	1. **Physiologische Bedürfnisse** (Hunger, Durst, Sexualität etc.)

Abbildung 5. Bedürfnishierarchie nach Maslow (1954)

Maslow nahm an, dass nicht alle Grundbedürfnisse gleich bedeutsam sind – vielmehr geht er von einer hierarchischen Anordnung von Bedürfnissen aus. Zentrale Annahme war, dass den Bedürfnissen höherer Ordnung, die auf die eigene Entwicklung gerichtet sind, so lange keine Beachtung geschenkt werden kann, wie die Bedürfnisse niedrigerer Ordnung nicht befriedigt sind und dort Defizite bestehen.

Bei näherer Betrachtung des Modells in Abbildung 5 wird aber auch offensichtlich, dass die darin angenommene strikte Hierarchie nicht immer haltbar ist. So kann es beispielsweise sein, dass Personen bei der Beschäftigung mit Lerngegenständen Hunger bekommen (Ebene 1), aber dennoch erst die begonnenen Aufgaben zu Ende bringen möchten, um zunächst ihre Bedürfnisse nach Verständnis und Kompetenz (Ebenen 4 und 5) zu befriedigen. Csikszentmihalyi (1985) hat sogar einen Zustand völligen Aufgehens in der Tätigkeit beschrieben, den er *Flow* genannt hat und bei dem unbefriedigte Bedürfnisse auf niedrigeren Ebenen (wie eben dem Hungerbedürfnis) noch nicht einmal wahrgenommen werden. Zudem liegen interindividuelle Unterschiede in der Ausprägung der Bedürfnisse vor und Veränderungen in der Ausprägung der Bedürfnisse können auch innerhalb einer Person auftreten. Damit ist deutlich, dass das Modell aufgrund der genannten Einschränkungen (strikte Hierarchie nicht haltbar, interindividuelle und intraindividuelle Unterschiede werden vernachlässigt) zu kritisieren ist. Gleichwohl ist ein Verdienst von Maslow, dass er den Fokus auf Selbstverwirklichung und Entwicklung legt. Das Modell hat zudem die starke Implikation für Lehrkräfte und die Gestaltung von Lehr-Lern-Situationen, dass alle Bedürfnisse der Schülerinnen und Schüler in den Blick genommen werden sollten. Insbesondere heißt dies, dass die Bedürfnisse nach Verstehen und Ausschöpfung des eigenen Potenzials (Maslow: Selbstverwirklichung) die Befriedigung der Bedürfnisse nach Wertschätzung (Anerkennung, Kompetenz, Selbstwert), Bindung (Zusammengehörigkeit, Akzeptanz) und Sicherheit (v. a. Angstfreiheit) voraussetzen. Dies sollte bei der Gestaltung von Unterricht und Schule bedacht werden.

Zu ähnlichen Folgerungen kommen Deci und Ryan (1985), die im Rahmen ihrer Selbstbestimmungstheorie der Motivation (vgl. Abschnitt 2.2.4) drei grundlegende Bedürfnisse postulieren, die erfüllt sein müssen, damit intrinsische Motivation und Interesse entstehen können:
1. Bedürfnis nach Autonomie
2. Bedürfnis nach Kompetenzerleben
3. Bedürfnis nach sozialer Eingebundenheit

Mittlerweile liegt eine Reihe an Studien vor, die die Annahme bestätigen, dass Unterricht dann motivationsförderlich ist, wenn er diese drei Bedürfnisse bei den Schülerinnen und Schülern befriedigt (Überblick bei Krapp, 2005). Diese Befundlage bildet die Basis für Maßnahmen der Interessenförderung (vgl. Abschnitt 2.4.2).

2.2.6 Ziele und Zielorientierungen

Beim Lernen in sozialen Kontexten wird dem Konzept der Zielorientierungen großes Gewicht zur Erklärung der motivationalen Bedingungen des Lern- und Leistungsverhaltens beigemessen (vgl. Meece, Anderman & Anderman, 2006). *Zielorientierungen* werden aufgefasst als gewohnheitsmäßige oder überdauernde (habituelle oder dispositionale) Präferenzen für bestimmte Ziele, die in Lern- und Leistungssituationen verfolgt werden können (Pekrun, 1988). Bevor wir uns diesen überdauernden Orientierungen zuwenden, wollen wir zunächst klären, was *Ziele* als solches sind.

 Schon Johann Wolfgang von Goethe meinte „Sobald der Geist auf ein Ziel gerichtet ist, kommt ihm Vieles entgegen". Stimmen Sie dem zu? Denken Sie einmal darüber nach, was ein Ziel ist und was das „Viele" ist, das dem Geist entgegenkommt.

Um diese Fragen zu beantworten, betrachten wir zunächst den psychologischen Zielbegriff, der mehrere Facetten aufweist.

> **Definition**
>
> *Ziele* sind Vorwegnahmen von Handlungsfolgen, die mehr oder weniger bewusst zustande kommen. Sie beziehen sich auf zukünftige, angestrebte Handlungsergebnisse und beinhalten zugleich auch eine kognitive Repräsentation dieser Handlungsfolgen (Kleinbeck, 2006, S. 256).

Nach Kleinbeck (2006) erfüllen Ziele in unserem psychischen System mehrere Funktionen:

- Ziele veranlassen Handlungen, die auf das im Ziel enthaltene angestrebte Handlungsergebnis ausgerichtet werden. Sie geben dem Handeln also eine Richtung und einen „Anschub".
- Ziele strukturieren den Einsatz von Wissen, Fähigkeiten und Fertigkeiten im Handeln.
- Ziele stellen einen Maßstab zur Überwachung (Monitoring) des Handlungsfortschritts bereit. Sie beinhalten den Soll-Zustand, anhand dessen der aktuelle Ist-Zustand beim Handeln beurteilt werden kann.
- Ziele liefern einen Bewertungsmaßstab, mit dem nach Abschluss von Handlungen beurteilt werden kann, ob diese erfolgreich waren oder nicht.

In verschiedenen Modellen des selbstregulierten Lernens spielen (Lern-)Ziele eine zentrale und für die Lernhandlung leitende Rolle. Sie bilden dort das Fundament für die Planung, Initiierung, Überwachung und Evaluation von Lernhandlungen (vgl. Kapitel „Selbstreguliertes Lernen" in diesem Band). Betrachtet man die vielfältigen Funktionen von Zielen, kann dem Großmeister der deutschen Literatur sicher darin Recht gegeben werden, dass „dem Geist mit einem Ziel Vieles entgegenkommt".

Prinzipiell können Ziele auf alle denkbaren Handlungsfolgen (Zielzustände) ausgerichtet sein. Ford (1992) hat den seltenen Versuch unternommen, eine Taxonomie von übergeordneten Zielinhalten zu entwickeln und damit deutlich gemacht, dass Menschen viele inhaltlich verschiedene Ziele verfolgen, wie beispielsweise soziale Ziele (z. B. soziale Kontakte aufzubauen und zu pflegen), Leistungsziele (z. B. gestellten Anforderungen gerecht werden) oder affektive Ziele (z. B. Langeweile vermeiden). Theoriegeschichtlich sind diese übergeordneten Zielklassen die kognitiven Rekonstruktionen von Motiven, mit denen versucht wurde, die Beschränkungen des Motivkonstrukts zu überwinden (z. B. Vernachlässigung gedanklicher Prozesse, beschränkte Eignung zur Erklärung von zeitlich fluktuierenden und komplexen Prozessen der Handlungsregulation).

Ziele können entweder das Erreichen erwünschter Zustände (*Annäherungsziele*) oder die Vermeidung unerwünschter Zustände (*Vermeidungsziele*) beinhalten. So kann ein Schüler das Annäherungsziel verfolgen, in seinem Freundeskreis anerkannt zu werden, oder aber das Vermeidungsziel, aus seinem Freundeskreis nicht ausgeschlossen zu werden. Diese Unterscheidung spiegelt die in der Motivpsychologie vorgenommene Unterteilung nach Motivsubkomponenten wider (vgl. Tabelle 2). Die Forschung hat gezeigt, dass Annäherungs- und Vermeidungsmotivation qualitativ unterschiedliche psychische Prozesse auf kognitiver, emotionaler und Verhaltensebene implizieren, und hat auch Indizien dafür erbracht, dass sich diese aus neurophysiologischer und neurobiologischer Sicht unterscheiden (vgl. Elliot, 2008).

Neben den übergeordneten, abstrakteren Zielen, die Ford thematisiert, sind in unserem kognitiven System *konkretere Ziele* enthalten, meist in größerer Zahl (z. B. „eine Vier in Mathe schaffen", „mit Felix eine Liebesbeziehung eingehen", „meine Meinung am kommenden Elternabend durchsetzen", „sich nicht vor der Klasse blamieren"). Diese entsprechen den Handlungszielen, die am Ende der Abwägephase im Rubikonmodell der Handlungsphasen gebildet werden (vgl. Abschnitt 2.2.1). Sie werden in der Planungs- und Handlungsphase häufig nochmals in *Subziele* zerlegt. Daran erkennt man, dass Ziele hierarchisch organisiert sind und oftmals auf untergeordneten Ebenen Subziele von Oberzielen auf übergeordneten Ebenen darstellen. Mit einer Reihe von empirischen Studien wurde untersucht, in welchem Zusammenhang der Schwierigkeitsgrad, die Spezifität und der zeitliche Horizont von Zielen mit der aktuellen Motivation und der Leistung stehen (Locke & Latham, 2002). Die Ergebnisse haben Implikationen für die Angabe von Zielen im Unterricht und für die Unterstützung der Zielsetzung bei Schülerinnen und Schülern. Sie sind angewendet auf diesen Kontext im folgenden Kasten zusammengefasst, gelten aber auch im Allgemeinen für jegliche Zielsetzungsprozesse.

Implikationen für die Praxis

- Ziele sollten *spezifisch* sein, d. h. einen *messbaren* Standard darüber enthalten, wann das Ziel erreicht ist. Das Ziel, „in der folgenden Übungsstunde vier Textaufgaben zu bearbeiten" ist geeigneter als das Ziel, „so viele Textaufgaben wie möglich zu bearbeiten".

- Ziele sollten sich auf einen *begrenzten zeitlichen Horizont* beziehen und *terminiert* sein, also einen Zeitpunkt enthalten, bis wann der Zielzustand erreicht sein soll. Das übergeordnete Ziel, dass „alle Schüler die Wärmelehre verstehen sollen", kann in gewisser Weise motivieren, eine größere Wirkung wird es aber entfalten, wenn es in Subziele wie „am Ende der Woche sollen alle Schüler das Gesetz von Gay-Lussac verstanden haben" zerlegt wird.

- Ziele sollten *individuell anspruchsvoll und herausfordernd*, aber auch *realistisch* sein. D. h. sie sollten nicht zu leicht, aber auch nicht zu schwer sein. In diesem Schwierigkeitsbereich bestehen die besten Chancen, für eine optimale Leistungs- und Kompetenzentwicklung. Sind Ziele zu schwer oder zu leicht, besteht die Gefahr, dass Lernbemühungen vorzeitig eingestellt werden. Dies ist insbesondere im Kontext der oft großen Heterogenität hinsichtlich der Lernvoraussetzungen und bereits vorhandener Kompetenzen bei Schülerinnen und Schülern derselben Klasse bedeutsam (individualisiertes Unterrichten).

Zielorientierungen entsprechen vom Auflösungsgrad den abstrakteren Zielklassen, wie sie von Ford (1992) thematisiert werden.

> **Definition**
> *Zielorientierungen* sind als motivationale Tendenzen zu verstehen, die immer dann die Ausbildung eines entsprechenden konkreten Ziels wahrscheinlich machen, wenn die Situation das Verfolgen des Ziels erlaubt.

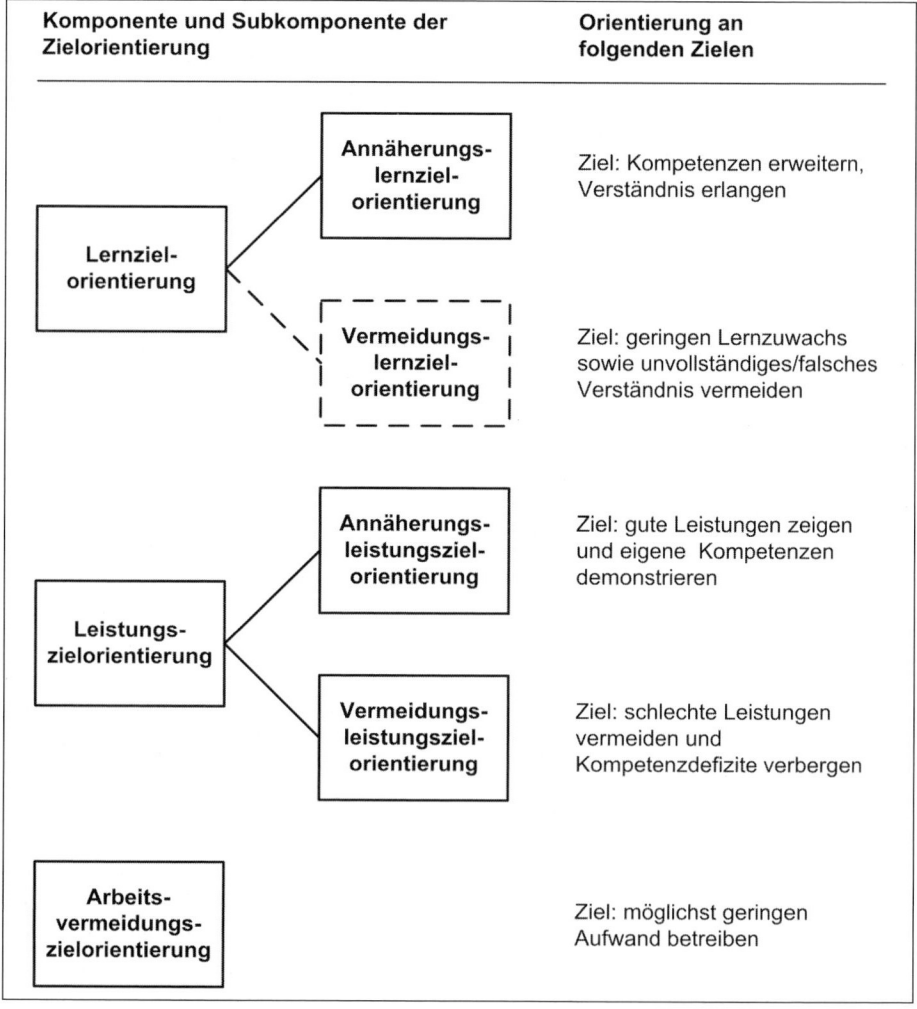

Abbildung 6. Wichtige Zielorientierungen in Lernkontexten

In der auf das Lernen in sozialen Kontexten bezogenen Forschung werden bislang hauptsächlich drei Zielorientierungen fokussiert, die auf Arbeiten von Dweck (1986), Nicholls (1984), Maehr und Midgley (1991) sowie Ames (1992) zurückgehen und in Abbildung 6 dargestellt sind.

Lernende verfolgen eine *Lernzielorientierung*, wenn sie bevorzugt das Ziel verfolgen, ihre Kompetenzen, ihre Fähigkeiten und ihr Wissen zu erweitern sowie zu einem umfassenden Verständnis des Lerngegenstands zu gelangen. Bei diesen Zielen steht der Prozess des Lernens im Vordergrund und Lern- und Leistungssituationen werden als Gelegenheit angesehen, vorhandene Kompetenzen zu erweitern. Die Lernzielorientierung ist aus normativer Sicht die anstrebenswerte Zielorientierung – denn das primäre Anliegen von Schule und Unterricht ist es zweifellos, dass dort etwas gelernt wird. Lehr-Lern-Situationen sind aber immer auch soziale Situationen (Mitlernende, Lehrkräfte, Eltern) und geben zudem vielfältige Leistungsanforderungen vor. Dementsprechend verfolgen Lernende darin häufig auch das Ziel, gute Leistungen zu erzielen und die eigenen Fähigkeiten zu demonstrieren. Oder sie verfolgen das Ziel, schlechte Leistungen zu vermeiden und Wissenslücken und geringe Fähigkeiten zu verbergen. Für etliche Schülerinnen und Schüler ist letzteres die Hauptmotivation im Unterricht. Weisen sie eine dauerhafte Präferenz für derartige Ziele auf, unterliegen sie einer starken *Leistungszielorientierung*. Dabei steht nicht der Lernprozess, sondern das Lernergebnis im Vordergrund, wobei es hier in erster Linie um die Bewertung der eigenen Fähigkeit im sozialen Vergleich geht. Entsprechend werden Lern- und Leistungssituationen als Situationen interpretiert, in denen die eigenen Fähigkeiten gezeigt werden können bzw. müssen. Nicholls (1984) führte überdies die *Arbeitsvermeidungszielorientierung* ein, bei der es darum geht, möglichst wenig Aufwand für die vorgegebenen Anforderungen zu betreiben und Lernanstrengungen möglichst zu vermeiden.

Im Hinblick auf die Leistungszielorientierung wurde relativ bald zwischen *Annäherungs- und Vermeidungsleistungszielen* unterschieden, um die uneinheitlichen Effekte, die eine nicht weiter differenzierte Leistungszielorientierung in empirischen Studien hatte, besser erklären zu können (z. B. Middleton & Midgley, 1997). Verfolgen Lernende Annäherungsleistungsziele, geht es ihnen darum, ihr Wissen und Können zu zeigen und besser als Andere zu sein. Verfolgen sie dagegen Vermeidungsleistungsziele, versuchen sie schlechte Leistungen zu vermeiden und (oftmals: vermeintlich) mangelndes Wissen und mangelndes Können vor Anderen zu verbergen. Darüber hinaus haben Ziegler, Dresel und Stöger (2008) gezeigt, dass sich Schülerinnen und Schüler Leistungsziele häufig recht spezifisch auf bestimmte Adressaten hin setzen (Lehrkraft, Klassenkameraden, Eltern, intrapersonal). Zudem wurde vorgeschlagen, auch im Hinblick auf Lernziele zwischen *Annäherungs- und Vermeidungslernzielen* zu unterschieden, also zwischen Zielen, die auf den möglichst umfangreichen Erwerb von Wissen und Kompetenzen gerichtet sind, und Zielen, die die Vermeidung von geringem Lernzuwachs und unvollständigem oder fehlerhaftem Wissen fokussieren (Elliot & McGregor, 2001). Diese Differenzierung ist aber noch strittig, da bislang auch noch relativ wenig Evidenz darüber vorliegt, welche spezifischen Effekte eine Vermeidungslernzielorientierung hat und damit noch unklar ist, welchen zusätzlichen Erklärungsbeitrag diese liefert (Überblick bei Moller & Elliot, 2006).

Eine Vielzahl empirischer Arbeiten belegt, dass mit den unterschiedlichen Zielorientierungen unterschiedliche kognitive und affektive Prozesse sowie unterschiedliches Lernverhalten im Zusammenhang stehen (Überblick bei Meece et al., 2006). So geht eine (Annäherungs-)Lernzielorientierung mit der Wahl von herausfordernden Aufgaben, mit umfangreichen Anstrengungen, dem Einsatz von tiefenorientierten Lernstrategien (Elaborationsstrategien), einer gelingenden Selbstregulation des Lernens sowie adaptiven Reaktionen nach Misserfolg einher. Dagegen führt die Vermeidungsperformanzzielorientierung zu geringen Anstrengungen, der Nutzung oberflächenorientierter Lernstrategien (Memorieren), dem Erleben von Prüfungsangst sowie Hilflosigkeitsreaktionen nach Misserfolg und geht mit schlechten Leistungen einher. Eine Annäherungsleistungszielorientierung steht mit positiven Selbsteinschätzungen im Zusammenhang und führt zumindest kurzfristig zu optimalen Leistungen, sichert jedoch für sich genommen nicht die langfristige, intensive Beschäftigung mit Themen. Sie ist also als ambivalent zu bewerten. Die Vermeidungslernzielorientierung ist bislang eher wenig untersucht. Erste Indizien verweisen aber darauf, dass diese nicht so ungünstige Auswirkungen hat wie die Vermeidungsleistungs-, aber auch nicht so günstige wie die Annäherungslernzielorientierung. Schließlich haben Schüler mit hoher Arbeitsvermeidungszielorientierung häufig ein geringes Interesse am Lerngegenstand, nutzen uneffektive Lernstrategien und zeigen schlechte Leistungen. Zusammenfassend weist die mittlerweile sehr umfangreiche Befundlage darauf hin, dass eine Orientierung an Lernzielen die günstigsten Effekte für das Lernen hat und zudem einen Schutzfaktor beim Umgang mit Misserfolg darstellt. Eindeutig ungünstig im Hinblick auf ihre Auswirkungen auf den Lernprozess sind Vermeidungsleistungs- und Arbeitsvermeidungszielorientierung – insbesondere die erstgenannte erhöht das Risiko für maladaptive Reaktionen nach Misserfolg.

Empirische Studien zu Zielorientierungen haben darüber hinaus gezeigt, dass diese nicht unabhängig voneinander sind (vgl. Pintrich, 2000). So stehen z. B. Lernziele positiv mit Annäherungsleistungszielen sowie negativ mit Vermeidungsleistungszielen und Arbeitsvermeidungszielen im Zusammenhang. Dies zeigt, dass Lernende oftmals mehrere Ziele in Lehr-Lernsituationen verfolgen (multiple Zielsetzung). Darüber hinaus liegen erste empirische Hinweise darauf vor, dass Zielorientierungen keine gegenstandsübergreifenden motivationalen Tendenzen sind, sondern bereichsspezifisch ausgeprägt und organisiert sind (Sparfeldt, Buch, Wirthwein & Rost, 2007).

2.2.7 Interesse

In den vorangegangenen Abschnitten wurde schon deutlich, dass Motivation und motivationale Tendenzen in der aktuellen Forschung zunehmend bereichs-

und gegenstandsspezifisch konzipiert werden. Eine motivationale Tendenz, die per definitionem einen Gegenstandsbezug aufweist, ist das *Interesse* (vgl. Krapp, 2002).

Definition

Interesse ist eine besondere Beziehung einer Person zu einem Gegenstand. Gegenstände können spezifische Objekte (z. B. Roboter), abstraktere Objektbereiche (z. B. Elektrotechnik) oder Tätigkeitsklassen (z. B. Elektrotechnikbausätze zusammen bauen) sein. Die Besonderheit der Interessenbeziehung besteht in dem Erleben von positiven emotionalen Zuständen (z. B. Freude) während der Beschäftigung mit dem Interessengegenstand (emotionaler Wert), einer hohen subjektiven Wertschätzung dieses Gegenstands (persönliche Bedeutsamkeit auf kognitiver Ebene) sowie dem ausgeprägten Ziel, das Wissen über den Gegenstand zu erweitern (epistemische Orientierung, Lernziele).

Diese besondere Person-Gegenstand-Beziehung führt dazu, dass Handlungen im Zusammenhang des Interessengegenstands oftmals stark intrinsisch motiviert und von hoher Handlungsintensität sind. Insbesondere gilt dies dann, wenn es sich um überdauernde Interessen handelt, die nicht nur in einer spezifischen Situation auftreten. Hierbei unterscheiden sich Personen stark (Anna interessiert sich für Biologie, Katharina für Volleyball), weshalb in der Literatur von *personalem oder individuellem Interesse* gesprochen wird. Dauerhaft gepflegte Hobbys sind oft Beispiele derartiger personaler Interessen. Personales Interesse ist ein bedeutender Prädiktor für die Kurs-, Studiengangs- und Berufswahl. Darüber hinaus steht es mit dem Einsatz tiefenorientierter Lernstrategien sowie der Schulleistung im entsprechenden Interessengebiet in positivem Zusammenhang (Schiefele, Krapp & Schreyer, 1993). Anzunehmen sind hierbei reziproke Zusammenhänge (vgl. Abbildung 2): ein starkes Interesse fördert – vermittelt über einen hohen intrinsischen Wert – die intensive Auseinandersetzung mit einem Lerngegenstand, was zu guten Schulleistungen führt. Diese begünstigen ihrerseits – vermittelt über das Erleben eigener Kompetenzen und eine positive Selbsteinschätzung der eigenen Fähigkeiten – die Ausbildung und Stabilisierung des Interesses.

Vom personalen Interesse abzugrenzen ist das *situationale Interesse*, das temporär durch die Interessantheit der Situation (Lehr-Lern-Situation) erzeugt wird, beispielsweise durch einen interessanten Text. Konzeptuell ist dieses dem intrinsischen Wert einer Lernhandlung recht nahe (vgl. Abschnitt 2.2.4). In jüngerer Zeit haben verschiedene Autoren aber auch versucht, die Beziehungen zwischen dem Interesse an einem Interessengegenstand auf der einen Seite und dem intrinsischen Wert, der einer Tätigkeit zugeschrieben wird (bzw. der intrinsischen Motivation dafür), auf der anderen Seite theoretisch zu klären (Krapp, 1999; Schiefele, 2009). Schiefele (2009) schlägt dazu ein Modell vor, wonach situationales Interesse (als positive Relation zwischen

Person und *Gegenstand* in spezifischen Situationen) eine starke intrinsische Bewertung der damit im Zusammenhang stehenden *Tätigkeiten* bedingt, aber davon zu unterscheiden ist. Weiterhin postuliert er, dass sich ein bereits existierendes personales Interesse an einem Gegenstand einerseits ausgelöst durch bestimmte Situationscharakteristika (z.B. Neuigkeitsgehalt der Situation) in situationalem Interesse aktualisiert und darüber vermittelt zu einer intrinsischen Bewertung entsprechender Tätigkeiten führt. Andererseits nimmt Schiefele (2009) an, dass personales Interesse darüber hinaus auch direkte positive Wirkungen auf die intrinsische Bewertung der Tätigkeiten hat.

2.2.8 Fähigkeitsselbstkonzept

Menschen verfügen in der Regel über ein differenziertes Wissen über sich selbst. So schätzen sie sich etwa als mehr oder weniger kompetent und als mehr oder weniger attraktiv ein. Dieses – nicht notwendigerweise realistische – selbstbezogene Wissen wird unter dem Begriff *Selbstkonzept* zusammengefasst. Damit sind rein deklarative Selbstwahrnehmungen gemeint (z. B. „Ich bin intelligent"). Affektive Tönungen dieser Selbstbeschreibungen (z. B. „Ich fühle mich als wertvolle Person") sind eher als Konsequenz aufzufassen, begrifflich vom Selbstkonzept abzugrenzen und als Aspekte des Selbstwertgefühls zu betrachten (vgl. Stiensmeier-Pelster & Schöne, 2008).

Für die Lern- und Leistungsmotivation von Schülerinnen und Schülern kommt dem selbstbezogenen Wissen über die eigenen Fähigkeiten vorrangige Bedeutung zu.

> **Definition**
> Das *Fähigkeitsselbstkonzept* bezeichnet kognitive Repräsentationen der eigenen Fähigkeiten.

Hierbei erweisen sich vor allem kognitive Repräsentationen der *Höhe* der eigenen Fähigkeiten als relevant, die wesentlicher Teil des Fähigkeitsselbstkonzepts sind – im Zusammenhang des schulischen Lernens werden dabei die Begriffe *schulisches Fähigkeitsselbstkonzept, akademisches Selbstkonzept, Vertrauen in die eigenen schulischen Fähigkeiten* und *wahrgenommene akademische Fähigkeiten* (*perceived academic competences*) weitgehend synonym gebraucht (vgl. Moschner & Dickhäuser, 2006). Diese Repräsentationen der eigenen Fähigkeiten können wiederum realistisch sein, aber diese auch über- oder unterschätzen.

Lehrkräften fällt es ohne gezielte diagnostische Maßnahmen bereits schwer zu beurteilen, ob Schülerinnen und Schüler über ein hohes oder niedriges Fähigkeitsselbstkonzept verfügen (vgl. Spinath, 2005). Noch schwieriger ist es oft zu beurteilen, ob sie ihre Fähigkeiten realistisch einschätzen oder nicht, selbst bei Verwendung fundierter diagnostischer Verfahren. Meist lässt sich dies nur im Vergleich mit anderen Schülerinnen und Schülern einschätzen und zwar dadurch, dass die relative Position beim Fähigkeitsselbstkonzept (z. B. geringere Fähigkeitsselbsteinschätzung als 80% der Klassenkameraden) mit den tatsächlichen Fähigkeiten oder – falls darüber keine belastbaren Angaben vorliegen – Leistungen (z. B. bessere Leistungen als 60% der Klassenkameraden) verglichen wird.

Neben den Annahmen über die mehr oder weniger gute Ausprägung eigener Fähigkeiten spielen auch Annahmen über die *Veränderbarkeit* der eigenen Fähigkeiten eine Rolle, die in der Regel wenig explizit repräsentiert sind und deshalb häufig als *implizite Fähigkeitstheorien* bezeichnet werden (Dweck & Leggett, 1988). Dies basiert auf der Beobachtung, dass eine Gruppe von Menschen das Vertrauen hat, dass sie ihre Fähigkeiten (einschließlich der Intelligenz) durch Lernanstrengungen verbessern, also modifizieren können (Modifizierbarkeitstheorie), während andere der Überzeugung sind, dass diese eine stabile Entität darstellen, also unveränderbar sind (Entitätstheorie). Eine modifizierbare Sicht der eigenen Fähigkeiten kann als Schutzfaktor gegenüber Motivations- und Leistungseinbrüchen nach Misserfolgen fungieren, da in diesem Fall eine geringe selbsteingeschätzte Fähigkeitshöhe ihren Bedrohungscharakter verliert und die Veränderbarkeit dieser Fähigkeitsdefizite Lernbemühungen implizieren (vgl. Dweck, 2000). Im Folgenden konzentrieren wir uns auf selbstbezogene Einschätzungen der Höhe der eigenen Fähigkeiten. Einen Überblick zur Entwicklung und zu den Konsequenzen von impliziten Fähigkeitstheorien im schulischen Kontext liefern Schloz und Dresel (im Druck).

Beim Fähigkeitsselbstkonzept handelt es sich um ein vielschichtiges Bild der eigenen Fähigkeiten. So lassen sich ab einem gewissen Entwicklungsstand Selbsteinschätzungen in unterschiedlichen Fähigkeitsbereichen empirisch voneinander abgrenzen, etwa das mathematische vom sprachlichen Selbstkonzept, aber auch Selbsteinschätzungen des eigenen Könnens im Basketball von jenen im Geräteturnen. Nach verbreiteter theoretischer Auffassung folgt das Fähigkeitsselbstkonzept (und auch das Selbstkonzept im Allgemeinen) einer hierarchischen Struktur (z. B. Marsh & Shavelson, 1985). Demnach sind bereichsspezifische Fähigkeitsselbstkonzepte im mathematisch-naturwissenschaftlichen sowie im sprachlichen Bereich Teil eines generellen schulischen Fähigkeitsselbstkonzepts und lassen sich ihrerseits in spezifischere Fähigkeitsselbstkonzepte in den einzelnen Schulfächern differenzieren (vgl. Abbildung 7). Diese wiederum sind nochmals aufgabenspezifisch unterteilt. Angenommen wird, dass die einzelnen Selbstkonzeptkomponenten umso stabiler und umso selbstwertrelevanter sind, je höher sie in der hierarchischen Selbstkonzeptstruktur stehen.

Empirisch konnte in einer Vielzahl an Untersuchungen bestätigt werden, dass Fähigkeitsselbsteinschätzungen fach- bzw. aufgabenspezifisch ausfallen. Überraschend war dennoch der Befund, dass die einzelnen Facetten des Fähigkeitsselbstkonzepts bei gleichzeitig moderat positiven Zusammenhängen der entsprechenden

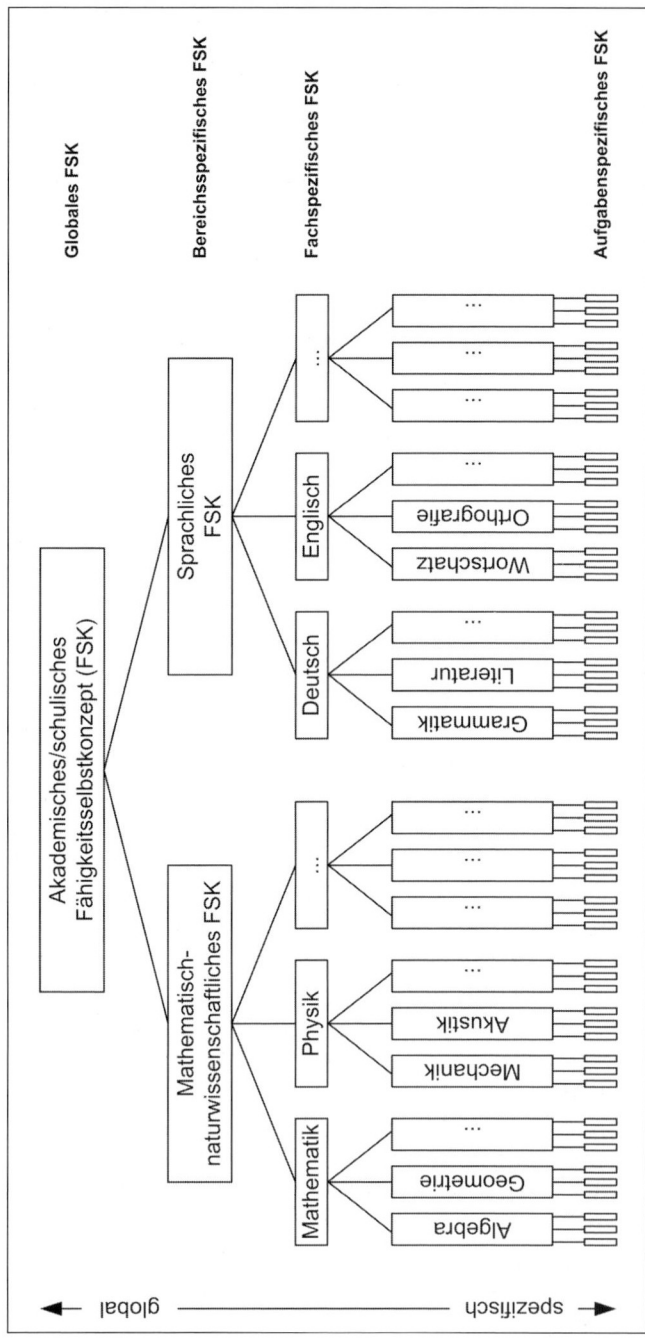

Abbildung 7. Struktur des schulischen Fähigkeitsselbstkonzepts (nach Stiensmeier-Pelster & Schöne, 2008)

Leistungen oftmals in keinem nennenswerten Zusammenhang miteinander stehen. Beispielsweise erbrachte die Metaanalyse von Möller, Pohlmann, Köller & Marsh (2009) im Durchschnitt aller einbezogenen 69 Datensätze einen nahezu vernachlässigbaren Zusammenhang zwischen dem mathematischen und dem sprachlichen Fähigkeitsselbstkonzept, obwohl mathematische und sprachliche Leistungen recht stark miteinander korrelierten (also bessere Leistungen in Mathematik häufig auch mit besseren Leistungen in sprachlichen Fächern einhergehen). Dies stellt die Vorstellung einer hierarchischen Organisation des Fähigkeitsselbstkonzepts insofern in Frage, als es offenbar an einem gemeinsamen Kern „benachbarter" Fähigkeitsselbstkonzepte mangelt und sie deshalb kaum als spezifischer Ausdruck eines übergeordneten Fähigkeitsselbstkonzepts aufgefasst werden können, sondern vielmehr als voneinander unabhängige Aspekte der Selbsteinschätzung begriffen werden sollten. Diese Befunde haben zur Weiterentwicklung der Modellvorstellungen darüber geführt, wie Fähigkeitsselbstkonzepte entstehen, insbesondere zum *Internal/External Frame of Reference Model* (*I/E-Model*; Marsh, 1986), auf das in Abschnitt 2.3.1 noch etwas näher eingegangen wird. Hinsichtlich der Selbstwertrelevanz von Fähigkeitsselbsteinschätzungen hat die Forschung schließlich gezeigt, dass unterschiedliche Personen unterschiedliche Fähigkeitsbereiche gemäß der ihnen zugemessenen persönlichen Wichtigkeit unterschiedlich gewichten (vgl. Harter, 2006).

Das Fähigkeitsselbstkonzept von Lernenden hat vielfältige Auswirkungen auf deren aktuelle Motivation, die Qualität der von ihnen initiierten Lernprozesse sowie ihre Leistungen. Sie wurden mit einer Vielzahl an Studien untersucht (Überblick bei Stiensmeier-Pelster & Schöne, 2008). Im Hinblick auf die Aktualgenese der Motivation ist der Einfluss von Selbsteinschätzungen der eigenen Fähigkeiten auf die Erfolgserwartung bedeutsam. Bei der Bildung der Erwartung, ob eine Handlung oder Aufgabe erfolgreich durchgeführt bzw. bearbeitet werden kann oder nicht, ist ein kognitiver Prozess anzunehmen, bei dem die wahrgenommene Schwierigkeit der Aufgabe in Relation zu Annahmen darüber gesetzt wird, in welchem Ausmaß die relevanten Fähigkeiten vorhanden sind. Erfolgserwartungen hängen nach gängiger Auffassung also entscheidend vom fach- bzw. aufgabenspezifischen Fähigkeitsselbstkonzept und der Aufgabenschwierigkeit ab (vgl. Eccles, 1983), zumindest wenn der genannte kognitive Prozess in elaborierter Weise abläuft (Reinhard & Dickhäuser, 2009).

Darüber hinaus belegt eine Reihe von Forschungsarbeiten, dass Schülerinnen und Schüler mit hohem Fähigkeitsselbstkonzept – vermittelt über positive Erwartungen – während des Lern- und Leistungshandelns weniger handlungsirrelevante Kognitionen (z. B. Besorgnis, Selbstzweifel) erleben, häufiger verständnisorientierte Lernstrategien und metakognitive Kontrollstrategien zur Selbstregulation des Lernens nutzen sowie eine größere Ausdauer zeigen (insbesondere bei auftretenden Schwierigkeiten) als Schülerinnen und Schüler mit geringem Fähigkeitsselbstkonzept (Überblick bei Schunk et al., 2008).

In einer Vielzahl von Studien hat sich entsprechend dieser Effekte auf den Lernprozess gezeigt, dass schulische und fachspezifische Fähigkeitsselbstkonzepte positiv mit der Schulleistung im Zusammenhang stehen. Die empirische Befundlage verweist dabei auf wechselseitige Abhängigkeiten (z. B. Helmke & van Aken, 1995): Das Fähigkeitsselbstkonzept reflektiert einerseits vorangegangene Leistungen (vermittelt über deren subjektive Interpretation). Andererseits wirken sich positive Fähigkeitsselbsteinschätzungen ihrerseits günstig auf Lernprozesse und damit auf die Qualität der Schulleistungen aus. Dieser förderliche Effekt von Fähigkeitsselbstkonzepten auf die Leistung bleibt auch dann bestehen, wenn der darin enthaltene Anteil früherer Leistungen statistisch kontrolliert wird („statistisch kontrolliert" bedeutet in diesem Fall, dass der Effekt um den – typischerweise großen – Einfluss früherer Leistungen auf das Fähigkeitsselbstkonzept und die aktuelle Leistung bereinigt wurde, also nur den „Nettoeffekt" des Fähigkeitsselbstkonzepts auf den Leistungszuwachs reflektiert).

Angesichts dieser umfangreichen Wirkungen von Fähigkeitsselbstkonzepten wird deutlich, dass einer positiven Sicht der eigenen Fähigkeiten eminente Bedeutung für motiviertes und effektives Lern- und Leistungshandeln zukommt. Da empirische Studien aber auch zeigen, dass eine starke Überschätzung der eigenen Fähigkeiten auch negative Effekte haben kann, gilt ein moderat optimistisches Fähigkeitsselbstkonzept als optimal (vgl. Helmke, 1992; Schütz, 2005).

2.2.9 Ursachenerklärungen (Attributionen)

Um verstehen und erklären zu können, wie Lernende Ergebnisse und Ereignisse (insbesondere: Erfolge und Misserfolge) erleben und welche Folgen diese für die nachfolgende Motivation und das nachfolgende (Lern-)Verhalten haben, ist die Betrachtung von *Attributionen* wichtig.

> **Definition**
> *Attributionen* sind Ursachen, die Individuen zur Erklärung von Ereignissen, Handlungen und Erlebnissen (genereller: Effekten) in verschiedenen Lebensbereichen heranziehen (Försterling, 1986, S. 23).

Attributionen sind also wahrgenommene Ursachen – sie müssen keineswegs realistisch sein. Vielmehr unterliegen diese subjektiven Ursachenzuschreibungen einer großen Anzahl an Attributionsverzerrungen, die bei unterschiedlichen Personen unterschiedlich stark ausgeprägt sein können (Überblick bei Dresel, 2004). Beispielsweise neigen Menschen im Durchschnitt dazu, selbstwertdienlich zu attribuieren: sie führen Erfolge eher auf die eigene Person und Misserfolge eher auf ungünstige Umstände zurück. Weiterhin existieren Abhängigkeiten vom Fähigkeitsselbstkonzept dahingehend, dass diese selbstwertschützenden Attributionsmuster vor allem dann auftreten, wenn die Handelnden über ein positives Fähigkeitsselbstkonzept verfügen. Im Falle eines niedrigen Fähigkeitsselbstkonzepts zeigen sich mit dem oftmals zu beobachtenden Zurückführen von Erfolg auf günstige Umstände und von Misserfolg auf mangelnde eigene Fähigkeiten ebenfalls Attributionsverzerrungen. Diese sind zwar konsistent zu der negativen Selbstsicht, müssen aber aufgrund der damit häufig verbundenen Unterschätzung eigener Handlungsmöglichkeiten als pessimistischer Attributionsstil bezeichnet werden.

Relevant für Erleben, nachfolgende Motivation und nachfolgendes Verhalten sind die subjektiven Interpretationen und nicht die objektiven Gegebenheiten. Die Ursachen, die wir Ereignissen und Ergebnissen zuschreiben, beeinflussen in erheblicher Weise unsere Sichtweise auf die Umwelt und uns selbst („unsere individuelle Wirklichkeitsrekonstruktion"). Ist diese Sichtweise unrealistisch, resultiert dies in unangemessenem Verhalten und – speziell in Lernkontexten – in einer unzureichenden Nutzung von Lernmöglichkeiten. Deshalb werden realistische Attributionen oder Attributionen, die eine leicht optimistische Sichtweise der eigenen Handlungsmöglichkeiten reflektieren, als „funktional" oder „adaptiv" betrachtet. Unrealistische Attributionen, insbesondere wenn sie eine Unterschätzung eigener Handlungsmöglichkeiten reflektieren, gelten dagegen als „dysfunktional" oder „maladaptiv" (vgl. Försterling, 1986).

Menschen denken sehr häufig über Ursachen nach – bewusst tun sie dies insbesondere, wenn es sich um bedeutsame, negativ bewertete, unerwartete oder überraschende Ereignisse handelt (vgl. Möller & Jerusalem, 1997). Im Folgenden konzentrieren wir uns auf Leistungsereignisse (Erfolg und Misserfolg).

 Falls Sie studieren, sind Prüfungen für Sie vielleicht sehr bedeutsame Leistungsereignisse.

Stellen Sie sich vor, Sie erzielen in einer Klausur in ihrem Studienfach eine gute Leistung. Denken Sie z. B. an ihre letzte gute Klausurleistung. Durch was kam diese zustande?

Nehmen Sie sich kurz Zeit bevor Sie weiterlesen und denken Sie darüber nach, was die Gründe für den Erfolg waren.

Lag es daran, dass Sie intensiv und effektiv gelernt haben? Oder daran, dass der Dozent eine leichte Klausur gestellt hat? Oder verfügen Sie über hohe Fähigkeiten? Vielleicht liegt es auch daran, dass Ihnen die Art der Aufgabenstellungen entgegengekommen ist? Oder daran, dass Sie in der Klausur Ihre Nervosität im Griff hatten? Womöglich hatten Sie auch einfach Glück und sind neben einem Kommilitonen gesessen, von dem Sie sich „inspirieren" lassen konnten.

Man kann Leistungsergebnissen also ganz unterschiedlichen Ursachen zuschreiben. Prinzipiell gibt es für jedes Ereignis eine Vielzahl möglicher Ursachenerklärungen. Für bestimmte Ereignisse gibt es aber auch Ursachenerklärungen, die besonders häufig vorgenommen werden. Für positive Leistungsereignisse (Erfolge) sind dies solche oder ähnliche Ursachenzuschreibungen, wie sie im Beispiel aufgezählt wurden (vgl. Dresel, Schober & Ziegler, 2005). Für die Erklärung von Misserfolgen sind dies geringe Fähigkeiten, geringe oder uneffektive Anstrengungen, schwere Aufgabenstellungen, mangelnde Hilfe Anderer, Nervosität und andere ungünstige affektive Zustände sowie Pech.

Um die Effekte unterschiedlicher Ursachenerklärungen zu beschreiben, ist es wichtig zu berücksichtigen, dass die herangezogenen Ursachenfaktoren nicht als solche wirken. Vielmehr entfalten sie ihre Wirkung über das Verständnis, das die attribuierende Person von ihnen hat. Die einflussreichste und auch für die praktische Anwendung nützlichste Theorie zu den Wirkungen von Ursachenerklärungen im Leistungsbereich ist die attributionale Theorie von Weiner (1986). Weiner unterscheidet beim Verständnis von Ursachenfaktoren drei Aspekte, die er *Attributionsdimensionen* nennt:

- *Lokation* (oftmals auch „Internalität"): Liegt der Ursachenfaktor innerhalb der handelnden Person und ist er damit ein internaler Faktor? Oder liegt er außerhalb und bezieht er sich auf externale Umweltkräfte?
- *Stabilität*: Ist der Ursachenfaktor auch bei zukünftigen vergleichbaren Ereignissen wichtig, also zeitlich stabil?
- *Kontrollierbarkeit*: Kann die handelnde Person den Ursachenfaktor ändern, also durch eigenes Handeln kontrollieren?

Das häufig anzutreffende Verständnis wichtiger Ursachenerklärungen für Erfolg und Misserfolg hat Weiner in dem sehr bekannt gewordenen Vierfelderschema zusammengefasst (Kombination von Lokation und Stabilität), das er später zu einem Achtfelderschema weiterentwickelt hat (Hinzunahme der Kontrollierbarkeit). Diese Schemata sind in Tabelle 3 und Tabelle 4 dargestellt.

Tabelle 3. Vierfelderschema nach Weiner et al. (1971): Klassifikation von Erfolgs- und Misserfolgsursachen nach den beiden Attributionsdimensionen „Lokation" und „Stabilität"

	Internal	External
Stabil	Fähigkeit	Schwierigkeit (des Fachs)
Variabel	Anstrengung	Zufall

Tabelle 4. Achtfelderschema nach Weiner (1986): Klassifikation von Erfolgs- und Misserfolgsursachen nach den drei Attributionsdimensionen „Lokation", „Stabilität" und „Kontrollierbarkeit"

	Internal		External	
	Kontrollierbar	Unkontrollierbar	Kontrollierbar	Unkontrollierbar
Stabil	überdauernde Arbeitshaltung	Fähigkeit	Beliebtheit bei der Lehrkraft	Schwierigkeit (des Fachs)
Variabel	aktuelle Anstrengung	Stimmung, Müdigkeit	Hilfe Anderer	Zufall

Wichtig zu bemerken ist, dass sich Lernende oft deutlich im Verständnis der Ursachenfaktoren, also in deren Verortung auf den Attributionsdimensionen, unterscheiden. Psychisch relevant sind dabei wieder die individuellen Überzeugungen der betreffenden Person und nicht normative Annahmen, die Andere vornehmen.

Nicht nur deshalb ist die subjektive Verortung der spezifischen Ursachenerklärungen auf den zugrundeliegenden Attributionsdimensionen zentral. Anhand dieser können die zahlreichen Ursachenzuschreibungen, die in schulischen Leistungssituationen vorgenommen werden, auch hinsichtlich ihrer Folgen systematisiert werden. Eine zentrale Annahme der Theorie von Weiner (1986) ist, dass verschiedene Attributionen, die sich aber hinsichtlich ihrer Verortung auf den Attributionsdimensionen gleichen, zu gleichen Konsequenzen bezüglich Motivation, emotionalem Erleben, Lern- und Leistungsverhalten und Leistung führen (siehe auch Dresel et al., 2005).

Wesentlich für die Erfolgserwartung ist die Stabilitätsdimension. Hier postuliert die attributionale Theorie von Weiner: Je stabiler der Ursachenfaktor ist, der zur Erklärung eines Leistungsergebnisses herangezogen wird, desto sicherer ist damit zu rechnen, dass sich das Ergebnis in Zukunft wiederholt einstellt und desto stärker wird die Erfolgserwartung in Richtung des Ergebnisses angepasst. Demnach erhöht Erfolg, der auf stabile Faktoren zurückgeführt wird, eine niedrige und stabilisiert eine hohe Erwartung, während Erfolg, der auf variable Faktoren zurückgeführt wird, die Erfolgserwartung unabhängig von ihrer Höhe nicht beeinflusst. Analoges gilt für Misserfolg. Der Zusammenhang zwischen der Stabilität der herangezogenen Ursachenfaktoren und der Erfolgserwartung wurde durch eine große Zahl an Studien empirisch belegt.

In einer der frühesten Studien induzierte Meyer (1973) experimentell Serien von Erfolgen und Misserfolgen. Die Versuchspersonen wurden danach unterschieden, ob sie die einzelnen Ergebnisse in starkem oder schwachem Umfang durch ihre Fähigkeiten und/oder durch die Aufgabenschwierigkeit erklärten, also durch die beiden stabilen Faktoren in Weiners Vierfelderschema (vgl. Tabelle 3). Es zeigte sich, dass die Erfolgserwartung nahezu konstant blieb, wenn diese beiden Ursachenerklärungen nur in geringem Umfang vorgenommen wurden. Dagegen änderte sich die Erfolgserwartung rasch, wenn die stabilen Attributionen in starkem Umfang für die Ergebnisse verantwortlich gemacht wurden. Die Erfolgserwartung sank also z. B. deutlich, wenn Misserfolge stark auf mangelnde Fähigkeit und hohe Aufgabenschwierigkeit attribuiert wurden. Dieses Ergebnismuster bestätigt die theoretischen Annahmen von Weiner.

Mehrere spätere Studien in natürlichen Lernkontexten außerhalb des Labors zeigten darüber hinaus, dass nicht nur die Stabilitätsdimension, sondern auch die Kontrollierbarkeitsdimension im Zusammenhang mit der Erfolgserwartung steht. Dabei war die Erfolgserwartung umso höher, je stärker Erfolg und Misserfolg auf kontrollierbare Faktoren attribuiert wurde.

Die Stabilität und die Kontrollierbarkeit von Ursachenfaktoren stehen also mit der Erwartungskomponente der Motivation im Zusammenhang. Entsprechend zeigte sich auch, dass die Annahmen von Lernenden über die Höhe der eigenen Fähigkeiten (das Fähigkeitsselbstkonzept) und andere erwartungsbezogene Konstrukte im Zusammenhang mit attributionalen Prozessen stehen. So verweist beispielsweise die Arbeit von Skaalvik (1994) darauf, dass Misserfolgsattributionen auf mangelnde Anstrengungen (variabler, kontrollierbarer Faktor) vor dem Absinken des Fähigkeitsselbstkonzepts und des Selbstwertgefühls schützen kann. Vor dem Hintergrund der in Abhängigkeit vom Fähigkeitsselbstkonzept auftretenden Attributionsmuster wird deutlich, dass Ursachenerklärungen und Fähigkeitsselbstkonzepte in einem wechselseitigen, sich gegenseitig stabilisierenden Abhängigkeitsverhältnis zueinander stehen. Deshalb ändern sich die beiden Komponenten des motivationalen Prozesses nicht unmittelbar nach unerwarteten Ergebnissen, sondern erst nach mehreren Handlungsdurchläufen.

Die Lokationsdimension steht nach den theoretischen (und empirisch größtenteils bestätigten) Überlegungen von Weiner (1986) im Zusammenhang mit dem emotionalen Erleben nach Erfolg und Misserfolg. Beispielsweise wird ein internal attribuierter Erfolg mit dem Erleben von Stolz einhergehen, während ein external, also durch Umweltfaktoren erklärter Erfolg diese selbstbewertende Emotion nicht nach sich zieht, sondern eher Gefühle der Dankbarkeit auslösen wird. Auch im Misserfolgsfall sind starke selbstbezogene Emotionen wie Gefühle der Hoffnungslosigkeit oder der Schuld vor allem mit internalen Attributionen assoziiert (vgl. Kapitel „Emotionen" in diesem Band).

Mit Blick auf die Effekte verschiedener Ursachenerklärungen wird deutlich, dass im Erfolgsfall internale und im Misserfolgsfall variable und kontrollierbare Ursachenerklärungen mit den günstigsten Auswirkungen für die Lern- und Leistungsmotivation und – daraus resultierend – für den Umfang, die Qualität und die Ergebnisse von

Lernprozessen verbunden sind. Besonders ungünstig sind (in den allermeisten Fällen: unrealistische) Misserfolgserklärungen durch Faktoren, die als internal, stabil und unkontrollierbar wahrgenommen werden, insbesondere durch mangelnde eigene Fähigkeiten.

Derartige Misserfolgsattributionen auf mangelnde eigene Fähigkeiten werden als charakteristisch für das Phänomen der *erlernten Hilflosigkeit* im Leistungskontext betrachtet (vgl. Dweck, 2000). Bei diesem Phänomen handelt es sich um ein systematisches Verkennen von bestehenden Handlungs- und Bewältigungsmöglichkeiten, das auf die inadäquate Erklärung von negativen Ereignissen durch internale, stabile und bereichsübergreifende („globale") Ursachenfaktoren zurückzuführen ist (vgl. Stiensmeier-Pelster, 1994). Erlernte Hilflosigkeit geht mit motivationalen Defiziten (Resignation, Passivität, Apathie), kognitiven Defiziten (eingeschränkte Möglichkeit, eigene Handlungsmöglichkeiten zu erkennen, gedankliches Kreisen um die missliche Situation) und emotionalen Defiziten (Gefühl der Hoffnungslosigkeit) einher. Sie bezieht sich im Zusammenhang des schulischen Lernens vor allem auf das Verkennen von bestehenden Lern- und Verbesserungsmöglichkeiten – indikativ sind Aussagen wie „egal wie viel ich lerne, ich werde doch nichts kapieren" oder „ich werde immer schlechte Leistungen haben, unabhängig davon, wie intensiv ich mich vorbereite". Erlernte Hilflosigkeit tritt weitgehend unabhängig von Jahrgangsstufe und Schulfach auf und betrifft einen nicht unerheblichen Anteil an Schülern (Überblick bei Dresel, 2004). Dies impliziert, dass Lehrkräfte Symptome erlernter Hilflosigkeit erkennen und über Strategien zur Milderung dieses Motivationsdefizits verfügen sollten (vgl. Abschnitt 2.4.2).

Fazit

Die aktuelle Motivation für eine bestimmte Lernhandlung resultiert aus situationsspezifischen Bewertungen der Wünschbarkeit (Wertkomponente) und Erwartungen bezüglich der Realisierbarkeit (Erwartungskomponente) von Handlungsoptionen, die ihrerseits in Wechselwirkung der vergleichsweise stabilen und bereichsübergreifenden motivationalen Tendenzen (Zielorientierungen, Interessen, Fähigkeitsselbstkonzepte) mit der Charakteristik der Lehr-Lern-Umwelt entstehen. Motivationale Tendenzen und die aktuelle Motivation werden im gesamten Prozess der Lernhandlung wirksam und beeinflussen dessen Qualität und Ergebnisse. Abhängig von der Bewertung der Handlungsergebnisse und der dafür verantwortlich gemachten Ursachenfaktoren (Attributionen) können Anpassungen der Erwartung und des Werts bezüglich vergleichbarer Handlungsoptionen in motivationalen Tendenzen, aber auch in der Lehr-Lern-Umwelt erfolgen.

2.3 Entwicklung und Umweltbedingungen der Lern- und Leistungsmotivation

Bereits in den vergangenen Abschnitten wurde deutlich, dass die soziale Umwelt im Allgemeinen und Merkmale der Lehr-Lern-Kontexte im Speziellen umfangreichen Einfluss auf die Entstehung der aktuellen Motivation und – vermittelt über wiederholte Handlungszyklen – auf die Entwicklung überdauernder motivationaler Tendenzen und Überzeugungen haben (vgl. Abbildung 2). An unterschiedlichen Stellen wurden dort bereits Hinweise für die positive Beeinflussung der Motivation von Schülerinnen und Schülern gegeben.

Insofern ist die Sichtweise der Motivation und auch der motivationalen Tendenzen und Überzeugungen als Merkmale, die ausschließlich zwischen Personen variieren, inadäquat. Aus der Bedeutung von situationalen Einflüssen – insbesondere in Schule und Unterricht – folgt, dass Lehrkräften umfangreichere Handlungsspielräume für die (auch: dauerhafte) Motivierung ihrer Schülerinnen und Schüler zur Verfügung stehen und sie dementsprechend auch Verantwortung für deren Motivation haben, auch über die Schulzeit hinaus (vgl. Urdan & Schoenfelder, 2006).

Der vorliegende Abschnitt widmet sich der Entwicklung der Lern- und Leistungsmotivation und insbesondere dem Einfluss, der dabei Umweltmerkmalen zukommt (speziell: den Lehrkräften und dem Unterricht). Bevor wir eingehender auf diese Einflüsse zu sprechen kommen, stellen wir ausgewählte Eckpunkte der allgemeineren Verläufe bei der Entwicklung wichtiger Motivationskomponenten dar. Ausführlichere Darstellungen finden sich bei Holodynski und Oerter (2008) sowie Heckhausen und Heckhausen (2006).

 Überlegen Sie, in welcher Weise Lehrkräfte und Eltern die Entwicklung der Motivation von Schülerinnen und Schülern beeinflussen könnten. Ziehen Sie dazu die in Abschnitt 2.2 gemachten Ausführungen zu den verschiedenen Motivationskomponenten sowie das Rahmenmodell der Lern- und Leistungsmotivation (Abbildung 2) heran.

2.3.1 Allgemeine Entwicklungslinien beim Leistungsmotiv, bei Attributionen, beim Fähigkeitsselbstkonzept und bei Interessen

Entwicklung des Leistungsmotivs
Nach Holodynski und Oerter (2008) lassen sich mehrere Phasen der Entwicklung des Leistungsmotivs unterscheiden. Die erste Phase lässt sich durch die Freude am Effekt charakterisieren: Säuglinge führen etwa ab einem Alter von drei Monaten aktiv Effekte herbei und erleben diese als lustvoll. Das kann beispielsweise ein akustisch hörbares, mehrmaliges Klopfen mit einem Gegenstand auf einen anderen

Gegenstand sein. Für diese Freude am Effekt bedarf es keiner äußeren sozialen Verstärkung. Diese „Effektmotivation" kann als Vorform leistungsmotivierten Handelns begriffen werden.

Im zweiten Lebensjahr entwickeln Kinder ein Verständnis der eigenen Urheberschaft und wollen Effekte und Aufgabenstellungen selbständig ausführen (Phase des „Selbermachenwollens"). Diesen Wunsch drücken die Kinder durch verbale Äußerungen wie „Selber" oder „Alleine" und – bei Nichtbeachtung – mitunter durch heftige emotionale Reaktionen aus.

In der dritten Phase, in der das Handlungsergebnis mit der eigenen Tüchtigkeit verknüpft wird und die ab dem Alter von etwa drei Jahren beginnt, treten neben den effektbezogenen Emotionen Freude und Frustration erstmals die Leistungsemotionen Stolz bei Erfolg und Scham bei Misserfolg auf, zumindest bei Anwesenheit von Bezugspersonen. Dies zeigt an, dass es ab diesem Zeitpunkt nicht mehr nur um das reine Effekterzielen geht, sondern das Handeln auch einen Wertemaßstab von Tüchtigkeit erhält, der durch Reaktionen der sozialen Umwelt definiert wird. Ab dieser Phase kann das Handeln nicht mehr nur als effektmotiviert, sondern auch als leistungsmotiviert verstanden werden. Bereits gegen Ende dieser Phase lassen sich Kinder danach unterscheiden, welche der beiden Leistungsmotivkomponenten „Hoffnung auf Erfolg" und „Furcht vor Misserfolg" überwiegen. Diese Ausrichtung kann sich – je nach Umweltbedingungen – weiter stabilisieren und wird in vielen Fällen zum Persönlichkeitsmerkmal, das schulische Leistungsmotivation beeinflusst (vgl. Abschnitt 2.2.5).

Die vierte Phase der Leistungsmotivationsentwicklung setzt etwa mit viereinhalb Jahren ein und ist durch das Setzen von *Anspruchsniveaus* und *Bezugsnormen* charakterisiert. Ab dieser Phase gelingt es Kindern bei konkreten Aufgaben, aufgrund vorangegangener Erfolge und Misserfolge Ziele zu setzen (z. B. wie hoch sie springen wollen). Sie setzen ein Anspruchsniveau, also einen Gütemaßstab, bei dem Erfolg beginnt und Misserfolg aufhört. Dies stellt die Basis für die Verwendung von verschiedenen Bezugsnormen dar.

> **Definition**
> - Bei der *individuellen Bezugsnorm* werden zur Beurteilung von Leistungen Vergleiche mit früheren eigenen Leistungen durchgeführt.
> - Bei der *sozialen Bezugsnorm* werden zur Beurteilung von Leistungen die Leistungen der übrigen Mitglieder der sozialen Bezugsgruppe als Vergleichsmaßstab herangezogen.
> - Bei der *kriterialen Bezugsnorm* (oder sachlichen Bezugsnorm) werden zur Beurteilung von Leistungen Vergleiche mit Anforderungen angestellt, die in der Sache selbst liegen (z. B. Lehrziele, Aufgabenanforderungen, Bildungsstandards).

Früher in der menschlichen Entwicklung (Alter: 4-6 Jahre) tritt die individuelle Bezugsnorm auf. Spätestens im Schulalter (Alter: 6-8 Jahre) tritt die soziale Bezugsnorm hinzu. Aus der Entwicklung der sozialen Bezugsnorm folgt aber nicht zwingend, dass die individuelle Bezugsnorm an Bedeutung verliert. Vielmehr koexistieren sie und kommen je nach situationalen Anforderungen und Auslösern zur Anwendung.

Als elterliche Bedingungen einer günstigen Leistungsmotivationsentwicklung haben sich ein warmherziges und unterstützendes Elternverhalten sowie hohe, aber realistische Leistungserwartungen der Eltern erwiesen. Wie die Forschung zum Klassenklima und zu Lehrkrafterwartungen zeigt, gilt dies auch für das Lehrkraftverhalten (Überblick bei Schunk et al., 2008). Darüber hinaus stehen die Bezugsnormorientierungen von Lehrkräften im Zusammenhang mit der Leistungsmotivation ihrer Schüler und zwar in der Weise, dass eine individuelle Bezugsnormorientierung zu einer Stärkung der Leistungsmotivkomponente „Hoffnung auf Erfolg" führt und eine soziale Bezugsnormorientierung vor allem bei leistungsschwächeren Schülern einen Bedeutungszuwachs der „Furcht vor Misserfolg" nach sich zieht (Rheinberg & Krug, 2005).

Entwicklung von Attributionen

Mit Beginn des Grundschulalters beginnen Kinder Erfolgen und Misserfolgen Ursachen zuzuschreiben. Dazu erbrachten die Arbeiten von Nicholls (z. B. 1978) einen typischen Entwicklungsverlauf, wonach die Kinder zunächst noch nicht zwischen den Ursachenfaktoren Anstrengung und Fähigkeit sowie dem Leistungsergebnis differenzieren. Erklärungen durch Anstrengung sind hierbei die vorherrschende Attribution. Der Faktor „Anstrengung" ist insofern „leicht" attribuierbar, als er beobachtbar ist. Fähigkeit hingegen ist nicht direkt beobachtbar, sondern muss aus der Leistung und der Anstrengung erschlossen werden. Voraussetzung dafür ist die Trennung zwischen Anstrengung und Fähigkeit, die ab dem neunten bis zwölften Lebensjahr einsetzt. Als Ursachenerklärung wird der Faktor „Fähigkeit" entsprechend erst ab diesem Alter adäquat verwendet. Glück oder Pech wird schließlich erst ab einem Alter von etwa 12 Jahren als Attribution adäquat genutzt – bis dahin werden Leistungsergebnisse die auf glückliche oder unglückliche Umstände zurückzuführen sind, fälschlicherweise der Anstrengung zugeschrieben.

Entwicklung des Fähigkeitsselbstkonzepts

Im Allgemeinen sind Fähigkeitsselbstkonzepte das Resultat von Kompetenzerfahrungen in den entsprechenden Bereichen, also insbesondere des Erlebens von Erfolg oder Misserfolg bei der Bearbeitung von Aufgaben. Sobald elaborierte Attributionsprozesse auftreten, bedingen Erfolg und Misserfolg nicht automatisch Veränderungen des Fähigkeitsselbstkonzepts, sondern führen stets gefiltert über attributionale Prozesse zu Anpassungen des Fähigkeitsselbstkonzepts (vgl. Abschnitt 2.2.9). Daneben beeinflussen auch Fähigkeitshinweise relevanter Bezugspersonen (v. a. Lehrkräfte,

Eltern, Mitschülerinnen und Mitschüler) das Fähigkeitsselbstkonzept (vgl. Stiensmeier-Pelster & Schöne, 2008). Diese können direkt sein, d. h. explizite Äußerungen etwa über die Begabung eines Schülers beinhalten. Häufiger sind indirekte Fähigkeitshinweise, die in emotionalen Reaktionen, Hilfestellungen, Schwierigkeitszuweisungen oder auch Lob und Tadel enthalten sind. So kommunizieren Lehrkräfte durch Überraschung über gute Leistungen sowie durch Mitleid (und Trost) nach schlechten Leistungen geringe Fähigkeitseinschätzungen, die zu Verschlechterungen des Fähigkeitsselbstkonzepts führen können. Ebenso können Schüler die Zuweisung einfacher Aufgaben und das Geben ungefragter Hilfestellungen als Hinweise darauf interpretieren, dass der Lehrer ihre Fähigkeiten gering schätzt. In ähnlicher Weise kann (unter bestimmten Bedingungen) ausführliches Lob bei sehr leichten Aufgaben zu einem Absinken des Fähigkeitsselbstkonzepts und Tadel bei schwierigen Aufgaben zu Verbesserungen beim Fähigkeitsselbstkonzept führen. Diese als paradoxe Effekte von Lob und Tadel bekannt gewordenen Wirkungen basieren ebenso wie die Wirkungen der übrigen indirekten Fähigkeitshinweise auf attributionalen Prozessen.

Im Hinblick auf die Entwicklung von Fähigkeitsselbstkonzepten lassen sich ebenfalls einige signifikante allgemeinere Entwicklungsveränderungen beobachten (Überblick bei Butler, 2005). Im Entwicklungsverlauf neigen Kinder zunächst im frühen Grundschulalter sehr stark dazu, ihre eigenen Kompetenzen zu überschätzen. Realistischere Fähigkeitsselbstkonzepte liegen nur dann vor, wenn Kinder sich in Gebieten beurteilen müssen, die ihnen sehr vertraut sind, oder wenn sie vermehrt informative und individuelle Rückmeldungen bekommen. Darüber hinaus sind die Selbsteinschätzungen von jungen Grundschulkindern noch wenig differenziert im Hinblick auf einzelne Fähigkeitsbereiche und stehen zunächst in geringem Zusammenhang zum globalen Selbstwert und zu ihren schulischen Leistungen.

Durch die zunehmenden schulischen Leistungserfahrungen, die vielen direkten und indirekten Leistungs- und Fähigkeitsrückmeldungen von Lehrkräften und anderen Bezugspersonen sowie die sozialen Vergleiche in der Schulklasse treten recht bald nach Eintritt in die Grundschule deutliche Veränderungen ein: Die Fähigkeitsselbstkonzepte sinken im Durchschnitt deutlich ab und werden zunehmend realistischer. Weiterhin verfügen die Kinder mit zunehmendem Entwicklungsstand zunehmend über spezifische Einschätzungen ihrer Fähigkeiten in einzelnen Bereichen. Ab der zweiten Hälfte der Grundschulzeit weist das Fähigkeitsselbstkonzept dann auch deutlichere Zusammenhänge mit dem Selbstwert und der Schulleistung auf, wobei hier dem Leistungsniveau der Referenzgruppe (Schulklasse) eine bedeutsame Rolle zukommt (vgl. Abschnitt 2.3.2).

Ab diesem Entwicklungsstand kommt der sozialen Bezugsnorm eine überragende Bedeutung für das Fähigkeitsselbstkonzept zu, d. h. es ist eng an die relative Leistungsposition innerhalb der Schulklasse gekoppelt. Schülerinnen und Schüler mit besseren Leistungen im Vergleich zu ihren Klassenkameraden haben also mit hoher Wahrscheinlichkeit auch ein höheres Fähigkeitsselbstkonzept.

Neben den personexternen Vergleichen nach der sozialen Bezugsnorm spielen auch personeninterne Vergleiche zwischen unterschiedlichen Leistungsbereichen eine Rolle (z. B. wenn eine Schülerin feststellt, dass sie in Deutsch bessere Leistungen erbringt als in Mathematik). Diese Vergleiche werden dimensionale Vergleiche genannt und im bereits erwähnten Internal/External Frame of Reference Model (I/E-Model; Marsh, 1986) sowie einer großen Fülle darauf basierender Forschungen thematisiert (Überblick bei Möller et al., 2009). Im Kern sagt dieses Modell über den Einfluss der – dominierenden – sozialen Vergleiche auf das Fähigkeitsselbstkonzept hinausgehend voraus, dass dimensionale Vergleiche dazu führen, dass Schülerinnen und Schüler mit guten Leistungen in einem Fach die Einschätzungen ihrer Fähigkeiten in einem anderen Fach abwerten und umgekehrt. Demnach würde die Schülerin aus dem obigen Beispiel ihre mathematischen Fähigkeiten abwerten und ihre verbalen Fähigkeiten aufwerten. Tatsächlich erbrachte die empirische Forschung schwache bis mittlere negative Zusammenhänge zwischen sprachlichen Leistungen und mathematischen Fähigkeitsselbstkonzepten sowie zwischen mathematischen Leistungen und sprachlichen Fähigkeitsselbstkonzepten (vgl. Möller et al., 2009). Diese dimensionalen Vergleiche erklären das in Abschnitt 2.2.8 dargestellte Phänomen, dass Fähigkeitsselbstkonzepte in unterschiedlichen Fächern häufig (nahezu) unabhängig voneinander sind, obwohl die entsprechenden Leistungen in mittlerem Ausmaß miteinander korrelieren.

Entwicklung von Interessen

Die Entwicklung von Interessen kann als ein Prozess zunehmender *Interessendifferenzierung* verstanden werden. Demgemäß hat etwa Todt (1990) einen vierstufigen Entwicklungsverlauf angenommen, beginnend mit universellen Interessen (frühe Kindheit) über kollektive Interessen in der altersgleichen Geschlechtergruppe (ab etwa 4 Jahren) und die Ausgrenzung von Interessen, die nicht mit dem Fähigkeitsselbstkonzept übereinstimmen (ab etwa 11 Jahren) bis hin zu relativ stabilen spezifischen Interessen, die charakteristisch für die Person und auch im Selbstkonzept der Person repräsentiert sind (nach Abschluss der dritten Stufe). In der Folge dieser zunehmenden Ausdifferenzierung von Interessen verfügen Schülerinnen und Schüler etwa ab dem mittleren Jugendalter über ein spezifisches Profil an Interessen, das sich zunehmend stabilisiert.

Dies darf aber nicht darüber hinweg täuschen, dass sich auch noch in und nach dem mittleren Jugendalter Interessen entwickeln und dass bei der Interessenentwicklung der (schulischen) Umwelt eine bedeutsame Rolle zukommt. Entsprechend widmet sich die jüngere Forschung verstärkt der Frage, wie sich individuelle Interessen aufbauen (vgl. Abschnitt 2.2.7). Zu welchen spezifischen Interesseninhalten die Entwicklung bei der einzelnen Person führt, hängt nach Krapp (2002) sowohl von kognitiven als auch emotionalen Faktoren ab. Dabei wird postuliert, dass eine Person nur dann ein dauerhaftes („personales") Interesse an einem Gegenstandsbereich entwickelt, wenn sie diesen als subjektiv bedeutsam einschätzt und die emotionale Bilanz bei der Auseinandersetzung damit insgesamt positiv ist. Analog zur Selbstbestimmungstheorie der Motivation (Deci & Ryan, 1985) geht auch die Interessentheorie davon aus, dass diese emotionale Bilanz insbesondere dann positiv ist, wenn die drei Bedürfnisse nach Autonomie, Kompetenzerleben und sozialer Eingebundenheit befriedigt sind (vgl. Abschnitt 2.2.5). Mehrere Studien in unterschiedlichen Kontexten belegen diese Annahmen (Überblick bei Krapp, 2005).

Differenziert beschreiben Hidi und Renninger (2006) in ihrem *Vier-Phasen-Modell der Interessenentwicklung* den Aufbau von personalen Interessen. Die vier Phasen unterscheiden sich hinsichtlich der erlebten Emotionen bei Tätigkeiten im Interessensbereich, der subjektiven Bewertung dieses Bereichs sowie des darauf bezogenen Wissens:

1. Initiiertes situationales Interesse wird durch Merkmale der Lehr-Lern-Umgebung ausgelöst (z. B. Interessantheit, Gruppenarbeit, digitale Lernmedien) und muss typischerweise external unterstützt werden, damit es aufrechterhalten wird.
2. Aufrechterhaltenes situationales Interesse, ist durch Konzentration und Ausdauer über eine längere Periode gekennzeichnet und kann vor allem durch Sinnhaftigkeit und persönliche Einbindung der Schülerinnen und Schüler hergestellt werden. Es ist ebenfalls auf externale Unterstützung angewiesen.
3. Aufkommendes personales Interesse ist durch positive Emotionen, erweiterte Wissensbestände und eine positive Bewertung des Interessensbereichs sowie damit assoziierter Handlungen charakterisiert. Es führt dazu, dass Lernende ihr Wissen erweitern wollen und dies bereits zu einem Gutteil selbstgesteuert realisieren, aber noch auf gewisse externale Unterstützung angewiesen sind.
4. Voll entwickeltes personales Interesse ist durch ebenso positive Emotionen, durch umfangreichere Wissensbestände und eine noch positivere Bewertung als das aufkommende personale Interesse gekennzeichnet und führt typischerweise zu hoch-autonomen (Lern-)Handlungen. Aber auch bei voll entwickelten individuellen Interessen können Personen von externaler Unterstützung profitieren, etwa von Expertinnen und Experten.

Nach diesem Modell ist das Erreichen der vorangehenden Phase der Interessenentwicklung notwendige Voraussetzung für das Erreichen der nachfolgenden Phase, garantiert diese aber keineswegs – so kann es etwa sein, dass bei mangelnder externaler Unterstützung die nächste Phase nicht erreicht wird und sich das Interesse zurückentwickelt.

Die Interessendifferenzierung im Laufe des Kindes- und Jugendalters kann als notwendige Aufgabe bei der Entwicklung der Identität bzw. des Selbst betrachtet werden (vgl. Krapp, 2002). Eine notwendige Folge dieser bei unterschiedlichen Schülerinnen und Schülern unterschiedlich verlaufenden Interessenentwicklung (die von starken Interessen in fast allen Bereichen ausgeht) ist, dass das *durchschnittliche* Interesse aller Schülerinnen und Schüler in Bezug auf einen bestimmten Gegenstand

(z. B. ein Schulfach) ab dem Ende der Grundschulzeit bis in die spätere Sekundarstufenzeit absinkt. Die Ursachen dieses oftmals als „Verfall der Motivation über die Schulzeit" beklagten Phänomens liegt aber nun darin, dass die einzelnen Schülerinnen und Schüler Interessen nur an bestimmten Gegenständen entwickeln und dies unterschiedliche (schulische und außerschulische) Gebiete betrifft. Im Mittel stellt sich dies dann als das Absinken des Interesses an allen Schulfächern dar, das mit Längsschnittstudien nachgewiesen werden kann (z. B. Frenzel, Götz, Pekrun & Watt, 2010; Gottfried, Fleming & Gottfried, 2001). Dies ist nicht nur ein schönes Beispiel dafür, dass aus Mittelwerten einer Population oft nur unzureichend auf die Ausprägung bei einzelnen Personen geschlossen werden kann, sondern impliziert auch eine andere Sichtweise auf die oftmals als „grundsätzlich unmotiviert" bezeichneten Schülerinnen und Schüler in der Sekundarstufe.

Allgemein gilt, dass interindividuelle Unterschiede in verschiedenen Komponenten der Lern- und Leistungsmotivation (Leistungsmotiv, Fähigkeitsselbstkonzept, Interessen, Zielorientierungen) mit zunehmendem Alter stabiler und irreversibler werden (Heckhausen & Heckhausen, 2006).

2.3.2 Umwelteinflüsse auf die Motivation

Indizien für die Bedeutung von Umwelteinflüssen liefern zunächst Untersuchungen, in denen spezifische Sozialisationsinstanzen (v. a. Eltern, Gleichaltrige, Lehrkräfte bzw. der von ihnen realisierte Unterricht) betrachtet wurden. Beispielsweise zeigte sich in Studien, in denen elterliche Annahmen hinsichtlich der Fähigkeiten ihrer Kinder analysiert wurden, dass diese nicht nur in engem Zusammenhang mit den Fähigkeitsselbstkonzepten der Kinder standen, sondern auch, dass der Effekt vorangegangener Leistungen auf das Fähigkeitsselbstkonzept der Schülerinnen und Schüler zu einem wesentlichen Teil über die Fähigkeitsannahmen der Eltern vermittelt ist (z. B. Frome & Eccles, 1998). Daraus lässt sich schließen, dass Eltern bei der Interpretation von schulischen Leistungen eine wichtige Rolle spielen und mit ihren mehr oder weniger zutreffenden Fähigkeitsüberzeugungen die Motivation ihrer Kinder beeinflussen. Bei diesen Übertragungsmechanismen sind erwartungsgemäß attributionale Prozesse beteiligt, sowohl seitens der Eltern als auch seitens ihrer Kinder (z. B. Dresel, Schober & Ziegler, 2007). Auch hinsichtlich anderer Motivationskomponenten liegen Hinweise für eine Übereinstimmung vor. So zeigten etwa Friedel, Cortina, Turner und Midgley (2007), dass die Lern- und Leistungszielorientierungen von Schülerinnen und Schülern mit den wahrgenommenen Zielorientierungen ihrer Eltern (und ihrer Lehrer) korrespondieren und eine starke wahrgenommene Lernzielorientierung der Eltern – vermittelt über die Lernzielorientierung der Schülerinnen und Schüler – mit einer positiven Ausprägung der Erwartungskomponente der Motivation (Selbstwirksamkeitserwartungen) einhergeht. Schließlich sind auch strukturelle

Merkmale der Familie für die Motivation bedeutsam, wie die durchschnittlich schlechteren Schulleistungen und ungünstigere schulbezogenen Motivation von Schülerinnen und Schülern aus Familien mit geringeren sozioökonomischen Status indizieren (vgl. Möller, 2008). Dabei wirkt aber der sozioökonomische Status nicht als solches auf die Motivation der Kinder, sondern die Qualität der familiären Lernumwelt (Anregungsgehalt, Unterstützung, Bildungserwartungen, Erziehungsstil), die mit diesem kovariiert.

Neben den Elterneinflüssen sind auch große Einflüsse von Lehrkräften, der Schule und des Unterrichts auf die Motivation von Schülerinnen und Schülern belegt, auf die in den nachfolgenden Abschnitten noch näher eingegangen wird. Dementsprechend sind bei etlichen Komponenten der Lern- und Leistungsmotivation substanzielle Unterschiede zwischen Schulklassen zu beobachten, die auf unterschiedliche Interaktions- und Instruktionsbedingungen zurückgeführt werden können. Beispielsweise erbrachte eine Studie von Finsterwald, Dresel und Ziegler (2009), dass sich Schülerinnen und Schüler unterschiedlicher Grundschulklassen deutlich darin unterscheiden, in welchem Umfang sie Lern- und Leistungszielorientierungen verfolgen und wie sie das Interaktionsgeschehen in der Klasse emotional erleben (Wohlbefinden, Prüfungsangst).

Auch Gleichaltrigengruppen und Freundeskreisen (Peers) kommt eine wichtige Rolle bei der Entwicklung der Lern- und Leistungsmotivation zu. In diesem Zusammenhang weisen empirische Arbeiten darauf hin, dass sich die Schülerinnen und Schüler innerhalb von Peernetzwerken hinsichtlich ihrer Motivation und auch ihrer Schulleistung ähneln und dass diese Ähnlichkeit mit der Dauer des Netzwerkes zunimmt (Überblick bei Schunk et al., 2008). Dabei finden sich sowohl Peer-Gruppen mit günstigen als auch mit ungünstigen Ausprägungen hinsichtlich der Motivation. Dies belegt, dass von einem generell negativen Einfluss von Gleichaltrigen auf die Motivation und das Lernen von Jugendlichen (wie es alltagspsychologisch gelegentlich vermutet wird) nicht ausgegangen werden kann. Die Ähnlichkeit motivationaler Aspekte innerhalb von Peer-Gruppen lassen sich einerseits erklären durch Sozialisationseffekte innerhalb der Gruppen (z. B. Prozesse des Modelllernens sowie der Entstehung und Aufrechterhaltung von Gruppennormen und -werten). Andererseits spielen auch Selektionseffekte eine Rolle, wonach Peers mit vergleichbarer Motivation gesucht werden.

Als Hinweis auf Sozialisationseinflüsse lassen sich schließlich Geschlechtsunterschiede interpretieren, die bei verschiedenen Komponenten der Lern- und Leistungsmotivation bestehen. Diese fallen weitgehend fachspezifisch und entsprechend der kulturell geteilten Geschlechtsrollenstereotype aus (Überblicke bei Meece, Glienke & Burg, 2006; Ziegler, Heller, Schober & Dresel, 2006): So haben etwa im mathematisch-naturwissenschaftlichen Bereich Mädchen ein geringeres Fachinteresse, geringere Erfolgserwartungen und ein niedrigeres Fähigkeitsselbstkonzept als Jungen. Für den sprachlichen Bereich liegt Evidenz für entgegengesetzte, wenngleich schwächere

Unterschiede zwischen Jungen und Mädchen vor. Vor dem Hintergrund nicht nachweisbarer oder kaum substanzieller Unterschiede im Bereich allgemeiner und spezieller kognitiver Fähigkeiten, können diese den kulturellen Stereotypen entsprechenden Geschlechterunterschiede, die entsprechende Schulleistungsunterschiede mit verursachen, nur als Ergebnis von Sozialisationsprozessen interpretiert werden (vgl. Ziegler et al., 2006). Die Quellen dieser Einflüsse sind prinzipiell in allen Sozialisationsinstanzen zu suchen, insbesondere auch in Schule und Unterricht. Darauf verweisen beispielsweise Befunde, wonach Geschlechtsunterschiede bei der Leistungsmotivation und der Schulleistung in unterschiedlichen Schulklassen unterschiedlich stark ausgeprägt sind (Dresel, Stöger & Ziegler, 2006).

Im Folgenden stellen wir eine Auswahl an Phänomenen und Prozessen zu Einflüssen von Bezugspersonen detaillierter vor. Diesen kommt neben den in diesem Text bereits genannten Einflüssen im Kontext von Schule und Unterricht besondere Relevanz zu (vgl. Urdan & Schoenfelder, 2006).

Erwartungen von Lehrkräften und Eltern

Lehrkräfte haben bestimmte *interpersonelle Erwartungen* u. a. bezüglich der Fähigkeiten sowie des Lern- und Leistungsverhaltens der einzelnen Schülerinnen und Schüler ihrer Klassen.

> **Definition**
> *Interpersonelle Erwartungen* sind zukunftsgerichtete Annahmen über Verhalten, Kompetenzen und andere Merkmale von anderen Personen.

Interpersonelle Erwartungen sind von den intrapersonalen Erwartungen abzugrenzen, die wir in Abschnitt 2.2.4 kennengelernt haben. Umfangreiche Forschungen weisen darauf hin, dass die Wahrnehmung und Beurteilung von Schülerinnen und Schülern durch Lehrkräfte sowie das Instruktions- und Kommunikationsverhalten, das sie realisieren, durch die Erwartungen beeinflusst sind, die Lehrkräfte gegenüber diesen Schülerinnen und Schülern haben. Dies wiederum hat Einfluss auf die Motivation, das Lernverhalten sowie die Leistung der betreffenden Schülerinnen und Schüler. Die Effekte von Lehrkrafterwartungen über Lehrkraftverhalten auf Schülerverhalten können dabei unter bestimmten Bedingungen die Gestalt von „selbsterfüllenden Prophezeiungen" annehmen, also in der Weise fungieren, dass sich das Verhalten der Schülerinnen und Schüler den Lehrkrafterwartungen anpasst.

Sehr bekannt geworden ist die Untersuchung von Rosenthal und Jacobson (1968), mit der der Begriff *Pygmalion-Effekt* (benannt nach einer Figur der griechischen Mythologie; vgl. auch das Schauspiel von G. B. Shaw) zur Bezeichnung der selbsterfüllenden Wirkung von (positiven) Erwartungen geprägt wurde und die den Ausgangspunkt zur Erforschung von sich selbsterfüllenden Lehrkrafterwartungen darstellte. In der Studie wurde Grundschullehrkräften für 20% ihrer Schülerinnen und Schüler mitgeteilt, dass für diese eine überdurchschnittliche Leistungsentwicklung zu erwarten sei. Begründet wurde dies mit den Ergebnissen eines Intelligenztests. Tatsächlich erfolgte diese Information aber für eine rein zufällige Auswahl und unabhängig von den Testergebnissen. Dennoch schnitten die zufällig nominierten Schülerinnen und Schüler ein Jahr später in der Lesenote und in dem Intelligenztest statistisch signifikant besser ab als die übrigen Schülerinnen und Schüler in den Klassen, für die diese Prognose nicht abgegeben wurde. Dies kann als Effekt der differentiellen Lehrkrafterwartungen interpretiert werden, die im Sinne einer selbsterfüllenden Prophezeiung im Lehrkraftverhalten sowie nachfolgend in der Motivation und im Lern- und Leistungsverhalten der Schülerinnen und Schüler wirksam wurden. Die Untersuchung löste eine rege Debatte aus, wurde auch in vielfacher Hinsicht kritisiert und konnte nicht in jedem Fall repliziert werden. Dennoch hat die nachfolgende Forschung gezeigt, dass Lehrkrafterwartungen relevant sind und Motivation, Lernverhalten und Leistung der Schüler beeinflussen können (Überblick bei Jussim & Harber, 2005).

Aufbauend auf diesen Befunden hat sich die psychologische Forschung intensiv damit beschäftigt, wie Lehrkrafterwartungen entstehen und wie sie wirken (vgl. Jussim & Harber, 2005; Ulich, 2001). Wesentlich in unserem Zusammenhang ist, dass Lehrkrafterwartungen einen Einfluss auf die Lern- und Leistungsmotivation ihrer Schülerinnen und Schüler haben. Nachteilig wirken sich Lehrkrafterwartungen insbesondere dann aus, wenn sie unangemessen niedrige Leistungs- und Fähigkeitsannahmen beinhalten, starr sind und Schülern mit schlechten Leistungen und/oder aus Familien mit niedrigem sozioökonomischem Status entgegengebracht werden. Positive Lehrkrafterwartungen haben dagegen eindeutig günstige Effekte, etwa auf die Zielorientierungen und Interessen von Schülerinnen und Schülern.

Auch seitens der Eltern wirken vielfältige Erwartungen. So können beispielsweise fähigkeitsbezogene Elternerwartungen, die mit der Stärke ihrer geschlechtsrollenstereotypen Überzeugungen kovariieren, für die ungünstigere Entwicklung der Lern- und Leistungsmotivation bei Mädchen im mathematisch-naturwissenschaftlichen Bereich mitverantwortlich gemacht werden (Dresel et al., 2007). Für die Lern- und Leistungsmotivation von Jungen im sprachlichen Bereich lässt sich Ähnliches vermuten, wenngleich hier noch weniger Forschungsergebnisse vorliegen.

Zielstruktur im Unterricht
Ein umfassendes Konzept zur Beschreibung der motivationalen Wirkungen des Unterrichts, das in der Tradition der Zielorientierungstheorie steht (vgl. Abschnitt 2.2.6), ist das Konzept der *Klassenzielstruktur*. Dabei wird davon ausgegangen, dass es von einer Vielzahl von instruktionalen Aspekten abhängt, in welchem Ausmaß in der Schülerwahrnehmung im Unterricht Lernziele und Leistungsziele im Vordergrund stehen, d. h. eine *Lernzielstruktur* und/oder eine *Leistungszielstruktur* wahrge-

nommen wird. Angenommen wird, dass eine starke Lernzielstruktur durch einen starken Fokus auf das Verständnis des Lerngegenstands und auf individuelle Verbesserungsmöglichkeiten, die Anwendung einer individuellen Bezugsnorm, das Nutzen von Fehlern als Lernchancen sowie die Realisierung von Kooperation und Autonomie im Lernprozess konstituiert wird. Leistungsbewertungen, die Anwendung einer sozialen Bezugsnorm und die öffentliche Rückmeldung von Zensuren, die Bevorzugung von Lernenden mit guten Leistungen sowie die Nutzung von wettbewerbsorientierten Unterrichtsmethoden werden dagegen als konstitutiv für eine Leistungszielstruktur betrachtet (vgl. Meece et al., 2006). Neben der persönlichen Zielorientierung hängt es von diesen beiden wahrgenommenen Klassenzielstrukturen ab, welche Ziele Schülerinnen und Schüler in der spezifischen Unterrichtssituation verfolgen und von welcher Qualität ihr Lernhandeln ist. Dies basiert auf der Annahme, dass die persönlichen Zielorientierungen von Schülerinnen und Schülern durch die Ziele, die in der Lehr-Lern-Situation vorgegeben werden, teilweise überlagert werden können (vgl. Ames, 1992; Meece et al., 2006). So könnte es beispielsweise sein, dass eine stark lernzielorientierte Schülerin dennoch kaum Lernziele verfolgt, eine oberflächliche Informationsverarbeitung zeigt und ungünstige Leistungsemotionen wie Angst oder Langeweile erlebt, wenn sie an einem Unterricht teilnimmt, der derart gestaltet ist, dass Leistungsziele stark im Vordergrund stehen (z. B. durch sehr häufige Leistungsabfragen und eine auf reine Wiedergabe gerichtete Stoffvermittlung).

Mittlerweile liegt eine beachtliche Zahl an Forschungsarbeiten zu den Wirkungen wahrgenommener Klassenzielstrukturen vor, die allerdings überwiegend im US-amerikanischen Raum durchgeführt wurden (vgl. Meece et al., 2006). Diese ergaben übereinstimmend, dass eine starke Lernzielstruktur günstige und eine starke Leistungszielstruktur ungünstige Effekte auf die Motivation und die Lernprozesse der Schülerinnen und Schüler hat. Zu der Frage, welche konkreten Merkmale der Unterrichtsgestaltung zu einer Lernzielstruktur und einer Leistungszielstruktur führen, liegen allerdings noch relativ wenige Arbeiten vor, die neben Schülerdaten auch Beobachtungs- oder Lehrerdaten nutzen. Die bisherigen Arbeiten lassen aber den Schluss zu, dass es stets das Zusammenspiel von mehreren Instruktionsdimensionen ist, die Lernziele oder Leistungsziele im Unterricht in den Vordergrund treten lassen (vgl. Abschnitt 2.4.2).

Effekte der Bezugsgruppe
Wie in Abschnitt 2.2.8 dargestellt, spielen für das Fähigkeitsselbstkonzept und damit im Zusammenhang stehende Motivationskomponenten soziale Vergleiche in der Bezugsgruppe eine große Rolle (Anwendung der sozialen Bezugsnorm). Bezugsgruppenwechsel, insbesondere beim Übertritt auf eine weiterführende Schulart (der mit der Bildung leistungshomogenerer Schulklassen einhergeht), haben deshalb Auswirkungen auf die Motivation von Schülerinnen und Schülern. Diese führen

häufig zu kontraintuitiven Bezugsgruppeneffekten beim Fähigkeitsselbstkonzept, die den Alltagsannahmen widersprechen (vgl. Marsh, 1987; Köller, 2004). So geht der Übertritt von der Grundschule auf das Gymnasium, bei dem leistungsstärkere Schülerinnen und Schüler zusammengefasst werden, häufig nicht mit einer Verbesserung der Fähigkeitsselbsteinschätzungen, sondern vielmehr mit einem Absinken der schulischen und der fachspezifischen Fähigkeitsselbstkonzepte einher, da sich die Schülerinnen und Schüler nun in einer leistungsstärkeren Gruppe befinden und deshalb ihre relative Leistungsposition in der Schulklasse im Durchschnitt sinkt. Umgekehrt steigt das Fähigkeitsselbstkonzept von leistungsschwächeren Grundschülerinnen und -schülern häufig, wenn sie auf die Hauptschule wechseln, da ihre relative Leistungsposition in der Klasse im Durchschnitt steigt. Dieser Bezugsgruppeneffekt findet sich in der Literatur als *Big-Fish-Little-Pond-Effekt* oder Fischteich-Effekt: Ein großer Fisch in einem kleinen Weiher (relativ leistungsstarke Person in eher leistungsschwacher Gruppe) wird zu einem kleinen Fisch, wenn er im Bodensee eingesetzt wird (leistungsstarke Klasse). Derartige Bezugsgruppeneffekte sind nicht nur bei Übergängen innerhalb des Schulsystems, sondern auch bei Übergängen in andere Bildungsinstitutionen (z. B. zu Beginn des Studiums) relevant.

Neben dem negativen Effekt der Leistungsstärke der Bezugsgruppe auf das Fähigkeitsselbstkonzept, der mit dem Big-Fish-Little-Pond-Effekt angesprochen ist, existieren aber auch positive, wenngleich deutlich schwächere Effekte, die aus dem Prestige der Gruppe resultieren. Der sog. *Basking-in-Reflected-Glory-Effekt* („sich in fremden Glanz sonnen"; auch Assimilations-, Labeling- oder Identifikationseffekt) besagt, dass sich die Mitgliedschaft in einer prestigeträchtigen, positiv selegierten Gruppe positiv (z. B. Gymnasium, Hochbegabtenklasse) und die Mitgliedschaft in einer prestigearmen, negativ selegierten Gruppe (z. B. Hauptschule) negativ auf Fähigkeitsselbstkonzept und Selbstwert auswirkt (vgl. Knigge, 2009; Köller, 2004).

Fazit

Die Entwicklung wesentlicher Komponenten der Lern- und Leistungsmotivation lässt sich bis in die frühe Kindheit verfolgen – besonders große Veränderungen bringen der Eintritt in die Schule, die Grundschulzeit und der Übertritt auf eine weiterführende Schule mit sich. Bei der Entwicklung der Lern- und Leistungsmotivation spielen Umwelt- und Sozialisationseinflüsse eine große Rolle. Hohe Relevanz kommt den Erwartungen, die Lehrkräfte und Eltern in Bezug auf die Fähigkeiten sowie das Lern- und Leistungsverhalten hegen, sowie Merkmalen der Bezugsgruppe zu. Als fruchtbar zur Beschreibung, Erklärung und Optimierung der Einflüsse, die der Unterricht auf die Motivation von Schülerinnen und Schüler hat, erweist sich schließlich das Konzept der Klassenzielstruktur.

2.4 Maßnahmen zur Herstellung und Förderung der Lern- und Leistungsmotivation von Schülerinnen und Schülern

Um Lernen zu gewährleisten, ist eine hinreichende Lernmotivation seitens der Lernenden erforderlich – effektives Lernen und Lehren ist nur möglich, wenn Lernende hinreichend für Lernhandlungen motiviert sind. Gleichzeitig kann nicht davon ausgegangen werden, dass alle Lernenden von sich aus für den aktuellen Lerngegenstand und die vorgesehenen Lernaktivitäten hinreichend motiviert sind. Häufig wird kein Interesse am Lerngegenstand gezeigt, nicht immer wollen Lernende ihre diesbezüglichen Kompetenzen erweitern oder sind der Überzeugung, die vorgesehenen Lernanforderungen bewältigen zu können. Aus dem in Abschnitt 2.3.1 dargestellten (notwendigen) Prozess der Interessendifferenzierung im Laufe der Kindheit und des Jugendalters folgt zwar unmittelbar, dass nicht alle Schülerinnen und Schüler für alle Bereiche in gleicher Weise motiviert sein können und sollen. Dennoch liegt es in der Verantwortung der Lehrkraft, stets ein hinreichendes Maß an positiver subjektiver Bewertung der Lernaktivitäten und -gegenstände sowie an Erfolgszuversicht zu gewährleisten, um den Schülerinnen und Schülern zu ermöglichen, ihre Potenziale möglichst gut auszuschöpfen und diese möglichst optimal zu fördern. Folglich zählt eine laufende Motivierung zu den zentralen Aufgaben beim Lehren (vgl. Klauer, 1985).

Im schulischen Kontext ist darüber hinaus davon auszugehen, dass bei einem nennenswerten Anteil von Schülerinnen und Schülern gravierendere Motivationsprobleme vorliegen (etwa eine ausgeprägte Hilflosigkeitssymptomatik). Diese erfordern besondere Motivationsfördermaßnahmen, etwa in Form eines dezidierten Motivationstrainings.

In diesem Abschnitt stellen wir Möglichkeiten und Techniken zur Motivierung von Schülerinnen und Schülern vor, beginnend mit der situationsbezogenen Herstellung der subjektiven Bedeutsamkeit eines spezifischen Lerngegenstands oder einer spezifischen Lernaktivität (Wertkomponente). Im Anschluss daran werden umfassendere Prinzipien der motivationsförderlichen Unterrichtsgestaltung besprochen, die eine nachhaltige Motivierung leisten können. Schließlich werden Motivationstrainings beleuchtet, die entweder präventiv zum Schutz gegenüber ungünstigen Motivationsentwicklungen oder zur Intervention bei Schülerinnen und Schülern mit stärker ausgeprägten Motivationsproblemen genutzt werden können.

2.4.1 Situationsbezogene Herstellung der subjektiven Bedeutsamkeit

Zur Motivierung von Schülerinnen und Schülern zählt zunächst die situationsbezogene Motivierung für den aktuellen Unterrichtsinhalt und die aktuelle Lerntätigkeit. Dazu stellen Lehrkräfte beispielsweise einen Alltagsbezug des Lernstoffs her und betonen damit dessen Relevanz (oftmals zu Beginn einer Unterrichtssequenz). Hierbei geht es also um die Herstellung von situationalem Interesse und anderen situationsbezogenen Aspekten der Wertkomponente, aber auch um die Vermeidung ungünstiger Emotionen wie Langeweile (vgl. Kapitel „Emotionen" in diesem Band). Diese Form der Motivierung ist vorrangig auf den aktuellen Lerngegenstand gerichtet und typischerweise eher kurzfristig gedacht. Insbesondere im darstellenden (also vorrangig lehrkraftzentrierten) Unterricht, der häufig weniger motivierend ist als entdeckende, problemorientierte, kooperative oder handlungsorientierte Instruktionsformen, sind Maßnahmen zur Förderung der situationalen Wertkomponente wichtig. Neben den bereits genannten Alltagsbezügen existiert eine Reihe weiterer Möglichkeiten zur Förderung einer positiven Bewertung des Lerngegenstands und der Lernaktivitäten, die im Folgenden aufgeführt sind (nach Schiefele, 2004).

Implikationen für die Praxis

- Betonung der Bedeutsamkeit des Lerngegenstands
- Ausführliche Begründung der Lernaktivitäten
- Artikulierung des eigenen Interesses am Lerngegenstand
- Herstellung von praktischen Anwendungsmöglichkeiten und anderen Alltagsbezügen
- Erhöhung des emotionalen Gehalts des Lernstoffs
- Verbindung des Lernstoffs mit den Interessen der Schülerinnen und Schüler
- Abwechslungsreiche Gestaltung der Stoffvermittlung
- Induzieren kognitiver Konflikte (Widersprüche zum bisherigen Wissen)

Zweifellos sind derartige Maßnahmen sinnvoll und notwendig, um für den spezifischen Lerngegenstand zu motivieren. Sie sind aber oft nicht ausreichend, um die Lern- und Leistungsmotivation nachhaltig positiv zu beeinflussen. In diesem Zusammenhang treten häufig zwei Missverständnisse auf, denen hier vorgebeugt werden soll:

Missverständnis 1: Maßnahmen zur Motivierung sind nur in den ersten Minuten einer Unterrichtssequenz zu ergreifen (in der Unterrichtsphase, die manchmal als „Motivation" bezeichnet wird)
Zwar kommt der ersten Phase eine besondere Bedeutung für die Motivierung zu, um ein Basisniveau der situationsbezogenen Lernmotivation herzustellen (in der Interessenforschung spricht man von der „Catch-Komponente", also demjenigen Lehrverhalten, das situationales Interesse initial herstellt). Um die Motivation von Schülerinnen und Schülern über die ganze Sequenz aufrechtzuerhalten (insbesondere bei ansteigender Schwierigkeit) und damit den Lernerfolg günstig zu beeinflussen, ist es erforderlich, nicht nur am Anfang, sondern durchgängig zu motivieren, z. B. durch das immer wiederkehrende Rückbeziehen des Gegenstands auf ein Eingangsproblem

(„*Hold-Komponente*"). Von daher ist auch die Bezeichnung der ersten Phase einer Unterrichtsstunde als Phase der „Motivation" irreführend, weil die Motivierung von Schülerinnen und Schülern in qualitätsvollem Unterricht eben gerade nicht auf die erste Phase beschränkt ist.

Missverständnis 2: Maßnahmen zur Förderung einer positiven Bewertung des Lerngegenstands sind hinreichend
In den vorangegangenen Abschnitten sollte klar geworden sein, dass die Lernmotivation mehr umfasst als die positive Bewertung der Lerntätigkeit und das situationale Interesse am Lerngegenstand. Dort wurde gezeigt, dass Annahmen des Lernenden über ihre eigenen Fähigkeiten und damit im Zusammenhang stehend ihre Annahmen darüber, ob sie Lernhandlungen erfolgreich ausführen können, einen großen Einfluss auf Lernhandlungen nehmen. Hinzu kommt, dass eine geringe Bewertung oder gar eine Abwertung des Lerngegenstands häufig die Funktion des Selbstwertschutzes übernimmt: Ein Schüler kann der Überzeugung sein, dass seine mathematischen Fähigkeiten gering sind. In diesem Fall schützt ihn die Aussage, dass „Mathe doof, langweilig und unwichtig ist" davor, dass sich sein geringes Fähigkeitsselbstkonzept negativ auf sein Selbstwertgefühl auswirkt (vgl. Harter, 2006). Tatsächlich haben eine ungünstige Bewertung von Lerntätigkeiten und ein geringes Interesse an Lerngegenständen in vielen Fällen ihre Ursachen in einem geringen Fähigkeitsselbstkonzept und in geringen Erfolgserwartungen (vgl. Eccles, 1983). Dies kann in der Unterrichtspraxis leicht übersehen werden, in der eine geringe Motivation häufig vor allem als ungünstige Bewertung von Lerngegenstand und Lernaktivitäten sichtbar wird. Damit wird auch klar, dass die Motivierung von Schülerinnen und Schülern immer auch die Sicherstellung einer ausreichenden Erfolgserwartung umfassen muss.

Anhand der beiden Missverständnisse können Sie erkennen, dass eine situationsbezogene Herstellung der subjektiven Bedeutsamkeit häufig nicht genügen wird, um Schülerinnen und Schüler umfassend und dauerhaft zu motivieren.
Überlegen Sie vor dem Hintergrund Ihrer bisherigen Lektüre des Kapitels, was Lehrkräfte darüber hinaus tun könnten, um die Lern- und Leistungsmotivation ihrer Schülerinnen und Schüler nachhaltig positiv zu beeinflussen und zwar sowohl hinsichtlich der Wert- als auch hinsichtlich der Erwartungskomponente.

Im folgenden Abschnitt werden umfassendere Prinzipien der Unterrichtsgestaltung vorgestellt, die sich dazu eignen, Schülerinnen und Schüler umfassend und dauerhaft zu motivieren.

2.4.2 Prinzipien motivationsförderlichen Unterrichts

Förderung von Interessen und selbstbestimmter Motivation

Eine erste Gruppe an Prinzipien des motivationsförderlichen Unterrichts lässt sich aus der Selbstbestimmungstheorie der Motivation (Deci & Ryan, 1985) ableiten. Wie in Abschnitt 2.2.5 erwähnt, wird darin als zentrale Bedingung der Entwicklung von intrinsischer Motivation und Interesse die Erfüllung der Bedürfnisse nach Autonomie, Kompetenzerleben und sozialer Eingebundenheit spezifiziert. Daraus folgt, dass Unterricht dann motivationsförderlich ist, wenn er diese drei Bedürfnisse dauerhaft befriedigt. Das instruktionale Handeln von Lehrkräften sollte demnach prinzipiell darauf gerichtet sein, dass Schülerinnen und Schüler Selbstbestimmungsmöglichkeiten haben, sich als kompetent erleben können und in positiven sozialen Beziehungen zu Gleichaltrigen und Lehrkräften stehen. Der folgende Kasten informiert über die wichtigsten Maßnahmen, die dazu im Unterricht genutzt werden können (adaptiert nach Schiefele, 2004).

Implikationen für die Praxis

Förderung des Bedürfnisses nach Autonomie:
- Mitbestimmungsmöglichkeiten bei Lernzielen, Lerngegenständen und Lernaktivitäten
- Nutzung von Lernaktivitäten, die umfangreiche Handlungsspielräume und Möglichkeiten zur Selbststeuerung erlauben
- Schaffung von Möglichkeiten zur Selbstbewertung
- Gemeinsames Aushandeln von Verhaltensregeln

Förderung des Bedürfnisses nach Kompetenzerleben:
- Häufiges positives Feedback
- Klare, strukturierte und verständnisorientierte Instruktion
- Anpassung der Schwierigkeitsgrade an individuellen Kenntnisstand
- Unterstützung bei Schwierigkeiten
- Realisierung von Lernaktivitäten, bei der vielfältige Kompetenzen eingebracht werden können (nicht nur das jeweilige fachspezifische Wissen)

Förderung des Bedürfnisses nach sozialer Eingebundenheit:
- Einsatz von Gruppenarbeitsmethoden
- Partnerschaftliches Verhältnis zwischen Lehrkraft und Schülerinnen und Schülern, das auch beinhaltet, dass der Lehrkraft die Lernfortschritte aller Schülerinnen und Schüler persönlich wichtig sind

---

In empirischen Untersuchungen wurden Belege dafür gewonnen, dass diese Maßnahmen wirkungsvoll zur Steigerung des Interesses eingesetzt werden können (vgl.

Schiefele, 2004). Auch jenseits der Förderung des Interesses im engeren Sinne steht der Lehrkraft mit diesen Maßnahmen ein Bündel an Möglichkeiten zur Verfügung, Schülerinnen und Schüler in ihrer Entwicklung weg von eher fremdbestimmten hin zu selbstbestimmten Motivationsformen zu unterstützen, seien sie nun intrinsisch oder selbstbestimmt-extrinsisch (vgl. Abschnitt 2.2.4). Bemerkenswert ist dabei, dass diese Maßnahmen nicht nur der Förderung von Interessen und der Motivierung dienen, sondern auch im Einklang mit den Prinzipien eines qualitativ hochwertigen, kognitiv aktivierenden und lerneffektiven Unterrichts stehen (z. B. Renkl, 2008). Darüber hinaus wird anhand dieser und der im nachfolgenden Abschnitt dargestellten Maßnahmen deutlich, dass ein drittes Missverständnis, wonach Motivieren „Antreiben" bedeutet, nicht zutrifft.

Herstellen einer motivations- und lernförderlichen Zielstruktur im Unterricht

Eine zweite und weiter gefasste Gruppe an Unterrichtsprinzipien lässt sich aus der Zielorientierungstheorie ableiten. Wie in Abschnitt 2.3.2 ausgeführt, kann durch die Herstellung einer motivations- und lernförderlichen Zielstruktur im Unterricht die Lern- und Leistungsmotivation von Schülerinnen und Schülern günstig beeinflusst werden. Zur Ordnung der dazu relevanten Merkmale der Unterrichtsgestaltung können die von Epstein (1989) beschriebenen Dimensionen verwendet werden, von denen angenommen werden kann, dass sie systematisch im Zusammenhang mit der Zielstruktur im Klassenkontext sowie der Motivation von Schülerinnen und Schülern stehen und zudem durch instruktionales Handeln beeinflussbar sind (s. auch Ames, 1992). Diese Dimensionen umfassen die Gestaltung von Aufgaben und Lernaktivitäten, die Verteilung von Verantwortung, Autorität und Autonomie, die Anerkennung und Bewertung von Schülerinnen und Schülern sowie deren Lernergebnisse, die Art und Weise wie Lerngruppen gebildet werden sowie die Bereitstellung von Lernzeit. Sie werden in dem Akronym „TARGET" zusammengefasst (task, authority, recognition, grouping, evaluation, time). Mit Hilfe des *TARGET-Modells* können Maßnahmen zur *Förderung der günstigen Lernzielstruktur* sowie der *Abschwächung der ungünstigen Leistungszielstruktur* systematisiert werden – sie sind in Tabelle 5 entlang der sechs Dimensionen aufgeführt. Die oben vorgestellten Maßnahmen zur Interessenförderung lassen sich darin einordnen.

Tabelle 5. Motivational relevante Dimensionen der Unterrichtsgestaltung (Akronym „TAR-GET"; Epstein, 1989) sowie Maßnahmen, um Ausprägungen auf diesen Dimensionen zu erreichen, die Lernziele in den Vordergrund und Leistungsziele in den Hintergrund rücken (vgl. Ames, 1992)

Dimension	Maßnahmen zur Förderung einer günstigen Zielstruktur im Unterricht
Task (Aufgaben-stellun-gen)	☑ Nutzung von abwechslungsreichen, vielfältigen, persönlich bedeutsa-men, sinnhaften, emotional reichen und damit interessanten Aufgaben ☑ Verwendung von individuell herausfordernden Aufgaben, die mit An-strengung zu bewältigen sind ☑ Strukturierung von Lernaktivitäten in Teilschritte und Teilziele, anhand derer Schülerinnen und Schüler ihren Fortschritt erkennen können
Authority (Autorität und Auto-nomie)	☑ Entwicklungsangemessene Übertragung der Verantwortung für das Ler-nen und die Zusammenarbeit in der Klasse ☑ Möglichkeiten, zur Wahl von (Teil-)Lernzielen, Lernaktivitäten, Lernwe-gen und Lernmaterialien entsprechend der Selbstregulationsfähigkeiten der einzelnen Schülerinnen und Schüler ☑ Möglichkeiten Entscheidungen zu treffen und Führung wahrzunehmen
Recognition (Anerken-nung)	☑ Anerkennung von Anstrengung durch Lob, positive emotionale Reakti-onen, Belohnung und andere Formen der Verstärkung ☑ Vermittlung der Überzeugung, dass Anstrengung zur Verbesserung von Kompetenzen führt und das Kompetenzen das Ergebnis von Anstren-gungen sind ☑ Anerkennung von individuellen Verbesserungen ☑ Keine Bevorzugung von leistungsstarken Schülerinnen und Schülern ☑ Anerkennung des Verständnisses des Lernstoffs ☑ Anerkennung von individuellen Lösungszugängen ☑ Realisierung eines konstruktiven Fehlerklimas, in dem Fehler Lernchan-cen und nicht Anzeichen mangelnder Kompetenzen sind
Grouping (Gruppie-rung)	☑ Verwendung von kooperativen Lernmethoden ☑ Realisierung von leistungsheterogenen Gruppen, die das gemeinsame Er-reichen von Zielen fördern (Einbringen von individuellen Kompetenzen) ☑ Herstellung eines kooperativen anstelle eines wettbewerbsorientierten Klassenklimas ☑ Vermittlung von Kompetenzen zur effektiven Arbeit in Gruppen
Evaluation (Bewer-tung)	☑ Verwendung von individuellen und kriterialen Bezugsnormen ☑ Vermeidung der sozialen Bezugsnorm ☑ Vermeidung von sozialen Vergleichen ☑ Möglichst starker Verzicht auf wettbewerbsorientierte Methoden ☑ Möglichst starker Verzicht auf öffentliche Leistungsrückmeldungen (z. B. bei der Herausgabe von Klassenarbeiten) und intensive Nutzung privater Rückmeldungen (in mündlicher und schriftlicher Form)
Timing (Zeit)	☑ Gewährung von ausreichender Bearbeitungszeit (Aufgaben und Tests) ☑ Ausrichtung der Lernzeit an leistungsschwächeren Schülerinnen und Schülern (ggf. Zusatzaktivitäten für leistungsstärkere Schüler(innen) ☑ Gelegenheit zur eigenverantwortlichen Zeitplanung der Lernaktivitäten und zur eigenständigen Terminierung von Selbsttests

Auch wenn der empirische Forschungsstand zu den Zusammenhängen zwischen instruktionalem Handeln, Zielstruktur sowie Motivation und Lernen von Schülerinnen und Schülern noch Lücken aufweist, ist ersichtlich, dass die Nutzbarmachung der Zielorientierungstheorie die Definition differenzierter und sinnvoller Unterrichtsprinzipien zur motivationsförderlichen Unterrichtsgestaltung ermöglicht. Ein übergeordnetes Unterrichtsprinzip sollte es dabei sein, Unterricht so zu gestalten, dass Lernziele im Vordergrund stehen und Leistungsziele in den Hintergrund treten. Tabelle 5 kann als Checkliste für Maßnahmen zur Realisierung einer derartigen motivationsförderlichen Zielstruktur im Unterricht dienen.

Dezidierte Motivationstrainings

Wie zu Beginn des Abschnitts 2.3 dargestellt, gilt es zwischen einer allgemein motivationsförderlichen Unterrichtsgestaltung und einer speziellen Förderung von Schülern mit gravierenderen Motivationsproblemen zu unterscheiden. Die oben dargestellten Maßnahmen können – bei kontinuierlicher Realisierung – eine Motivierung und eine Abdämpfung der im Laufe der Schulzeit zu beobachtenden ungünstigen Motivationsentwicklung bei Schülerinnen und Schülern leisten, sofern diese keine ausgeprägten Motivationsprobleme aufweisen, also beispielsweise ihre Fähigkeiten nicht gravierend unterschätzen. Sie haben ihren Schwerpunkt auf der Wertkomponente. Ein dezidiertes Motivationstraining ist indiziert, wenn gravierendere Motivationsprobleme vorliegen, die sich insbesondere in Form eines ungünstigen Wahlverhaltens (sehr leichte oder sehr schwere Aufgabenstellungen), einer sehr geringen Ausdauer, einer sehr geringen Qualität der Lernhandlungen, in Leistungen deutlich unterhalb des Erwartungshorizonts, in einer systematischen Unterschätzung der eigenen Fähigkeiten, einer sehr geringen Erfolgserwartung, einer starken Abwertung der Lerngegenstände, in ungünstigen Attributionen und/oder in Symptomen erlernter Hilflosigkeit äußern können. In diesen Fällen können Motivationstrainings helfen, den Schülerinnen und Schülern Lernerträge zu ermöglichen, die ihren Fähigkeiten entsprechen.

Grundlegendes zu Motivationstrainings

Die Pädagogische Psychologie hat eine Reihe von Trainingsprogrammen entwickelt und evaluiert, die dazu genutzt werden können, die oben genannten Motivationsdefizite abzumildern (Überblick bei Ziegler & Dresel, 2009). Derartige Trainings können auch genutzt werden, um präventiv gegenüber den oben genannten Motivationsdefiziten zu wirken. Dies kann beispielsweise nach dem Übertritt in eine weiterführende Schule (bei dem sich z. B. der Big-Fish-Little-Pond-Effekt negativ auswirken kann; vgl. Abschnitt 2.3.2) oder bei der Einführung eines als schwierig geltenden Fachs sinnvoll sein.

Die meisten Motivationstrainings legen ihren Schwerpunkt auf die Erwartungskomponente und auf damit im Zusammenhang stehende motivationale Überzeugungen. Sie versuchen primär, Fähigkeitsselbstkonzept und Erfolgserwartung zu verbessern sowie Hilflosigkeitssymptome abzumildern. Dazu nutzen sie eines oder mehrere der folgenden Trainingselemente:

- Förderung günstiger Ursachenerklärungen für schulische Erfolge und Misserfolge
- Förderung der individuellen Bezugsnormorientierung
- Stärkung realistischer bzw. herausfordernder Schwierigkeitswahlen
- Vermittlung einer impliziten Theorie erweiterbarer Fähigkeiten

Beispielsweise stellen Rheinberg und Krug (2005) in ihrem empfehlenswerten Band die Konzeption und Evaluation einer ganzen Reihe von Einzeltrainings vor, die auf der Realisierung einer individuellen Bezugsnorm bei der Leistungsbewertung, der Darbietung von Gelegenheiten zur Wahl individuell passender Schwierigkeitsanforderungen sowie der Vermittlung realistischer Ursachenerklärungen basieren. Die Realisierung der individuellen Bezugsnorm im Unterricht führte dabei vor allem bei leistungsschwächeren Schülerinnen und Schülern zu einer Verringerung der Furcht vor Misserfolg und der Prüfungsangst sowie zu Verbesserungen beim Fähigkeitsselbstkonzept. Dies zeigt, dass die Anwendung der individuellen Bezugsnorm im Unterricht sinnvoll dazu genutzt werden kann, Schülerinnen und Schüler mit schwerwiegenderen Motivationsproblemen zu fördern.

Daneben existiert eine Gruppe an schulischen Interventionsprogrammen, die basierend auf attributionstheoretischen Konzepten ausschließlich an den Ursachenzuschreibungen von Erfolg und Misserfolg ansetzen und versuchen, mit deren systematischer Verbesserung auch andere Komponente der Lern- und Leistungsmotivation zu verbessern (vgl. Ziegler & Finsterwald, 2008). Exemplarisch werden diese sog. Reattributionstrainings als typische Vertreter von Motivationstrainings unten ausführlicher dargestellt.

Motivationstrainings werden häufig in Kombination mit einer Vermittlung von Fachwissen oder mit Trainings zur Verbesserung von Lernstrategien eingesetzt (z. B. Dresel & Haugwitz, 2008). Dies hat den Vorteil, dass nicht nur das „Wollen" verbessert wird, sondern auch das „Können" – im Ergebnis beeinflussen sich beide Trainingsteile gegenseitig positiv im Sinne verbesserter Trainingswirkungen (vgl. Fries, 2002).

Reattributionstrainings

Reattributionstrainings sind Maßnahmen, die – im schulischen Bereich eingesetzt – eine gezielte Modifikation der Ursachenerklärungen (Attributionen) anstreben, die Schülerinnen und Schüler für das Zustandekommen von schulischen Leistungen verantwortlich machen. Dabei ist es das unmittelbare Ziel, motivationsabträgliche durch motivationsförderliche Attributionen zu ersetzen („Re-Attribution"). Dies bedeutet, dass an die Stelle unrealistischer Attributionen, die häufig eine zu pessimistische Sichtweise der eigenen Kompetenzen und Handlungsmöglichkeiten reflektieren, realistische Ursachenerklärungen treten sollen. Neben der Nutzung zur Prävention gegenüber Motivationsproblemen bietet sich ein Reattributionstraining insbesondere dann an, wenn Schülerinnen und Schüler ihre Kompetenzen und Handlungsmöglichkeiten systematisch unterschätzen und Symptome erlernter Hilflosigkeit zeigen (die Aussage "Egal wie viel ich lerne, ich werde es doch nicht kapieren und meine Noten werden immer gleich schlecht sein" wäre ein Indikator dafür). Als wünschenswert gilt es in diesem Fall, dass schulische Erfolge durch internale Gründe (v. a. Fähigkeit und Anstrengung) und schulische Misserfolge durch variable Gründe (v. a. mangelnde Anstrengung, zur Stabilisierung auch durch external-variable Gründe) erklärt werden. In Abschnitt 2.2.9 wurde die Bedeutung von Ursachenerklärungen für schulischen Erfolg und Misserfolg für die Erfolgserwartung, das Fähigkeitskonzept und das emotionale Erleben dargestellt. Basierend darauf ist es das (über verbesserte Attributionen vermittelte) primäre Ziel von Reattributionstrainings, diese wichtigen Komponenten der Lern- und Leistungsmotivation von Schülerinnen und Schülern günstig zu beeinflussen und damit Verbesserungen von Lernprozessen und der Güte schulischer Leistungen zu bewirken.

Reattributionstrainings können nicht nur von Beratungslehrerkräften oder Schulpsychologinnen und Schulpsychologen im Rahmen eines dezidierten Interventionsprogramms genutzt werden, sondern von allen Lehrkräften, die über die notwendigen Kenntnisse verfügen. Eine zur Aneignung dieser Kenntnisse empfehlenswerte Lektüre ist der Band von Ziegler und Schober (2001).

Die wichtigste Technik, um günstige Attributionen zu vermitteln, ist die von Leistungen. Dabei werden Leistungen von Schülerinnen und Schülern mit Ursachenerklärungen für deren Zustandekommen kommentiert (*attributionales Feedback*). Die Kommentierung kann sowohl schriftlich (bei Stegreifaufgaben und Klassenarbeiten, Übungsaufsätzen, korrigierten Hausaufgaben und allen anderen schriftlichen Leistungen) als auch verbal im – oder im Anschluss an den – Unterricht erfolgen. Angesichts der negativen Effekte öffentlicher Leistungsrückmeldungen im Unterricht sind verbale Kommentare allerdings nicht unproblematisch und stellen zudem hohe Anforderungen bei der Applikation (spontane Generierung adäquater und glaubwürdiger Kommentare). In Tabelle 6 sind einige Beispielkommentare für wünschenswerte Attributionen nach Erfolg und Misserfolg zusammengestellt.

Tabelle 6. Beispiele für attributionales Feedback (vgl. Dresel, 2004)

Attributionskategorie	Beispiele
Erfolg	
Hohe Fähigkeiten	„Texte zu schreiben liegt dir offensichtlich.", „Man sieht: du verfügst über die notwendigen Fähigkeiten."
Hohe Anstrengungen	„Man merkt, dass du dich ausführlich mit dem Text befasst hast.", „Die gute Leistung liegt daran, dass du konzentriert gearbeitet hast."

Richtiger Strategieeinsatz	„Wie du siehst, zahlt sich die Technik aus, zuerst jeden Abschnitt in einem Satz zusammenzufassen.", „Du bist genau richtig an die Aufgabenstellung herangegangen."
Misserfolg	
Mangelnde Anstrengungen	„Du hast dich nicht richtig angestrengt.", „Wenn du noch genauer arbeitest, wird's perfekt."
Mangelnder Strategieeinsatz	„Rechne die für dich schwierigen Aufgaben erst Schritt für Schritt auf einem Blatt Schmierpapier. Dann wirst du die Aufgaben besser lösen können.", „Hast du die Vokabeln falsch gelernt? Effektiv ist es, wenn du immer nur ganz wenige Wörter so lange übst, bis du sie mehr als sicher beherrschst."
Schwierige Aufgabenstellung	„Diese Aufgaben waren sehr schwer.", „Vielleicht habe ich zu schwere Aufgaben ausgewählt."
Pech	„Das kann jedem mal passieren.", „Da hattest du Pech."

Die Wirksamkeit von Reattributionstrainings wird durch eine Reihe empirischer Studien belegt (Überblicke z. B. bei Dresel, 2004; Ziegler & Finsterwald, 2008). Sie zeigen, dass mit Einzeltrainings und unterrichtsbegleitenden Kleingruppentrainings größere Trainingswirkungen erzielt werden können als mit unterrichtsintegrierten Trainings durch Lehrkräfte. Aber auch Lehrkräfte können Attributionen und Motivation von Schülerinnen und Schülern verbessern. Eine wichtige Bedingung des Trainingserfolgs ist es, dass im Falle schulischer Erfolge nicht nur Anstrengungsrückmeldungen präsentiert werden (die auch ambivalente Wirkungen entfalten können; vgl. Dresel, 2004), sondern auch Ursachenzuschreibungen auf hohe Fähigkeiten vorgenommen werden. Eine Studie von Dresel und Ziegler (2006), in der computerbasiertes attributionales Feedback im Rahmen der Bearbeitung einer Mathematiklernsoftware Verwendung fand, indiziert darüber hinaus, dass es am effektivsten ist, bei einem neuen Lerngegenstand Erfolge zunächst mit Anstrengungsattributionen zu kommentieren und, sobald die Lernenden hinreichend Wissen erworben haben, auf Fähigkeitsrückmeldungen zu wechseln. Die Ergebnisse der Studie verweisen darauf, dass es diese (und nur diese) Abfolge des attributionalen Feedbacks den Schülerinnen und Schülern ermöglicht, die Erweiterung ihres Wissens und ihrer Kompetenzen als Ergebnis ihrer Anstrengungen zu interpretieren und damit eine Sichtweise eigener Fähigkeiten zu etablieren, bei der Fähigkeitsdefizite durch Anstrengungen modifiziert werden können (implizite Modifizierbarkeitstheorie der eigenen Fähigkeiten, vgl. Abschnitt 2.2.8).

Fazit

Die Motivierung von Schülerinnen und Schülern ist eine wichtige Daueraufgabe von Lehrkräften. Diese beschränkt sich nicht auf die ersten Minuten von Unterrichtseinheiten und auch nicht auf die positive Bewertung des Lerngegenstands, wenngleich diesen beiden Aspekten eine wichtige Bedeutung zukommt. Zur motivationsförderlichen Gestaltung des Unterrichts können Prinzipien genutzt werden, die sich aus der Selbstbestimmungstheorie der Motivation (Förderung der Bedürfnisse nach Autonomie, Kompetenzerleben und sozialer Eingebundenheit) und der Zielorientierungstheorie (Förderung einer Lernzielstruktur, Abschwächung einer Leistungszielstruktur) ableiten lassen. Dezidierte Motivationstrainings können (auch von Lehrkräften) dazu genutzt werden, schwerwiegenderen Motivationsproblemen entgegenzutreten. Dazu zählen Trainingsprogramme, die an der Förderung der individuellen Bezugsnormorientierung, der Stärkung realistischer Schwierigkeitswahlen und/oder der Förderung günstiger Attributionen ansetzen.

2.5 Lehrkraft im Fokus

In jüngerer Zeit rückt verstärkt die *Motivation von Lehrkräften* in den Blick der Forschung, wenngleich hierzu bislang bei Weitem nicht so viele Arbeiten vorliegen, wie für die Motivation von Schülerinnen und Schülern. Anlass zur Beschäftigung mit der Lehrkraftmotivation geben u. a. alltagspsychologische Binsenweisheiten wie „motivierte Lehrkräfte machen guten Unterricht" oder „die Motivation der Lehrkräfte ist die Obergrenze der Motivation der Schülerinnen und Schüler", die sich – v. a. unter Zuhilfenahme des Begriffs *„Enthusiasmus"* – auch empirisch weitgehend bestätigen ließen (Überblick bei Schunk et al., 2008). Bei genauerer Betrachtung stellt sich das Phänomen Lehrkraftmotivation allerdings etwas differenzierter dar, lassen sich doch bei Lehrerinnen und Lehrern – ebenso wie bei Schülerinnen und Schülern – nicht nur quantitativ („Wie viel Motivation?"), sondern auch qualitativ („Wodurch zu was motiviert?") unterschiedliche Motivationen finden. Dementsprechend setzt sich auch das Verständnis durch, dass eine differenzierte Betrachtung mehrerer Komponenten der Lehrkraftmotivation erforderlich ist

Erwartungs- und Wertkomponenten der Lehrkraftmotivation

In theoretischen Modellen der Lehrkraftmotivation werden Handeln und Motivation primär leistungsthematisch interpretiert und der Fokus wird dabei meist auf das instruktionale Handeln im Unterricht gelegt, das mehr oder weniger erfolgreich sein kann (z. B. de Jesus & Lens, 2005). Ähnlich wie bei der Beschreibung und Erklärung der Motivation von Schülerinnen und Schülern wird hierbei häufig eine theoretische Sichtweise genutzt, die Erwartungs- und Wertkomponenten der Motivation betrachtet.

Im Hinblick auf die Erwartungskomponente wurden vor allem *Selbstwirksamkeitserwartungen von Lehrkräften* untersucht, die sich darauf beziehen, wie sehr sie sich in der Lage sehen, durch eigenes Handeln pädagogisch herausfordernde Situationen zu bewältigen (vgl. Schmitz & Schwarzer, 2000). In einer Reihe empirischer Studien konnte nachgewiesen werden, dass mit höheren Selbstwirksamkeitserwartungen bei Lehrkräften ein günstigeres Klassenklima, ein umfangreicheres Unterstützungsverhalten sowie bessere Leistungen von Schülerinnen und Schülern einhergehen (Überblick bei Schunk et al., 2008).

Bezüglich der Wertkomponente der Lehrkraftmotivation wurden die intrinsische vs. extrinsische (selbstbestimmte vs. fremdbestimmte) Motivation für Handlungen im professionellen Kontext, das Interesse am Unterrichten und am Fach, der bereits erwähnte Enthusiasmus sowie die Zielorientierungen in empirischen Forschungen thematisiert (z. B. Long & Woolfolk Hoy, 2006; Müller, Hanfstingl & Andreitz, 2009; Pelletier, Séguin-Lévesque & Legault, 2002). Die bislang vorliegenden Arbeiten liefern beispielsweise Hinweise darauf, dass eine stärker fremdbestimmt-extrinsische Motivation von Lehrkräften mit einer geringeren Autonomieunterstützung sowie einer ungünstigeren Lern- und Leistungsmotivation der Schülerinnen und Schüler im Zusammenhang steht. Darüber hinaus fokussiert die aktuelle Forschung Ziele, die Lehrkräfte bei ihrer beruflichen Tätigkeit verfolgen und nutzt dabei die in Abschnitt 2.2.6 vorgestellte Zielorientierungstheorie. Dies ermöglicht die konzeptuelle Weiterentwicklung des Verständnisses der Motivation von Lehrkräften dahingehend, dass nicht nur die Leistungsmotivation im engeren Sinne, sondern auch Lern- und Arbeitsvermeidungsziele berücksichtigt werden können und damit die Wertkomponente der Motivation breiter konzipiert werden kann (Überblick bei Nitsche, Dickhäuser, Dresel & Dickhäuser, 2008). Aus diesem Grund stellen wir das Konzept der Zielorientierung von Lehrkräften weiter unten etwas ausführlicher dar.

Schließlich lässt sich auch die Studien- und Berufswahlmotivation von Lehrkräften und Lehramtsstudierenden mit Hilfe von Erwartungs-Wert-Modellen der Motivation beschreiben. So konnten Pohlmann und Möller (2010) zeigen, dass sich bei der Studienwahl von Lehramtsstudierenden u. a. die Komponenten „Pädagogisches Interesse", „Fachliches Interesse", „Nützlichkeit", „soziale Einflüsse", „Fähigkeitsüberzeugung" und „geringe Schwierigkeit" separieren lassen und dass dabei komponentenspezifische Unterschiede zwischen Studierenden der unterschiedlichen schulart-spezifischen Lehramtsstudiengänge bestehen.

Zielorientierungen von Lehrkräften

Die Übertragung des Konzepts der Zielorientierung auf die Population der Lehrkräfte, um deren Erleben und Verhalten im Kontext von Schule und Unterricht zu beschreiben und zu erklären, gründet zunächst auf der Annahme, dass Lehrkräfte vielfältigen Leistungsanforderungen ausgesetzt sind und ihr professionelles Handeln in verschiedenen sozialen Leistungskontexten stattfindet (Kollegium, Schülerschaft, Elternschaft). Butler (2007) spricht hierbei davon, dass Schule und Unterricht nicht nur für Schülerinnen und Schüler, sondern auch für Lehrkräfte eine „Achievement Arena" darstellt (S. 242). Darüber hinaus ist davon auszugehen, dass Lehrkräfte in unterschiedlich starkem Ausmaß das Ziel verfolgen, ihre professionellen Kompetenzen zu erweitern, aber auch in unterschiedlichem Maß danach streben, ihren Aufwand zu begrenzen und ihren beruflichen Alltag mit möglichst geringem Arbeitsaufwand zu bestreiten (angesichts begrenzter zeitlicher Ressourcen auch im Sinne der Effizienzsteigerung). Diesen Annahmen entsprechend konnte Butler (2007) empirisch vier qualitativ unterschiedliche Zielklassen nachweisen, an denen sich Lehrkräfte in ihrem beruflichen Kontext orientieren (Tabelle 7).

Tabelle 7. Zielorientierungen von Lehrkräften

Zielorientierung	Zielinhalte
Lernzielorientierung	Eigene Kompetenzen als Lehrkraft erweitern
Annäherungsleistungszielorientierung	Eigene Kompetenzen als Lehrkraft demonstrieren
Vermeidungsleistungszielorientierung	Keine Defizite der eigenen Kompetenz als Lehrkraft zeigen
Arbeitsvermeidungszielorientierung	Möglichst wenig Arbeitsaufwand bei der Tätigkeit als Lehrkraft zu betreiben

Butler (2007) konnte weiterhin zeigen, dass die vier Zielorientierungen in spezifischer Weise mit dem Erleben und Verhalten von Lehrkräften im Zusammenhang stehen. Lehrkräfte, die eine starke Lernzielorientierung aufwiesen, bewerteten Hilfe von Kolleginnen und Kollegen als gute Möglichkeit, die eigene Lehrkompetenz zu erweitern und auch die eigene Berufstätigkeit interessanter zu gestalten. Dagegen holten Lehrkräfte, die stark vermeidungsleistungszielorientiert waren, seltener Hilfe ein und nahmen diese häufiger als Indikator mangelnder eigener Fähigkeiten wahr. Dickhäuser, Butler und Tönjes (2007) konnten zudem zeigen, dass eine starke Arbeitsvermeidungszielorientierung mit einer Wahrnehmung von Hilfe als zusätzlichem Aufwand einhergeht. Berücksichtigt man, dass Lehrkräfte der Anforderung ausgesetzt sind, die eigenen professionellen Kompetenzen und das eigene professionelle Handeln kontinuierlich weiterzuentwickeln, und dass das Einholen von Hilfe eine effektive Strategie dafür sein kann, wird klar, dass eine starke Lernzielorientierung bei Lehrkräften eine günstige Voraussetzung für die Entwicklung professioneller Kompetenzen darstellt (auch nach Eintritt in den Beruf) und dass eine starke Vermeidungsleistungszielorientierung ein Risikofaktor für eine ungünstige Kompetenzentwicklung im Laufe des Berufslebens ist.

Daneben liegen auch Hinweise dafür vor, dass unterschiedliche berufliche Zielorientierungen von Lehrkräften auch mit unterschiedlich hohem beruflichem Belastungserleben einhergehen (vgl. Kapitel „Emotionen" in diesem Band). So zeigten Tönjes, Dickhäuser und Kröner (2008), dass eine starke Vermeidungs- und eine schwache Annäherungsleistungszielorientierung bei Lehrkräften mit einer starken „Leistungsmangelwahrnehmung" als einer wichtigen Komponente des beruflichen Belastungserlebens im Zusammenhang stehen, auch nachdem der Einfluss von Persönlichkeitsmerkmalen (wie Neurotizismus) statistisch kontrolliert wurde.

Mittlerweile liegen auch erste Befunde darüber vor, dass berufliche Zielorientierungen von Lehrkräften mit dem von ihnen realisierten Unterricht im Zusammenhang stehen. So indizieren die Ergebnisse von Retelsdorf, Butler, Streblow und Schiefele (2010), dass stark lernzielorientierte Lehrkräfte häufig einen kognitiv stimulierenden Unterrichtet realisieren und instruktionale Praktiken nutzen, die allen Schülerinnen und Schülern die Bewältigung des Stoffs ermöglichen. Weiterhin verweisen die Ergebnisse darauf, dass eine starke Arbeitsvermeidungszielorientierung und eine starke Leistungszielorientierung bei Lehrkräften mit instruktionalen Praktiken einhergehen, die Leistungsdemonstration und Wettbewerb in den Vordergrund stellen (vgl. Abschnitt 2.4.2). Vor dem Hintergrund des bisherigen und in vielerlei Hinsicht noch zu ergänzenden Forschungsstands erweist sich also insgesamt eine starke Lernzielorientierung von Lehrkräften als günstig und insbesondere eine starke Vermeidungsleistungszielorientierung als ungünstig.

Fazit

Die Motivation von Lehrkräften stellt einerseits eine wichtige Bedingung der Unterrichtsqualität dar und hat auch Auswirkungen auf die Motivation der Schülerinnen und Schüler. Anderseits kommt ihr auch eine wichtige Funktion für das persönliche Erleben und die Entwicklung der professionellen Kompetenzen im Lehrerberuf zu. Empirische Forschungen sprechen dafür, dass Struktur, Bedingungen und Wirkungen der Motivation von Lehrkräften ähnlichen Gesetzmäßigkeiten folgen wie bei (älteren) Schülerinnen und Schülern.

2.6 Weiterführende Literatur

Dresel, M. (2004). *Motivationsförderung im schulischen Kontext*. Göttingen: Hogrefe.

Heckhausen, J. & Heckhausen, H. (Hrsg.) (2006). *Motivation und Handeln* (3. Aufl.). Heidelberg: Springer.

Möller, J. (2008). Lernmotivation. In A. Renkl (Hrsg.), *Lehrbuch Pädagogische Psychologie* (S. 263–298). Bern: Huber.

Rheinberg, F. & Krug, S. (2005). *Motivationsförderung im Schulalltag: Psychologische Grundlagen und praktische Durchführung* (3. Aufl.). Göttingen: Hogrefe.

Schunk, D. H., Pintrich, P. R. & Meece, J. (2008). *Motivation in Education: Theory, Research, and Applications* (3rd ed.). Upper Saddle River, NJ: Pearson/Merrill Prentice Hall.

Weiner, B. (1994). *Motivationspsychologie* (3. Aufl.). Weinheim: Beltz.

SELBSTREGULIERTES LERNEN | 3

Thomas Götz & Ulrike E. Nett

3.1 „Aus der Praxis"

„Ich will mal Konzertpianistin werden und übe daher sehr viel am Klavier. Schulische Dinge sind für mich weniger wichtig. Ich lerne nicht gerade viel – wichtig ist für mich nur, dass ich durchs Abitur komme." (Karina M., 17 Jahre)
Regulation des Selbst / Ressourcenplanung

„Wenn ich Hausaufgaben mache, überlege ich meistens, was besonders wichtig ist, das mache ich dann als Erstes. Am Schluss lerne ich Vokabeln."
(Markus P., 13)
Planung

„Im Fitness-Studio schaue ich regelmäßig auf die Uhr, damit ich meinen Trainingsplan einhalten kann." (Marc D., 19)
Monitoring

„Ich mach das, weil meine Mama das will." (Moritz K., 5)
Fremdregulation

„Während ich für die Physik-Klausur lerne, schalte ich mein Handy und mein E-Mail-Programm aus, damit ich nicht ständig abgelenkt werde und mich besser konzentrieren kann." (Birgit F., 21)
Volition

„Vor einer Klassenarbeit gehe ich früher ins Bett um am nächsten Tag fit zu sein." (Johanna W., 16)
Ressourcenmanagement

„Vor wichtigen Klassenarbeiten oder Tests denke ich manchmal darüber nach, wie ich am besten lernen könnte." (Lukas H., 14)
Metakognition

„Wenn ich in den Stoff in Psychologie lerne, dann überlege ich mir oft Beispiele aus meinem Leben." (Olivia S., 23)
Elaboration

„Nach dem Lernen denke ich manchmal kurz darüber nach, wie gut ich gelernt habe und ob ich das erreicht habe, was ich mir vorgenommen habe." (Sylvia M., 18)
Evaluation

„Vor einer Klassenarbeit schaue ich mir alle Hefteinträge noch einmal gut an und schreibe mir die wichtigsten Punkte aus dem Heft heraus. Anschließend mache ich dazu Aufgaben." (Michael S., 12)
Organisation

„Nach einem erfolgreichen Vertragsabschluss sage ich mir oft ‚Das hast Du aber prima gemacht!'" (Mareike H., 54)
Selbstverstärkung

„In unserer Arbeitsgruppe überlegen wir uns, wo wir in fünf Jahren sein möchten." (Alexander R., 49)
Zielsetzung

„Eine Woche vor einer Klassenarbeit schreibe ich mir einen Plan, was ich noch lernen muss. Dann teile ich mir die Aufgaben auf die Tage auf." (Nicole K., 16)
Planung

„Wenn die letzte Klassenarbeit in einem Fach nicht so gut gelaufen ist, dann versuche ich den Stoff zu wiederholen und mehr zu lernen. Manchmal gehe ich dann auch in die Nachhilfe." (Katharina S., 12)
Regulation / Unterstützung suchen

3.2 Was ist selbstreguliertes Lernen?

3.2.1 Definition

Selbstreguliertes Lernen wird sowohl in Lehrbüchern als auch in wissenschaftlichen Publikationen zum Teil unterschiedlich definiert (Boekaerts & Corno, 2005). Unter anderem liegt dies an spezifischen, aus unterschiedlichen Forschungstraditionen (z.B. Allgemeine Psychologie, Sozialpsychologie, Persönlichkeitspsychologie, Entwicklungspsychologie, Pädagogische Psychologie) stammenden Perspektiven und Schwerpunktsetzungen. Die hier vorgestellte Definition orientiert sich stark an der Begrifflichkeit

„selbstreguliertes Lernen"; sie ist relativ umfassend und steht daher im Einklang mit zahlreichen anderen Definitionen des Konstrukts „selbstreguliertes Lernen".

Der Begriff "selbstreguliertes Lernen" beinhaltet die drei Aspekte „Lernen", „Regulation" und „Selbst", die für eine Gegenstandsdefinition von zentraler Bedeutung sind. Unter *Lernen* versteht man Aktivitäten, in deren Verlauf Wissen und Fertigkeiten erworben werden. *Regulation* beschreibt einen Prozess, bei dem ein Ist-Zustand in einen Soll-Zustand auf der Basis einer prozessbegleitenden Analyse der Veränderungen der Ist-Soll-Differenz als Konsequenz mehr oder weniger zielgerichteter Handlungen übergeführt wird (Wiener, 1948). Mannigfaltig ist der Begriff des *Selbst* (Greve, 2000; James, 1892/1999) – doch im Kontext von Lernen und Verhalten ist unterschiedlichen „Selbst-Perspektiven" gemein, dass bei ihnen das Individuum eigeninitiativ im Hinblick auf Zieldefinitionen und die Ausführung sowie Aufrechterhaltung von Handlungen ist. Auf der Basis der drei genannten Aspekte kann man selbstreguliertes Lernen folgendermaßen definieren:

Definition

Selbstreguliertes Lernen ist eine Form des Erwerbs von Wissen und Kompetenzen, bei der Lerner sich selbstständig und eigenmotiviert Ziele setzen sowie eigenständig Strategien auswählen, die zur Erreichung dieser Ziele führen und durch Bewertung von Erfolgen bezüglich der Reduzierung der Ist-Soll-Differenz Ziele und Aktivitäten im Hinblick auf eine Erreichung des Soll-Zustandes prozessbegleitend modifizieren und optimieren.

Entsprechend dieser Definition ist ein Bündel an Fähigkeiten und Fertigkeiten für die Initiierung und Aufrechterhaltung selbstregulierten Lernens notwendig. Insbesondere folgende Kompetenzen sind für ein Gelingen selbstregulierten Lernens zentral:

- Fähigkeit, sich selbständig angemessene Ziele zu setzen (z.B. Qualität und Quantität der zu erwerbenden Inhalte, Lernzeiten für die Erarbeitung der Inhalte, Ausmaß an Tiefenverarbeitung bei der Wissensaneignung – beispielsweise wie oberflächlich vs. elaboriert neue Inhalte verarbeitet werden sollten).
- Diagnostische Kompetenzen im Hinblick auf die Bewertung des Ist-Zustandes und der Ist-Soll-Differenzen während des Prozesses des Versuches der Zielerreichung (z.B. realistische Einschätzung des eigenen Wissensstandes und individueller Fähigkeiten, realistische Einschätzung bereits gemachter Lernfortschritte und des Abstands zum Lernziel – beispielsweise wie weit man noch davon entfernt ist, bei der nächsten Klassenarbeit in Mathematik voraussichtlich mindestens die Note 2 zu erreichen).
- Wissen und Fertigkeiten zur Reduzierung der Ist-Soll-Differenz (z.B. Planungskompetenz, Vorhandensein eines Repertoires an Lernstrategien, Wissen dazu, welche Strategien wann effektiv eingesetzt werden können – beispielsweise welche Stra-

tegie geeignet ist um sehr schnell – wenngleich oberflächlich – Vokabeln lernen zu können, da am nächsten Tag eine Klassenarbeit ansteht).
- Motivation, Lernprozesse zu initiieren und aufrechtzuerhalten (z.B. Initiierung und Aufrechterhaltung leistungsförderlicher motivationaler Orientierungen und positiver affektiver Einstellungen zu Inhalten und Zielen, Motivation und Mut, suboptimale Vorgehensweisen aufzugeben bzw. zu optimieren – beispielsweise eine Lerngruppe zu verlassen, wenn diese ineffektiv vorgeht oder zu versuchen, die Qualität der Arbeit in der Lerngruppe zu verbessern).

Die dargestellte Definition betont den Regulationsprozess (Reduzierung der Ist-Soll-Differenz) stark. Dieser spielt bei den meisten Definitionen zum selbstregulierten Lernen eine sehr bedeutende Rolle – er kann somit als basales Prinzip im Kontext dieser Art des Lernens betrachtet werden. Entsprechend des Regulationsansatzes ist selbstreguliertes Lernen ein dynamischer Prozess, eine zyklische Adaption, die nur dann effektiv sein kann, wenn mehrere der genannten Fähigkeiten und Fertigkeiten vorhanden sind und zum Einsatz kommen. Beispielsweise nützt eine ausgeprägte Fähigkeit, sich spezifische Ziele zu setzen, sehr wenig, wenn nicht auch die Motivation, diese Ziele zu erreichen, und Kompetenzen im Hinblick auf konkrete Handlungen zur Zielerreichung (z.B. Einsatz spezifischer Lernstrategien) vorhanden sind ("realitätsferne Ziele"). Hoch ausgeprägte Handlungskompetenz ist jedoch relativ nutzlos, wenn keine Handlungsziele definiert werden ("blinder Aktionismus").

Da selbstreguliertes Lernen jenseits theoretischer Herangehensweisen in seiner ganzen Breite kaum operationalisierbar zu sein scheint, ist es im Rahmen empirischer Studien angebracht, eher von *Aspekten selbstregulierten Lernens* als von selbstreguliertem Lernen zu sprechen. Manchmal ist in der Literatur z.B. von der Analyse der Wirkung selbstregulierten Lernens auf die Leistung die Rede, obwohl lediglich untersucht wurde, inwieweit die Häufigkeit des Einsatzes spezifischer Lernstrategien einen positiven Effekt auf die Lernleistung hat. Hier wäre es beispielsweise angebracht, eher von der Wirkung des Strategie-Einsatzes als Teilaspekt selbstregulierten Lernens auf die Lernleistung zu sprechen.

Definition

Unter dem Begriff *Lernstrategien* versteht man Handlungen und Gedanken, die dazu dienen, den Lernprozess direkt oder indirekt zu steuern und die vom Lernenden wissentlich mit dem Ziel, den Lernprozess zu optimieren, genutzt werden können. Lernstrategien können nach unterschiedlichen Kategorien klassifiziert werden. So werden häufig kognitive, metakognitive und ressourcenbezogene Lernstrategien unterschieden, aber auch eine Einteilung in allgemeine, fachspezifische und Kontrollstrategien findet sich in der Fachliteratur.

Jenseits inzidentellen Lernens („zufälliges", nicht-intentionales Lernen) wird der Erwerb von Wissen und Kompetenzen immer zu einem gewissen Grad selbstreguliert sein, da externe Einflüsse individuelle basale Lernprozesse (z.B. Enkodierung von Wissen, kognitive Verarbeitung neuen Wissens) niemals vollständig determinieren können (Schiefele & Pekrun, 1996). Das Ausmaß an Fremdsteuerung kann unterschiedlich hoch sein – Lernen bewegt sich somit immer in einem Kontinuum zwischen fast ausschließlicher Selbstregulation bis hin zu fast ausschließlicher Fremdregulation. Folgende Aspekte können beispielsweise einer Fremdregulation unterliegen:

- Ziele, die von anderen definiert werden (z.B. Lehrkräfte, die Prüfungsinhalte nennen).
- Bewertungen des Ist-Zustandes durch andere (z.B. durch Zeugnisse, verbales Feedback).
- Arbeitsformen, die von anderen festgelegt werden (z.B. Vorgabe von Strategien durch Lehrkräfte – wie beispielsweise Lernen mit Karteikarten, Unterrichtsmethoden).
- Motivierung durch andere (z.B. Motivation durch Anreizsysteme wie Noten, Lob oder Geld).

Als ein Aspekt von Selbstregulation kann auch betrachtet werden, Einfluss auf das Ausmaß an Fremdregulation durch andere zu nehmen, z.B. durch das Sich-Schaffen von Freiräumen durch Kommunikation des Wunsches nach Selbstregulation (beispielsweise indem Schülerinnen und Schüler mit ihren Eltern bzw. Erziehungsberechtigten darüber sprechen, dass diese sich weniger in das Erledigen der Hausaufgaben „einmischen" sollten). Ein diesbezüglich interessanter Aspekt ist die Bitte um Unterstützung. Manche Formen von Unterstützung implizieren eine Fremdregulation (z.B. „Kannst Du mir mal zeigen, wie man hier am besten vorgeht"). In diesem Fall kann man die Bitte um Fremdregulation als eine selbstregulatorische Tätigkeit auffassen.

 Unsere Handlungen werden auch von anderen Personen oder Umständen bestimmt – je nach Situation sind wir immer auch mehr oder weniger stark „fremdreguliert".
Wann und wo sind Sie bei Ihren Handlungen primär fremdreguliert? Wann und wo haben Sie viele Möglichkeiten zur Selbstregulation Ihrer Tätigkeiten? Gibt es Situationen, in denen Sie lieber selbstreguliert, und andere Situationen, in denen Sie lieber fremdreguliert handeln? Welche Vorteile hat es für Sie, wenn Sie selbstreguliert tätig sein können? Und welche Vorteile hat es für Sie, wenn Sie stark fremdreguliert handeln? Wann und wo haben Sie Einfluss auf das Ausmaß an Selbst- bzw. Fremdregulation anderer?

3.2.2 Historische Entwicklung

Das Ausmaß an Forschungsaktivitäten zu einem bestimmten Thema ist ein guter Indikator für dessen Präsenz und wahrgenommene Relevanz in der Gesellschaft. Um die Entwicklung der Forschungsaktivitäten zum Thema „selbstreguliertes Lernen" darstellen zu können, führten wir eine diesbezügliche Literaturrecherche durch. Abbildung 1 zeigt die Ergebnisse dieser Recherche. Es wurden Arbeiten gesucht, die nach 1950 publiziert worden waren und in denen der Begriff „self-regulated learning" entweder im Titel oder im Abstract vorkommt. Da bei nicht-englischsprachigen Publikationen in den Datenbanken auch jeweils englische Titel und Abstracts vorhanden sind, können durch diesen Suchbegriff Publikationen in allen Sprachen erfasst werden. Dargestellt ist die Anzahl der Hits („Treffer" bei der Recherche), differenziert nach den zwei international häufig verwendeten Datenbanken PsycINFO (Psychologie; erstellt von der American Psychological Association) und ERIC (Pädagogik, erstellt vom Education Resources Information Center, Washington, DC). Die Anzahl der gefundenen Publikationen wird in 10-Jahres-Zeiträumen dargestellt. Da für die Zeit vor 1980 lediglich ein Artikel gefunden wurde (aus dem Jahr 1976), werden die Publikationszahlen ab 1980 aufgeführt. Um die Entwicklung der Publikationszahlen zum Thema selbstreguliertes Lernen vor dem Hintergrund einer allgemein steigenden Zahl wissenschaftlicher Publikationen beurteilen zu können, wurde die Anzahl der gefundenen Publikationen an der Gesamtzahl aller in den Datenbanken erfasster Publikationen des entsprechenden 10-Jahres-Zeitraum relativiert. In der Graphik dargestellt ist die Anzahl der Publikationen zum Thema „selbstreguliertes Lernen" je 100.000 Publikationen in der jeweiligen Datenbank. Die Graphik verdeutlicht, dass das Thema selbstregulierten Lernens in den vergangenen 30 Jahren zunehmend an wissenschaftlicher Bedeutung gewonnen hat, selbst wenn man den generellen Anstieg an Publikationen berücksichtigt. So findet man zum Beispiel in der Datenbank PsycINFO im Zeitraum zwischen 1980 und 1989 lediglich 16 Arbeiten zum Thema „self-regulated learning" unter insgesamt 450.359 Publikationen, während man zu dem selben Suchbegriff im Zeitraum von 2000 bis 2009 bereits 540 Veröffentlichungen unter insgesamt 1.081.106 Publikationen findet (siehe auch Winne, 2005). In der Datenbank ERIC ist der relative Anstieg noch deutlicher – die Gesamtzahl der erfassten Publikationen nimmt in dieser Datenbank in den in Abbildung 1 dargestellten Zeiträumen nicht zu. Während sich im ersten dargestellten 10-Jahres-Zeitraum nur 20 von insgesamt 317.551 Publikationen mit selbstreguliertem Lernen auseinander setzten, waren es im letzten Jahrzehnt bereits 344 von insgesamt 296.964 Veröffentlichungen.

Die Forschung zum Thema Selbstregulation fand in den 80er Jahren des vergangenen Jahrhunderts zunächst vor allem im Kontext sozial- und persönlichkeitspsychologisch orientierter Arbeiten statt (z.B. Analyse des Einflusses von Gruppen/ Persönlichkeit auf individuelles Regulationsverhalten; Boekaerts, Pintrich, & Zeidner, 2005). Auch in der Kognitiven Psychologie und der Entwicklungspsychologie gewann Selbstregulation, insbesondere im Zusammenhang mit den Konstrukten Metagedächtnis und Metakognition, immer mehr an Bedeutung. In den 90er Jahren untersuchte man Selbstregulation zunehmend in spezifischen Kontexten, so auch im Lern- und Leistungskontext – selbstreguliertes Lernen wird seither vor allem in

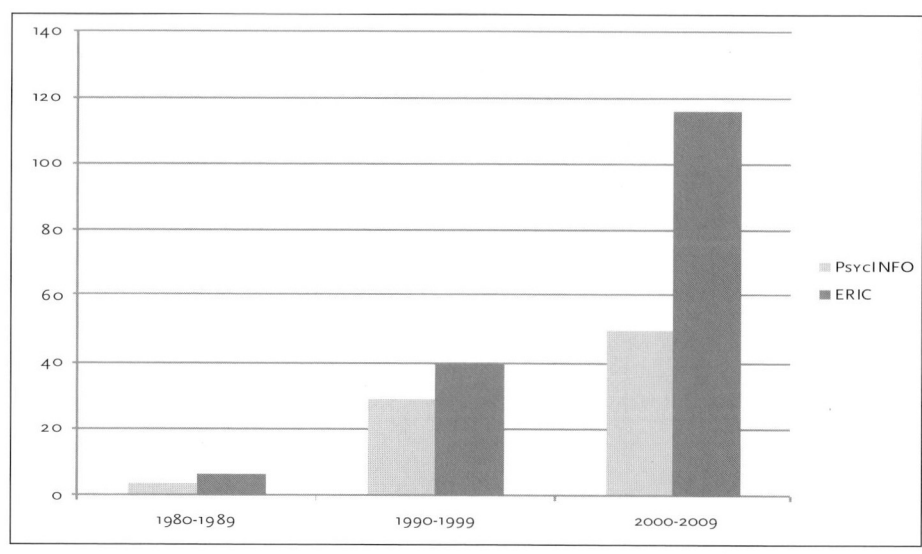

Abbildung 1. Anzahl an Publikationen zum Thema „selbstreguliertes Lernen" je 100.000 Publikationen in der entsprechenden Datenbank

der Pädagogischen Psychologie und der Organisationspsychologie als forschungs-relevant betrachtet. Dass die praktische Bedeutung selbstregulierten Lernens als hoch eingeschätzt wird, zeigt sich im Bereich der Pädagogischen Psychologie unter anderem in der relativ großen Zahl an neueren Buchpublikationen zu diesem Thema (z.B. „Handbook of Self-Regulation" von Boekaerts et al., 2005; „Self-Regulated Learning and Academic Achievement" von Zimmerman & Schunk, 2001; „Selbstre-gulation erfolgreich fördern" von Landmann & Schmitz, 2007; „Selbstreguliertes Lernen – Förderung metakognitiver Kompetenzen im Unterricht der Sekundarstufe" von Götz, 2006). Zudem spiegelt sich die aktuelle Relevanz des Themas in der Pädagogischen Psychologie darin wider, dass ihm in Standard-Lehrbüchern dieser Disziplin häufig ein eigenes Kapitel gewidmet ist (z.B. in folgenden Lehrbüchern: „Educational Psychology" von Ormrod, 2006; „Pädagogische Psychologie" von Wild & Möller, 2009; „Handbuch der Pädagogischen Psychologie" von Schneider & Hasselhorn, 2008).

Es wäre sicherlich falsch zu behaupten, selbstreguliertes Lernen sei erst seit den 80er Jahren des vergangenen Jahrhunderts als eine zentrale Kompetenz im Bereich des Erwerbs von Wissen und Fertigkeiten erkannt worden. Seit dieser Zeit jedoch hat sich der Begriff „selbstreguliertes Lernen" zunehmend etabliert – einhergehend mit vermehrten Forschungsaktivitäten in diesem Bereich. Allerdings ist der Kerngedanke, dass die Förderung der Fähigkeiten zum eigenständigen Lernen ein zentrales Ziel im Kontext von Bildungserwerb ist, schon wesentlich älter (siehe Abbildung 2).

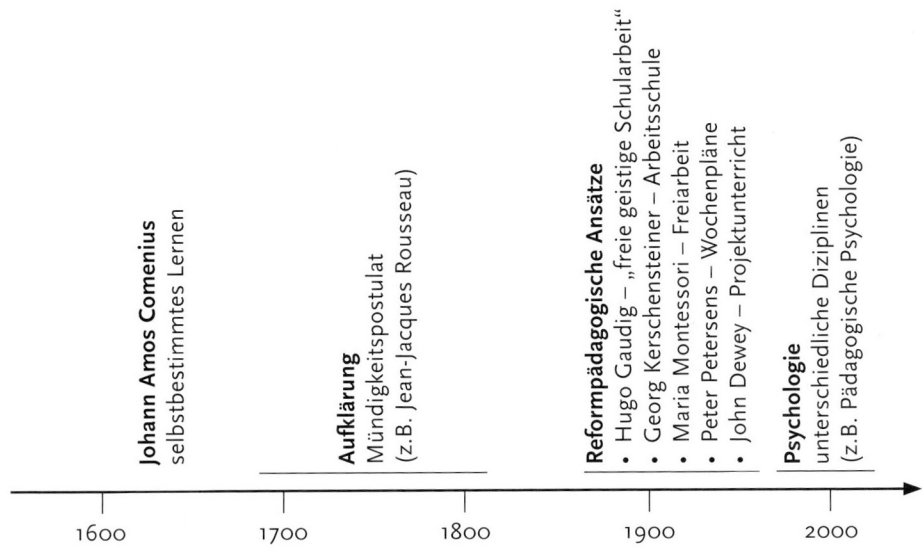

Abbildung 2. Thematisierung der Relevanz selbstregulierten Lernens

Johann Amos Comenius (1592-1670) betonte bereits die Wichtigkeit selbstbestimmten Lernens („Omnia sponte fluant, absit violentia rebus" [Alles fließe aus eigenem Antrieb, Gewalt sei fern den Dingen]). Die Idee selbstgesteuerten Lernens ist eng verknüpft mit dem Mündigkeitspostulat der Aufklärung im 17. und 18. Jahrhundert (Levin & Arnold, 2008). Jean-Jacques Rousseau (1712-1778) beschreibt z.B. in seinem berühmten Roman „Emile" eine Möglichkeit, die Selbstbestimmung des „Zöglings" durch Fremdbestimmung zu fördern – hier spiegelt sich der Kerngedanke der pädagogischen Anthropologie wieder: der Mensch ist grundsätzlich selbstbestimmt und kann von Pädagogen lediglich im Rahmen seiner Selbstentwicklung angeregt und angeleitet, d.h „begleitet" werden. Der Gedanke selbstbestimmten Lernens ist auch stark in „reformpädagogischen" Ansätzen vertreten, wie beispielsweise in Hugo Gaudigs (1860-1923) Idee der „freien geistigen Schularbeit", in Georg Kerschensteiners (1854-1932) Idee der „Arbeitsschule", in Maria Montessoris (1870-1952) Konzept der Freiarbeit mit didaktischen Materialien, in Peter Petersens (1884-1952) Wochenplänen und auch in John Deweys (1859-1952) Projektunterricht. Es ist interessant und zugleich erstaunlich, dass diese pädagogischen Ansätze erst ca. seit 1980 von der pädagogisch-psychologischen Forschung aufgegriffen und diesbezügliche Theorien und Rahmenmodelle in dieser Disziplin entwickelt wurden. Die Bedeutung selbstbestimmten Lernens wurde in neuerer Zeit im Kontext pädagogisch-psychologischer Forschung insbesondere in der Selbstbestimmungstheorie (Self-Determination-Theory) von Edward L. Decy und Richard M. Ryan (2002) stark thematisiert (siehe Kapitel „Motivation" in diesem Band).

3.2.3 Relevanz in der Wissensgesellschaft

Die Fähigkeit zum selbstregulierten Lernen ist als Kernkompetenz zur Realisierung eines autonomen und mündigen Lebens anzusehen. Insbesondere in modernen, hoch dynamischen Wissensgesellschaften ist die Vermittlung von Adaptionskompetenzen von zentraler Bedeutung. Der Erwerb selbstregulatorischer Kompetenzen ermöglicht ihren Mitgliedern einen adäquaten Umgang mit stets neuen Erfordernissen, welcher für beruflichen Erfolg und Lebenszufriedenheit von hoher Bedeutung ist. Selbständiges, motiviertes und lebenslanges Lernen ermöglicht kurz- und langfristige Adaption (Schober et al., 2007). Somit ist die Vermittlung von Kompetenzen zum selbstregulierten Lernen ein zentrales Bildungsziel unserer Schulen, Universitäten und Weiterbildungseinrichtungen (Ertl, 2006). Voraussetzung dafür, dass selbstregulatorische Kompetenzen an diesen Institutionen gelehrt werden können, ist die Integration dieses Bereichs in die Curricula der Aus- und Weiterbildung von Lehrenden.

 Um Kompetenzen zur Selbstregulation erwerben zu können, ist es im Schulkontext wichtig, Möglichkeiten zum selbstregulierten Handeln zu haben. Jedoch sind Lehrkräfte für den Lernprozess und den Lernerfolg ihrer Schülerinnen und Schüler mitverantwortlich – auch im Hinblick auf Lernphasen, in welchen diese selbständig lernen. Wo sehen Sie Möglichkeiten, Schülerinnen und Schülern im Unterricht „Freiheiten" zum selbstregulierten Lernen zu geben? Wo sind Ihrer Meinung nach im Schulkontext Grenzen im Hinblick auf das zuzugestehende Ausmaß an selbstregulatorischen Tätigkeiten der Schülerinnen und Schüler gegeben?

3.2.4 Aktuelle Modelle

Modelle werden in Forschung und Lehre genutzt, um komplexe Sachverhalte strukturiert und übersichtlich, meist auch vereinfacht, darzustellen. Sie bilden oft die theoretische Grundlage für die Erfassung von Zusammenhängen zwischen verschiedenen Aspekten aber auch für die Analyse der in ihnen angenommenen Prozesse. Den zahlreichen Modellen zum selbstregulierten Lernen ist fast allen gemein, dass sie ein dynamisches Zusammenwirken motivationaler, kognitiver und metakognitiver Aspekte des Lernens darstellen.

Definition
Unter *Metakognition* versteht man im weitesten Sinne das „Wissen über das Wissen". Als metakognitive Aspekte des Lernens bezeichnet man daher zum einen das Wissen über eigene Fähigkeiten, wie zum Beispiel Vorwissen, Gedächtnis und Ähnliches, aber auch das Wissen über die effektive Nutzung kognitiver Lernstrategien sowie Planung, Überwachung und Evaluation dieser Nutzung.

Emotionen werden in relativ wenigen Modellen explizit thematisiert – manchmal sind sie den motivationalen Aspekten zugeordnet (siehe Kapitel „Emotion, Motivation, Selbstregulation: Gemeinsame Prinzipien und offene Fragen" in diesem Band). Die im Folgenden genannten Modelle finden sich häufig in der Literatur zum selbstregulierten Lernen – die Auflistung ist nicht vollständig, gibt jedoch einen Überblick zu einigen zentralen Modellen.

Tabelle 1. Häufig zitierte Modelle zum selbstregulierten Lernen

Modellbezeichnung	Autoren	Fokus
Dreischichten-Modell	Boekaerts (1999)	Hierarchie
Modell zum adaptiven Lernen	Boekaerts & Niemivirta (2005)	Prozess
Prozessmodell zu Metakognition	Borkowski et al. (2000)	Prozess
Prozessmodell zu Metakognition	Nelson & Narrens (1990)	Prozess
Genereller Rahmen zum selbstregulierten Lernen	Pintrich (2005)	Hierarchie
Rahmenmodell des fremd- und selbstgesteuerten Lernens	Schiefele & Pekrun (1996)	Prozess
Selbstregulations-Prozessmodell des Lernens	Schmitz (2001)	Prozess
Allgemeines kybernetisches Modell der Regulation	Wiener (1948)	Prozess
Vier-Stufenmodell des selbstregulierten Lernens	Winne & Perry (2005)	Prozess
Sozial-kognitives Modell zur Selbstregulation	Zimmerman (1989)	Prozess
Phasenmodell des selbstregulierten Lernens	Zimmerman & Campillo (2003)	Prozess

Die genannten Modelle haben mehr oder weniger viele Gemeinsamkeiten. Um diese aufzeigen zu können, wurden in der Literatur unterschiedliche Kategorisierungsaspekte genannt; so schlagen Puustinen und Pulkkinen (2001) folgende Vergleichskriterien vor: (1) Zugrundeliegende Theorie zum selbstregulierten Lernen (z.B. Theorien zur Metakognition, sozial-kognitive Theorien), (2) Definition selbstregulierten Lernens (z.B. Definitionen, welche die Zielerreichung stark fokussieren), (3) Komponenten, die in das

Modell integriert wurden (z.B. motivationale, emotionale, soziale Faktoren) und (4) empirische Arbeiten zu dem Modell (z.B. Arbeiten zur Prüfung der in den Modellen angenommenen Mechanismen). Eine weitere, häufig genannte und etwas grundlegendere Unterscheidung bezieht sich darauf, inwieweit die in Modellen dargestellten Konstrukte primär eine Hierarchie oder einen (zeitlichen) Prozess darstellen – entsprechend können Hierarchiemodelle vs. Prozess- bzw. Phasenmodelle differenziert werden. Während bei Hierarchiemodellen „Meta-Konstrukte" (z.B. Metakognitionen, generelle motivationale Orientierungen – Motive) basalen Konstrukten (z.B. Lernstrategien, aktuelle motivationale Orientierung – z.B. Annäherungsmotivation) als übergeordnet dargestellt werden, sind in Prozess- bzw. Phasenmodellen die Konstrukte in einer zeitlichen Reihenfolge angeordnet – die Zuordnung zu einer spezifischen Phase spiegelt die Relevanz des entsprechenden Konstrukts in dieser Phase des Lernprozesses wider (z.B. Planung vor Beginn des eigentlichen Lernens, Monitoring während des Lernens und Evaluation des Lernprozesses nach dem Lernen). Es werden im Folgenden exemplarisch ein Hierarchiemodell (Dreischichtenmodell von Boekaerts, 1999) und ein Prozessmodell (Selbstregulations-Prozessmodell des Lernens von Schmitz, 2001) vorgestellt. Beide Modelle werden in der Selbstregulationsliteratur häufig zitiert (s. Tabelle 1).

Das Dreischichten-Modell von Monique Boekaerts

Ein sehr bekanntes Modell wurde von Monique Boekaerts [sprich: „Bukarts"] (1999) entwickelt. In ihrem so genannten Dreischichtenmodell unterscheidet Boekaerts drei Regulationsebenen (siehe Abbildung 3): die Regulation des Verarbeitungsmodus, die Regulation des Lernprozesses und die Regulation des Selbst. Alle drei Ebenen beinhalten Komponenten selbstregulierten Lernens.

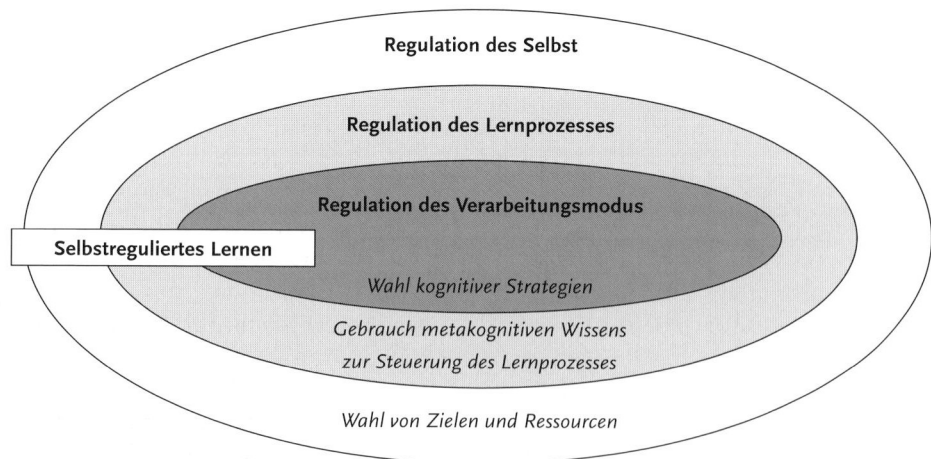

Abbildung 3. Dreischichtenmodell von Boekaerts

Regulation des Verarbeitungsmodus. Im Zentrum des Modells werden die *kognitiven Prozesse* thematisiert, die unmittelbar der Erarbeitung von Lernergebnissen dienen (beispielsweise Einsatz kognitiver Lernstrategien – z.B. Wiederholstrategien). Kognitive Strategien zu kennen und anwenden zu können ist eine notwendige Voraussetzung selbstregulatorischer Tätigkeiten, weil die Lerner ihren Lernprozess nur dann *selbst* gestalten können, wenn sie auf kognitive Strategien (z.B. spezifische Lern- und Problemlösestrategien) zurückgreifen können. Den Lernern sollte somit ein Repertoire an kognitiven Strategien, insbesondere an Lern- und Problemlösestrategien vermittelt werden, welche die Grundlage zum selbstregulierten Lernen bilden.

Regulation des Lernprozesses. In der mittleren Schicht des Modells werden *metakognitive Prozesse* thematisiert, die den Einsatz kognitiver Strategien steuern. Hierzu gehören *Planungsstrategien*, welche dem Lerner helfen, die zur Erreichung spezifischer Ziele adäquaten Aktivitäten auszuwählen und zu initiieren (z.B. Wahl spezifischer Lernstrategien, Lernzeiten, Lernort). Durch das den Lernprozess begleitende *Monitoring* (die „Überwachung" des Lernprozesses) können Fortschritte aber auch Probleme beim Lernen erkannt werden. Monitoring ermöglicht eine Bewertung des Lernprozesses (Effektivität der Reduzierung der Ist-Soll-Differenz), die gegebenenfalls zur *Regulation* führen kann (z.B. Strategiewechsel).

Regulation des Selbst. Im äußeren Bereich des Modells werden *motivationale Aspekte* thematisiert; er bezieht sich auf die Regulation des Selbst, insbesondere auf die Wahl eigener Ziele und die Entscheidungen bezüglich des Ausmaßes der zu verwendenden Ressourcen („Was will ich erreichen und wie viel ist mir das Erreichen dieses Ziels wert?"). Dieser Bereich umfasst auch die Fähigkeit, aktuelle und zukünftige Aktivitäten entsprechend der eigenen Wünsche, Bedürfnisse, Erwartungen und Ressourcen auszuwählen, diese Aktivitäten zu initiieren und sie gegen konkurrierende Einflüsse und Alternativen abzuschirmen (z.B. mit den Mathematik-Hausaufgaben zu beginnen und diese zu Ende zu führen, statt nach kurzer Zeit mit Klavierspielen oder Telefonieren zu beginnen).

Zusammenhänge zwischen den drei Regulationsprozessen. Die drei in den Schichten dargestellten Regulationsprozesse stehen in engem Zusammenhang. Bei der Regulation des Selbst werden auf der Basis motivationaler Orientierungen individuelle kurz- und langfristige Ziele definiert (z.B. „Ich will ein gutes Abitur schaffen und investiere daher viel Zeit in mein Lernen"), die Einfluss auf die Art und Weise der Steuerung konkreter Lernprozesse nehmen (z.B. Planung: „Für den heutigen Nachmittag nehme ich mir zwei Stunden Zeit, um mich auf die morgige Klassenarbeit vorzubereiten"). Die Steuerung wiederum nimmt Einfluss auf die konkrete Strategieanwendung (z.B. „Ich habe genügend Zeit, darum versuche ich den Lernstoff Schritt für Schritt zu durchdenken und zu hinterfragen"). Im Hinblick auf gelingende Selbstregulation ist es notwendig, alle in den drei einzelnen Schichten dargestellten Kompetenzen zu erwerben.

Die drei Schichten der Selbstregulation im Unterricht/Implikationen für die Praxis:

Da Selbstregulation bei Schülerinnen und Schülern nur dann gut gelingen kann, wenn bei ihnen entsprechende Kompetenzen bezüglich aller drei Schichten vorhanden sind, ist es für Lehrkräfte wichtig, im Unterricht auf die Vermittlung und die Interaktion dieser Kompetenzen zu achten (siehe auch Abschnitt 3.6. – „Selbstreguliertes Lernen bei Schülern fördern"). Sich die folgenden Fragen zu stellen könnte hierbei hilfreich sein:

- Verfügen meine Schülerinnen und Schüler über ein Repertoire an Lern- und Problemlösestrategien, das sie je nach Aufgabenstellung einsetzen können? (*Regulation des Verarbeitungsmodus*)
- Wissen meine Schülerinnen und Schüler, welche Strategie für welche Arten von Aufgaben besonders nützlich ist? (*Regulation des Lernprozesses*)
- Verfügen meine Schülerinnen und Schüler über ausreichende diagnostische Kompetenzen, um ihren Lernprozess überwachen und Probleme rechtzeitig erkennen zu können? (*Regulation der Lernprozesses*)
- Setzen sich meine Schülerinnen und Schüler konkrete Ziele? Falls ja, sind diese unrealistisch hoch, sodass ihr Erreichen mit den vorhandenen Ressourcen nicht möglich ist? Oder setzen sie sich zu niedrige Ziele, sodass sie ihre Ressourcen nicht wirklich ausschöpfen? (*Regulation des Selbst*)
- Sind meine Schülerinnen und Schüler flexibel, Ziele und Strategien zu verändern, wenn diese nicht optimal sind? Oder „kleben" sie an bestimmten Verhaltensweisen, die evtl. suboptimal sind? (*Regulation des Selbst*)

Das Selbstregulations-Prozessmodell von Bernhard Schmitz

Bernhard Schmitz (2001) entwickelte ein prozessuales Selbstregulationsmodell, in welchem die Unterscheidung verschiedener Lernphasen eine zentrale Rolle spielt. Schmitz integrierte in sein Modell theoretische Ansätze zur Selbstregulation von Zimmerman (2000, 2005) und Bandura (1991), Aspekte des Handlungsphasenmodells von Kuhl (1987; siehe auch Heckhausen & Kuhl, 1985) sowie des Lernprozessmodells von Schmitz und Wiese (1999). Beim Selbstregulations-Prozessmodell (siehe Abbildung 4) wird Lernen in folgende drei Phasen unterteilt: präaktionale Phase (Phase vor der Wissensaneignung), aktionale Phase (Phase der Wissensaneignung) und postaktionale Phase (Phase nach der Wissensaneignung). Diese drei Phasen folgen aufeinander und beeinflussen sich konsekutiv. Ein Lernprozess wird als Abfolge mehrerer Lernsequenzen verstanden, bei der die Erfahrungen aus den vorangehenden Lernsequenzen die Ausgangssituation für die folgende bilden. In einer Erweiterung des Modells durch Schmitz, Landmann und Perels (2007) werden zusätzliche Aspekte des selbstregulierten Lernprozesses thematisiert (z.B. der Einsatz von Routineprozessen zur Aufgabenbearbeitung).

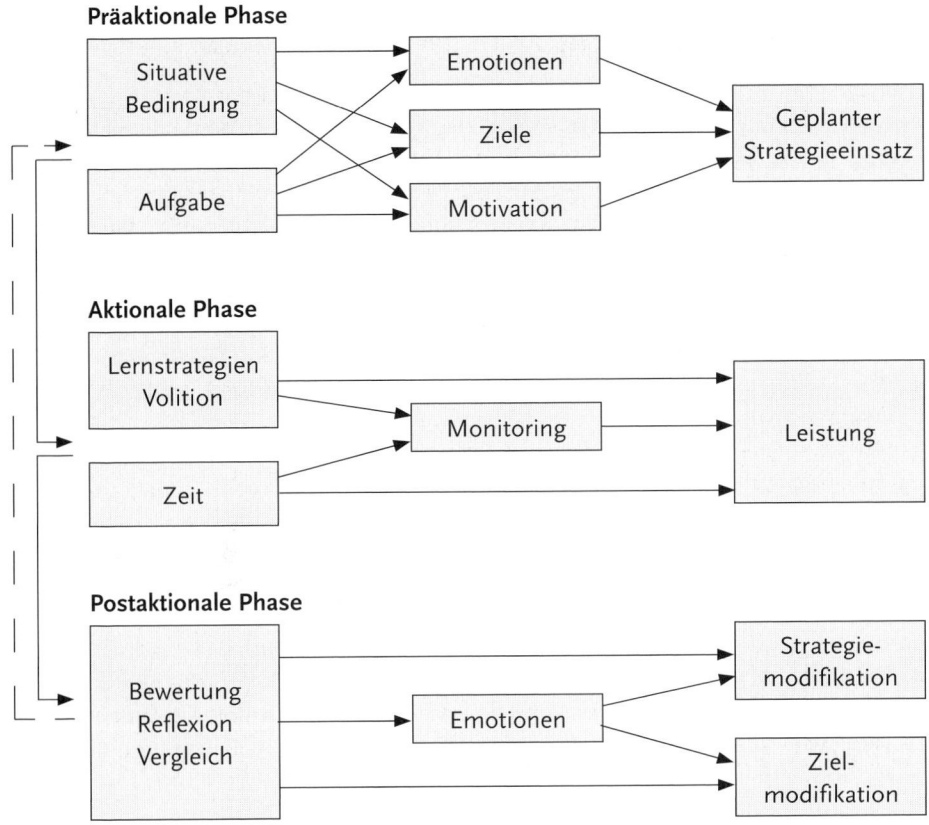

Präaktionale Phase

Situative Bedingung

Aufgabe

Emotionen

Ziele

Motivation

Geplanter Strategieeinsatz

Aktionale Phase

Lernstrategien Volition

Zeit

Monitoring

Leistung

Postaktionale Phase

Bewertung Reflexion Vergleich

Emotionen

Strategie-modifikation

Ziel-modifikation

Abbildung 4. Selbstregulations-Prozessmodell von Schmitz (2001)

Präaktionale Phase. Zu Beginn eines jeden Lernprozesses steht eine vom Lerner zu bearbeitende Aufgabe (auch die Aneignung von Wissen kann hier als „Aufgabe" gelten), die entweder fremdgestellt (wie z.B. Arbeit an vorgegebenen Hausaufgaben) oder vom Lerner selbst (mit-)bestimmt wird (z.B. Referat zu einem frei gewählten Thema vorbereiten). Außerdem spielen die Lernumgebung (z.B. Arbeitsplatz) und -situation (z.B. Uhrzeit) eine Rolle für die Art und Weise der Aufgabenbearbeitung. Merkmale von Situation und Aufgabe nehmen Einfluss auf das emotionale Erleben der Lerner, ihre Zielsetzungen und Motivation. So wird beispielsweise eine als überfordernd eingeschätzte Aufgabe zu negativen Emotionen (z.B. Angst, Hoffnungslosigkeit), der Setzung relativ niedriger Ziele und geringer Motivation (da ohnehin „unerreichbar") führen. Die drei Aspekte Emotionen, Ziele und Motivation beeinflussen sich gegenseitig (z. B. kann Hoffnungslosigkeit zu geringer Motivation führen; siehe Kapitel „Emotion, Motivation, Selbstregulation: Gemeinsame Prinzipien und offene Fragen" in diesem Band). Sie nehmen schließlich Einfluss darauf, welche Strategien der Lernende zur

Aufgabenbearbeitung auswählt. Bei negativem Emotionserleben werden beispielsweise eher Oberflächenstrategien (z.B. Wiederholstrategien) zum Einsatz kommen, während beim Erleben positiver Emotionen (z.B. Freude) eher Tiefenverarbeitungsstrategien gewählt werden (d.h. Lernstrategien, die zu einer „tiefen" Verarbeitung des Wissens beitragen; z.B. Elaboration – d.h. die aktive Verknüpfung neuen Wissens mit bereits vorhandenen Wissensstrukturen). Empirische Ergebnisse zum Einfluss affektiven Erlebens auf Lernverhalten stammen vor allem aus der Stimmungsforschung (siehe Kapitel „Emotionen" in diesem Band) – hier wurden v.a. die Wirkung des Affekts (positiv und negativ) auf den Strategieeinsatz untersucht (z.B. Isen, 2000).

Aktionale Phase. Im Hinblick auf die Bearbeitung der Aufgaben spielen drei Aspekte eine zentrale Rolle, nämlich Lernstrategien, Zeit und Volition. Wichtig in Bezug auf die Strategien, welche in der präaktionalen Phase ausgewählt wurden, ist nicht nur, dass sich der Lernende quantitativ über einen gewissen Zeitraum mit den Aufgaben auseinandersetzt (effektive Lernzeit), sondern auch, dass die Zeit qualitativ optimal genutzt wird (optimale Nutzung der effektiven Lernzeit). Neben den Lernstrategien und der Zeit kommt in dieser Phase der Volition (d.h. dem „Willen") eine zentrale Bedeutung zu (siehe auch Kapitel „Motivation" in diesem Band). Ihre Ausprägung entscheidet darüber, in welchem Ausmaß Lerner den Lernprozess aufrecht erhalten und sich nicht durch Umweltfaktoren (z.B. schönes Wetter, das zu Alternativhandlungen „einlädt") oder durch aufgabenirrelevante Gedanken (z.B. „Tagträume") ablenken lassen. Alle drei genannten Aspekte nehmen entsprechend der Modellannahmen direkten Einfluss auf die Lernergebnisse, d.h. auf die Leistung. Die Leistung wird aber auch durch Monitoring im Hinblick auf den Einsatz von Lernstrategien sowie auf zeitliche und volitionale Aspekte bestimmt. Durch Monitoring kann insofern die Leistung positiv beeinflusst werden, als dadurch prozessbegleitend Ist-Zustände mit gesetzten Soll-Zuständen (Ziele) verglichen werden und die Effektivität des Lernens dadurch bewertet werden kann. Monitoring ist eine notwendige Voraussetzung selbstregulatorischer Tätigkeiten – wenn Lerner nicht erkennen, dass Lernprozesse suboptimal verlaufen, werden sie auch nicht regulierend eingreifen.

Anwendung von Tiefenverarbeitungsstrategien/Implikationen für die Praxis:

Tiefenverarbeitungsstrategien führen in der Regel – wie der Name bereits sagt – zu einer „tiefen" Verarbeitung neuen Wissens und folglich zu dessen stärkeren Verankerung im Langzeitgedächtnis. In der Regel ist es sinnvoll, sich Wissen derart anzueignen, dass es auch nach längerer Zeit noch abrufbar ist („Langzeit-Wissen"). Sicherlich gibt es Ausnahmen, z.B. wenn man vergessen hat, die Vokabeln zu lernen, und man sich diese noch auf dem Weg zur Schule einprägen möchte – in diesem spezifischen Fall ist ein schnelles, oberflächliches Lernen sinnvoll, um bei einer möglichen Abfrage eine gute Leistung erbringen zu können. Jenseits solcher Ausnahmen ist es jedoch gerade in unseren modernen Wissensgesellschaften von zentraler Bedeutung, ein umfangreiches und möglichst dauerhaft abrufbares Wissen zu haben. Zu tiefenverarbeitendem Lernen anzuregen ist somit ein wichtiges Ziel an Schulen. Was kann man als Lehrkraft tun, um die Tiefenverarbeitung bei den Schülerinnen und Schülern zu fördern? Hier ein paar Anregungen:

- Bei Prüfungen empfiehlt es sich, nicht nur Faktenwissen abzufragen, sondern einige Fragen immer auch derart zu gestalten, dass sie dann gut beantwortet werden können, wenn die Lerner sich intensiv, d.h. „tief" mit dem Stoff auseinandergesetzt haben (z.B. nicht nur die Formel für eine Normalparabel abfragen, sondern auch Beispiele für quadratisches Wachstum im Alltag nennen lassen – eine Antwort wäre hier z.B. die Vergrößerung der Fläche einer Pizza [quadratisch] bei Änderung ihres Durchmessers [linear], beispielsweise im Hinblick auf die Einschätzung des besseren Preis-Leistungsverhältnisses).
- Die Verankerung von Wissen im Langzeitgedächtnis kann belohnt werden, z.B. indem im Unterricht auch auf bereits früher vermittelte Lerninhalte Bezug genommen wird und bei Prüfungen zu einem gewissen Anteil (z.B. 20%) auch „alter" Stoff abgefragt wird.
- Wenn Schülerinnen und Schüler im Unterricht, bei Hausaufgaben oder Prüfungen eigeninitiativ Bezug auf früher vermittelten Stoff nehmen, so kann dies explizit gelobt werden.
- Hausaufgaben können derart gestellt werden, dass für deren Lösung Tiefenverarbeitung notwendig ist (z.B. im Fach Physik Alltagsbeispiele für bestimmte Phänomene nennen lassen – z.B. für Auftrieb).

Postaktionale Phase. Nach Abschluss einer Lernphase wird das erzielte Lernergebnis reflektiert und im Hinblick auf die Zielerreichung bewertet. Bei der Bewertung unterscheidet Schmitz quantitative Faktoren (z.B. Menge der gelösten Aufgaben), qualitative Faktoren (z.B. Verarbeitungstiefe des gelernten Materials) und „subjektive" Faktoren (v.a. emotionale Aspekte, z.B. subjektive Zufriedenheit, Stolz). Basis für die Bewertung kann sowohl eine individuelle Bezugsnorm als auch eine Orientierung an extern definierten Normen sein (siehe Kapitel „Motivation" in diesem Band). Je nachdem wie die Bewertung ausfällt, wird der Lernende mit Konsequenzen im Hinblick auf weitere Lernprozesse reagieren. Ist er mit dem Ergebnis zufrieden, so wird er wahrscheinlich die verwendeten Strategien beibehalten und eventuell versuchen zukünftige Lernprozesse weiter zu optimieren, indem er z.B. eine Verkürzung der Lernzeit anstrebt. Fällt das Resultat jedoch anders als erwünscht aus, so wird der Lernende entsprechend reagieren und zukünftige Lernprozesse anders gestalten. Dies kann zum einen durch das Setzen neuer, vielleicht realistischerer Ziele geschehen, oder aber auch durch die Anwendung anderer, effektiverer Strategien.

3.2.5 Weiterentwicklung der Theorien

Da es sich beim selbstregulierten Lernen um ein dynamisches Zusammenwirken zahlreicher kognitiver, metakognitiver, motivationaler und emotionaler Aspekte handelt, sind einige Theorien entsprechend breit aufgestellt (z.B. das Modell von Schmitz, 2001 und das Modell von Schiefele & Pekrun, 1996). Für die Praxis sind Modelle, in denen Konstrukte und deren Beziehungen dargestellt sind, sehr hilfreich, da sie beispielsweise klar aufzeigen, welche Kognitionen und Handlungen in welchen Phasen des Lernens von Bedeutung sind und wie sie interagieren – es lassen sich aus ihnen folglich zahlreiche konkrete Implikationen für die Optimierung von Lernprozessen ableiten. Allerdings sind derart umfangreiche Modelle häufig in ihrer Gesamtheit schwierig zu überprüfen. Andere Modelle konzentrieren sich auf „Kernaussagen" zum selbstregulierten Lernen (z.B. Zimmermann & Campillo, 2003) – sie fokussieren beispielsweise auf Prinzipien der Regulation (z.B. regelmäßiger Vergleich von Ist-Soll-Differenzen). Aus diesen Modellen können meist relativ wenig direkte Implikationen für die Praxis abgeleitet werden. Eine empirische Überprüfung der Annahmen solcher Modelle ist ebenfalls häufig schwierig, da sie oft wenig konkret sind. Da sowohl sehr „breite" als auch sehr „enge" Modelle nur schwierig empirisch untersucht werden können, hat sich bisher kein Modell eindeutig durchgesetzt – vielmehr stehen viele Modelle nebeneinander, die mehr oder weniger unterschiedliche Perspektiven zum selbstregulierten Lernen einnehmen. Sie ermöglichen generell jedoch einen wertvollen, in der Regel holistischen Blick auf die Komplexität des Erwerbs von Wissen und Kompetenzen, machen sich aber zugleich durch eben diese holistische Sichtweise schwer überprüfbar, was ihren Wert auch wieder etwas mindert. Eine mögliche Lösung wäre darin zu sehen, dass sich Forschungsbemühungen zum selbstregulierten Lernen jeweils auf spezifische Modelle beziehen und Teilaspekte dieser Modelle systematisch überprüft und zu einem Gesamtbild zusammengefügt werden (siehe auch Kapitel „Emotion, Motivation, Selbstregulation: Gemeinsame Prinzipien und offene Fragen" in diesem Band). So könnten auf der Basis empirischer Studien die Modelle weiterentwickelt werden und es könnte zu einer Integration der Modelle zu einem Rahmenmodell zum selbstregulierten Lernen kommen.

Fazit

Beim selbstregulierten Lernen handelt es sich um eine selbständige und eigenmotivierte Form des Lernens, für welche ein ganzes Bündel an Kompetenzen notwendig ist. Obwohl die Wichtigkeit dieser Form des Lernens bereits seit dem 17. Jhd. immer wieder thematisiert wurde, wird sie in der pädagogisch-psychologischen Forschung erst seit ca. 1980 zunehmend und aktuell intensiv untersucht. Selbstreguliertes Lernen gilt inzwischen als Kernkompetenz im Hinblick auf ein autonomes und mündiges Leben in der Wissensgesellschaft. Es gibt zahlreiche theoretische Modelle, wie beispielsweise das Dreischichten-Modell von Monique Boekaerts oder das Selbstregulations-Prozessmodell von Bernhard Schmitz. Die Modelle zum selbstregulierten Lernen unterscheiden sich mehr oder weniger stark – gemein ist fast allen Modellen, dass in ihnen ein dynamisches Zusammenwirken kognitiver, metakognitiver, motivationaler und manchmal auch emotionaler Aspekte des Lernens dargestellt wird.

3.3 Erfassung von selbstreguliertem Lernen

3.3.1 Gründe

Die Erfassung selbstregulierten Lernens kann sehr unterschiedlich motiviert sein. Sie ermöglicht unter anderem, die in Modellen genannten Mechanismen einer empirischen Überprüfung zu unterziehen (z.B. Analyse des Zusammenhangs zwischen Motivation und geplantem Strategieeinsatz in der präaktionalen Phase; s. Abbildung 4). Zudem können z.B. Faktoren identifiziert werden, die selbstregulierte Lernaktivitäten fördern bzw. hemmen (Fähigkeitsselbstkonzepte, Prüfungsangst). Auch die Wirkungen selbstregulierten Lernens auf Leistung (z.B. Noten, beruflichen Erfolg) können untersucht werden, was von sehr hoher praktischer Relevanz ist. Aus einer diagnostischen Perspektive ermöglicht die Erfassung selbstregulierten Lernens individuelle Stärken und Schwächen im Lernverhalten zu identifizieren – darauf aufbauend können adäquate, auf das Individuum ausgerichtete Fördermaßnahmen empfohlen werden.

 Im wissenschaftlichen Kontext werden Aspekte selbstregulierten Lernens häufig erfasst – dies ist ein zum Teil sehr aufwändiges Unterfangen. Aber auch Lehrkräfte können zu einem gewissen Grad, wenn auch in der Regel nicht wissenschaftlich fundiert, die Selbstregulationskompetenzen ihrer Schülerinnen und Schüler im Schulalltag einschätzen – was im Hinblick auf individuelle Förderung sehr wichtig ist (diagnostische Kompetenz bezüglich Selbstregulationskompetenzen als Grundlage optimaler Förderung).

Welche Verhaltensweisen Ihrer Schülerinnen und Schülern können Ihnen Hinweise auf das Vorhandensein von Kompetenzen zum selbstregulierten Lernen geben? Welche Verhaltensweisen zeigen, dass bestimmte Kompetenzen zum selbstregulierten Lernen offenbar *nicht* vorhanden sind? Welche Aspekte selbstregulierten Lernens sind bei Ihren Schülerinnen und Schülern relativ einfach, welche relativ schwierig zu erkennen? Können Sie Facetten selbstregulierten Lernens bei Ihren Schülerinnen und Schülern besser erkennen, wenn Sie sich Ihrer eigenen Stärken und Schwächen im Bereich selbstregulierten Lernens bewusst sind? Welche Personen in Ihrem privaten Umfeld würden Sie als sehr gut und welche als sehr schlecht im Bereich selbstregulierten Lernens einschätzen? Von welcher Person (z.B. auch aus dem Bereich Politik, Wirtschaft oder Kunst) denken Sie, dass sie ausgesprochen hohe Fähigkeiten zum selbstregulierten Lernen hat? Warum?

3.3.2 Methodische Aspekte

1. Was wird erfasst?

Eine zentrale, sich im Hinblick auf die Erfassung selbstregulierten Lernens zu stellende Frage lautet: Was ist der konkrete Untersuchungsgegenstand? Es ist sicherlich keine Übertreibung zu behaupten, dass es eine sehr große Herausforderung ist, sich einem dynamischen Prozess empirisch anzunähern, in welchem zahlreiche kognitive, metakognitive, motivationale und emotionale Größen interagieren. Empirische Studien beziehen sich zwangsläufig jeweils auf Teilaspekte selbstregulierten Lernens. So werden beispielsweise in Studien zum selbstregulierten Lernen häufig ausschließlich die Kenntnis von Lernstrategien oder metakognitive Fähigkeiten erhoben. Bei der Erfassung von Teilaspekten selbstregulierten Lernens ist es ratsam, sich auf ein konkretes Rahmenmodell (z.B. Schmitz, 2001) zu beziehen und zu explizieren, welche Modellaspekte untersucht werden (z.B. Monitoring, d.h. die „Überwachung" des Lernprozesses während der aktionalen Phase).

2. Bei wem und wo wird es erfasst?

Neben der Frage nach dem konkreten Untersuchungsgegenstand ist auch die Frage nach der zu untersuchenden Personengruppe und dem Kontext, in dem die Untersuchung stattfinden soll, relevant. Die Bedeutung unterschiedlicher Aspekte von Selbstregulation variiert für unterschiedliche Personengruppen und Situationen. So haben zum Beispiel Studierende an Universitäten in der Regel mehr *Möglichkeiten* zur Selbstregulation als Schülerinnen und Schüler, z.B. aufgrund der Freiräume bei der Stundenplangestaltung. Auch die *Notwendigkeit* zur Selbstregulation ist in unterschiedlichem Maße gegeben. Studierende haben pro Fach meist nur eine Klausur am Ende des Semesters – wann und in welcher Form sie darauf lernen, bleibt ihnen selbst überlassen. In der Schule gibt die Lehrkraft jedoch meist sehr klare Rahmenbedingungen, welcher Stoff bis zu welchem Zeitpunkt beherrscht werden sollte und mit welchen Materialien der Stoff am besten gelernt werden kann – eine ausführliche Planung ist daher für Lernende im Kontext Schule vermutlich weniger notwendig als im universitären Kontext. Ein eigenständiges Monitoring ist somit in der Schule vermutlich weniger wichtig als im Studium. Möchte man nun eine ganz konkrete kognitive oder metakognitive Strategie untersuchen, so ist es wichtig zu überprüfen, für wen und in welchen Kontexten diese Strategie überhaupt von Bedeutung ist (Boekaerts & Niemivirta, 2005).

3. Wann wird es erfasst?

Nachdem definiert ist, welche Aspekte bei wem und wo erfasst werden, stellt sich die Frage, ob diese vor, während oder nach dem Lernen erhoben werden sollten. *„Prospective Assessment"*, d.h. die Erhebung von Aktivitäten vor dem eigentlichen Lernprozess bezieht sich beispielsweise auf Planungsaktivitäten (z.B. Zielsetzungen, Wahl von Lernstrategien) und motivationale Aspekte, *„Concurrent Assessment"*, d.h. die Erfassung von Aktivitäten während des Lernprozesses bezieht sich beispielsweise auf die Informationsverarbeitung (Verwendung von Lernstrategien) und volitionale Aspekte (Aufrechterhaltung des Lernprozesses). *„Retrospective Assessment"*, d.h. die Erfassung von Aktivitäten nach dem eigentlichen Lernprozess bezieht sich schließlich beispielsweise auf Bewertungsprozesse (Evaluation von Quantität und Qualität des Lernens, Zielerreichung) und die Motivation, einen weiteren Lernprozess zu initiieren. Durch sogenanntes *„Stimulated Recall"* kann man alle drei Zeitperspektiven jederzeit erfassen – die an der Untersuchung teilnehmenden Personen werden gebeten, sich mental in einen zurückliegenden Lernprozess hineinzuversetzen (vor, während, oder nach dem Lernprozess) und entsprechende Angaben zu Kognitionen, Metakognitionen, motivationalen Orientierungen und emotionalem Erleben zu machen. Um einen Einblick in das Ausmaß an selbstreguliertem Lernen zu erhalten ist es sicherlich sinnvoll, nicht nur eine, sondern mehrere Lernphasen zu untersuchen.

4. Wie wird es erfasst?

Nachdem definiert ist, welche Aspekte bei wem, wo, wie und wie häufig erfasst werden, stellt sich die Frage, anhand welcher Methode bzw. Methoden die Erfassung erfolgen sollte. In der Literatur zum selbstregulierten Lernen werden unterschiedliche Methoden zur Erfassung von Komponenten selbstregulierten Lernens beschrieben. Diese werden selbstverständlich auch zur Erfassung anderer Konstrukte verwendet (z.B. zur Erfassung allgemeiner Problemlösestrategien). Die folgenden Methoden werden häufig in der Literatur genannt (z.B. Boekaerts et al., 2005; Spörer & Brunstein, 2006; Veenman, Van Hout-Wolters, & Afflerbach, 2006)

Tabelle 2. Methoden zur Erfassung selbstregulierten Lernens

Methode	Beschreibung
Fragebogen	Selbstbericht; offene und geschlossene Antwortformate können verwendet werden; Beispiele für Lernstrategie-Inventare: Motivated Strategies for Learning Questionnaire (MSLQ; Pintrich, Smith, Garcia & McKeachie, 1993), Learning and Study Strategies (LASSI; Weinstein, 1988), Lernstrategien im Studium (LIST; Wild, Schiefele & Winteler, 1992; Wild & Schiefele, 1994), Kieler Lernstrategien-Inventar (KSI; Baumert, 1993); „Wie lernst Du?" (Lompscher, 1996); Leuven Executive Regulation Questionnaire (LERO; Minnaert & Janssen, 1997).

Interview	Selbstbericht; Befragte berichten v.a. mündlich über ihr Denken, Fühlen und Handeln; es gibt Interviewleitfäden, z.B. das „Self-Regulated Learning Interview Schedule" (SRLIS, Zimmerman & Martinez-Pons, 1986).
Lautes Denken	Selbstbericht; Erfassung während des Lernprozesses ist möglich; eigenes Handeln wird expliziert und kommentiert.
Lerntagebuch	Selbstbericht; ermöglicht eine kontinuierliche Erfassung; es ist nicht nur ein Erhebungs-, sondern auch Interventionsinstrument, da durch das Lerntagebuch die Reflexion über das Lernen angeregt wird. Forschungsergebnisse zeigen, dass Lerntagebücher besonders dann selbstreguliertes Lernen fördern, wenn durch sogenannte Prompts, also spezielle didaktische Fragen (z.B. „Was hast Du heute gelernt?", „Was hast Du heute noch nicht verstanden und musst es nochmals durcharbeiten?") die in den Lerntagebüchern beantwortet werden sollen, die Nutzung von kognitiven und metakognitiven Lernstrategien begünstigt wird (z.B. Hübner, Nückles, & Renkl, 2009; Nückles, Hübner, & Renkl, 2009).
Experience-Sampling	Selbstbericht; auf ein gegebenes Signal (z.B. anhand von Taschencomputern) wird ein Fragebogen zum aktuellen Lernverhalten ausgefüllt; ermöglicht eine zeitrandomisierte Erfassung; ist nicht nur ein Erhebungs-, sondern auch Interventionsinstrument, da durch das Experience-Sampling die Reflexion über das Lernen angeregt wird.
Verhaltensbeobachtung	Beurteilung des Lernverhaltens durch Beobachtungen anderer. Hierzu können auch Checklisten oder Fragebögen verwendet werden, anhand derer z.B. die Häufigkeit spezifischer Verhaltensweisen notiert wird (z.B. Pausen, Nachschlagen von Dingen, aufgabenirrelevante Handlungen; vgl. Screeningbogen „Während des Lernens", Hertel & Schmitz, 2010, S. 84).
Dokumentenanalyse	Beurteilung des Lernverhaltens durch die Analyse von Dokumenten, z.B. Hausaufgabenheften, Klassenarbeiten, Portfolios.
Analyse von Log files	Beurteilung des Lernverhaltens am Computer anhand der Analyse von Log files.
Multi-methodale Erfassung	Kombination von Erfassungsmethoden; ermöglicht es, die Validität der Daten einschätzen zu können.

Vor dem Hintergrund des bisher Dargestellten ist es offensichtlich, dass Aussagen wie „selbstreguliertes Lernen ist leistungsförderlich" relativ aussagelos sind, wenn nicht spezifiziert wird was genau wann und wie bei wem und wo erfasst wurde. Ergebnisse empirischer Studien zur Wirksamkeit selbstregulierten Lernens kommen häufig zu unterschiedlichen Ergebnissen. Eine Ursache ist darin zu sehen, dass in den Studien zum Teil sehr unterschiedliche Dinge auf unterschiedliche Art und Weise erfasst wurden (z.B. einmalige Erfassung kognitiver Lernstrategien bei Schülern durch einen Fragebogen vs. Tagebuchdaten über einen längeren Zeitraum zum Zusammenspiel metakognitiver Strategien bei Studierenden).

Erfassung von Aspekten selbstregulierten Lernens durch Lehrkräfte/Implikationen für die Praxis:

Die genannten Methoden zur Erfassung selbstregulierten Lernens sind für Lehrkräfte in der Regel nicht ohne weiteres anwendbar, da sie grundlegende Kenntnisse in der Forschungsmethodik voraussetzen, die in der Ausbildung von Lehrkräften nicht vermittelt werden (z.B. die Auswertung standardisierter quantitativer Fragebögen). Wenn eine Erhebung durchgeführt werden soll, so empfiehlt es sich, die für die Schule zuständigen Schulpsychologen oder Beratungslehrer zu kontaktieren – sie verfügen meist über entsprechendes Methodenwissen. Möglich ist auch die Kooperation mit einer Universität, einer Fachhochschule oder einer Pädagogischen Hochschule (z.B. mit dortigen Vertretern der Empirischen Bildungsforschung, der Pädagogischen Psychologie oder der Empirischen Pädagogik). Jenseits einer wissenschaftlich fundierten Erhebung kann das Gespräch mit den Schülerinnen und Schülern (Einzelgespräche oder Gespräche im Klassenverband) einen guten Einblick in das Ausmaß der Anwendung von Aspekten selbstregulierten Lernens geben.

Fazit

Selbstreguliertes Lernen zu erfassen ist im Hinblick auf dessen Förderung notwendig – es geht um die Feststellung von Ist-Zuständen, wodurch die Ist-Soll-Differenz beurteilt werden kann. Da es sich beim selbstregulierten Lernen um ein Bündel an Kompetenzen handelt, ist es erforderlich, sich genaue Gedanken dazu zu machen, welche Facetten selbstregulierten Lernens erhoben werden sollten. Hierbei ist es wichtig, sich auf ein theoretisches Modell zu beziehen. Es gibt zahlreiche Erfassungsmöglichkeiten, wie z.B. Fragebögen, Interviews, Lerntagebücher, das Experience-Sampling oder Verhaltensbeobachtungen. Jenseits einer wissenschaftlich fundierten Erfassung können Lehrkräfte beispielsweise durch entsprechende Gespräche mit ihren Schülerinnen und Schülern einen Einblick in deren individuelle selbstregulatorischen Kompetenzen bekommen.

3.4 Wirkungen von selbstreguliertem Lernen

Die Relevanz selbstregulierten Lernens und damit auch das Ausmaß an dessen Förderungswürdigkeit müssen sich maßgeblich an den Wirkungen selbstregulatorischer

Tätigkeiten messen lassen. Es gibt eine Fülle von Studien zur Wirkung von Aspekten selbstregulierten Lernens auf die Leistung und andere Variablen. Die Ergebnisse von Wirkstudien im Kontext selbstregulierten Lernens lassen sich manchmal schwer vergleichen, da zum Teil unterschiedliche Aspekte selbstregulierten Lernens gefördert wurden (z.B. Lernstrategien oder Metakognitionen; siehe Zeidner, Boekaerts, & Pintrich, 2005) und auch die abhängigen Variablen (Variablen, auf welche Wirkungen angenommen werden; z.b. Schulnoten, Leistungstests, Lernmotivation) zum Teil sehr unterschiedlich sind. Aus diesem Grund ist es wichtig, bezüglich der Wirkung von Förderprogrammen im Kontext selbstregulierten Lernens jeweils die spezifische Förderung und die untersuchten abhängigen Variablen genau zu betrachten.

Trotz der Heterogenität der Studien zu den Wirkungen selbstregulierten Lernens deutet die empirische Befundlage insgesamt darauf hin, dass eine Förderung selbstregulatorischer Kompetenzen zu höherer Motivation, leistungsförderlichem Lernverhalten und besserer Leistung führt, selbst wenn einige Studien keine oder lediglich sehr schwache Effekte gefunden haben (Hattie, Biggs, & Purdie, 1996; Zimmerman, 2001).

3.4.1 Meta-Analysen

Für die generelle, wenngleich relativ undifferenzierte Einschätzung, ob die Förderung selbstregulierten Lernens Wirkungen zeigt, sind Meta-Analysen sehr hilfreich – diese sammeln Studien zu einem bestimmten Thema, stellen die zentralen Ergebnisse der Studien dar und liefern auf der Basis der einzelnen Befunde eine Gesamteinschätzung. Bereits eine Meta-Analyse von Hattie et al. (1996) untersuchte die Wirkung von Trainingsprogrammen, die sich auf die Förderung konkreter Strategien der Aufgabenbearbeitung, Strategien des Selbstmanagements und motivationale/affektive Elemente (z.B. Förderung des akademischen Selbstkonzeptes) bezogen. Es wurden die Wirkungen der Programme auf die Leistung, das Lernverhalten und den Affekt beim Lernen untersucht. Diese Meta-Analyse bezog sich auf Förderprogramme, die bei Personen sehr unterschiedlichen Alters durchgeführt wurden (vom Kindergartenalter bis ins Erwachsenenalter). Sie fasst die Ergebnisse von 51 Studien, die bis 1992 publiziert wurden, zusammen. In diesen Studien werden Personen, die an den entsprechenden Trainingsprogrammen teilgenommen haben (Experimentalgruppe) mit jenen Personen verglichen, die überhaupt nicht oder weniger in den entsprechenden Aspekten gefördert wurden (Kontrollgruppe). Aus diesen 51 Studien wurden insgesamt 270 Effektstärken für die Meta-Analyse verwendet. Effektstärken sind statistische Kennzahlen, die unabhängig davon, welche Maßeinheiten (z.B. Skalierung 1-5 vs. 1-100) genutzt wurden, angeben, wie stark Unterschiede oder Zusammenhänge sind. Ein sehr verbreitetes Effektstärkenmaß ist die Kennzahl *Cohen' s d* (Cohen, 1988). Diese Effektstärke wurde auch in den vorgestellten Metaanalysen genutzt. Es zeigte sich insgesamt eine durchschnittliche Effektstärke von 0.45 – dies kann als mittlerer Effekt bezeichnet werden (Cohen, 1988). Die durchschnittliche Effektstärke lag für die Leistung bei 0.57 (mittlerer bis starker Effekt), für das Lernverhalten bei 0.16 (schwacher Effekt) und für den Affekt bei 0.48 (mittlerer Effekt). Die Meta-Analyse zeigte zudem, dass Trainingsprogramme insbesondere dann erfolgreich sind, wenn sie in einen konkreten Kontext eingebettet, die Lerner in den Programmen aktiv tätig sind und metakognitive Aktivitäten gefördert werden.

In zwei neueren Meta-Analysen (beide publiziert in Dignath & Büttner, 2008) wurden die Wirkungen von Interventionsprogrammen zur Förderung von Aspekten selbstregulierten Lernens auf Motivation, Strategieeinsatz und Leistung untersucht. In die Analyse gingen Ergebnisse aus insgesamt 74 Schul-Studien ein, die zwischen 1992 und 2006 publiziert wurden, davon 49 bezogen auf die Primarschule und 25 bezogen auf die Sekundarschule. Die Daten stammen von insgesamt 8.619 Schülerinnen und Schülern. Es wurden insgesamt 357 Effektstärken untersucht. Die durchschnittliche Effektstärke war 0.69 – man kann bei dieser Größenordnung von einem mittleren bis starken Effekt sprechen (Cohen, 1988). Die durchschnittliche Effektstärke war für beide Schulstufen nahezu identisch (0.68/0.71 für Primar-/Sekundarstufe). Betrachtet man die Effektstärken differenzierter, so zeigt sich eine durchschnittlicher Effektstärke bezüglich der Leistung (über alle erhobenen Fächer hinweg) von 0.61/0.54 (Primarstufe/Sekundarstufe), bezüglich des Strategieeinsatzes von 0.72/0.88 und bezüglich der Motivation von 0.75/0.17. Der durchschnittliche Wert von 0.17 für die Sekundarstufe basiert allerdings lediglich auf 6 einzelnen Effektstärken, sodass er mit Vorsicht interpretiert werden muss. Für beide Schulstufen waren die Effektstärken größer, wenn das Training von Wissenschaftlern statt von Lehrkräften durchgeführt wurde. Die stärksten Effekte zeigten sich für das Fach Mathematik. Zudem sind die Effektstärken bei Studien mit einer größeren Anzahl an Interventionsmaßnahmen höher.

Die Ergebnisse der dargestellten Meta-Analysen zeigen insgesamt mittlere bis starke Effekte von Trainingsprogrammen im Kontext selbstregulierten Lernens und sind somit sehr ermutigend. Sie berücksichtigen insgesamt 125 Studien mit insgesamt 627 Effektstärken und sind somit relativ aussagekräftig.

3.4.2 Eine exemplarische Studie

Während Meta-Analysen die Wirkungen selbstregulierten Lernens zusammenfassend über viele Studien hinweg bewerten, zeigen Einzelstudien im Detail die Wirkungen spezifischer Maßnahmen auf einzelne Aspekte von Lernen und Leistung. Im Folgenden ist exemplarisch eine neuere empirische Studie zur Verbesserung der Leistung durch die Förderung von Strategien der Selbstregulation relativ umfassend dargestellt. Mehr Details finden sich in der Originalpublikation:

Perels, F., Dignath, C., & Schmitz, B., (2009). Is it possible to improve mathematical achievement by means of self-regulation strategies? Evaluation of an intervention in regular math classes. *European Journal of Psychology of Education, 24*(1), 17-31.

Art der Studie
- Interventionsstudie (Selbstregulationstraining) mit Prä-Post-Design, Kontroll- und Experimentalgruppe.
- Durchgeführt an 53 Schülerinnen und Schülern der 6. Jahrgangsstufe.
- Kontext: Fach Mathematik (Thema Division / Multiplikation).
- Zwei Klassen wurden untersucht, die von demselben Lehrer unterrichtet wurden. In einer Klasse (Experimentalgruppe, 26 Schüler) wurde Selbstregulation (8 Strategien) im Unterricht gefördert (in insgesamt 9 Unterrichtsstunden verteilt über 3 Wochen), in der anderen Klasse nicht (Kontrollgruppe, 27 Schüler). Es wurden folgende Inhalte in der Experimentalgruppe behandelt und z.T. geübt: (1) Allgemeines zu Lernstrategien, (2) Einstellungen zum Fach Mathematik und Zielsetzungen, (3) Zielverfolgung und Kontrolle der Zielerreichung, (4) Selbst-Monitoring, (5) Planung im Hinblick auf Problemlösen und Konzentration, (6) Umgang mit Störungen, (7) Umgang mit Fehlern.

Theoretisches Rahmenmodell
- Die Studie bezieht sich auf das Selbstregulations-Prozessmodell von Schmitz und Wiese (2006), einer Erweiterung des in diesem Kapitel bereits beschriebenen Modells von Schmitz (2001).
- Es werden drei zeitliche Phasen unterschieden: präaktionale Phase (vor dem Lernen), aktionale Phase (während des Lernens) und postaktionale Phase (nach dem Lernen).

Welche Aspekte selbstregulierten Lernens wurden erfasst?
- Strategieanwendung: (1) Zielsetzung, (2) Motivation, (3) Volition, (4) Lernstrategien (Problemlösen, ressourcenbezogene Strategien), (5) Monitoring, (6) Attributionen, (7) Umgang mit Fehlern und (8) Selbstwirksamkeit. Diese Aspekte können zu einer Gesamtskala „Selbstregulation" zusammengefasst werden.
- Strategiewissen: (1) Zielsetzung, (2) Planung, (3), Self-Monitoring, (4) Konzentration, (5) Volitionale Strategien, (6) Umgang mit Fehlern.
- Mathematikleistung.

Wie und wann wurden Aspekte Selbstregulierten Lernens erfasst?
- Strategieanwendung: Fragebogen (Schülerperspektive, vor und nach der Intervention, eingesetzt bei Kontroll- und Experimentalgruppe).
- Strategiewissen: Fragebogen (Schülerperspektive, nach der Intervention, wurde nur bei Experimentalgruppe eingesetzt).

- Mathematikleistung: Mathematiktest (vor und nach der Intervention; eingesetzt bei Kontroll- und Experimentalgruppe).
- Es kamen außerdem noch Lerntagebücher zum Einsatz und es wurden Unterrichtsvideos gedreht. Diese Erhebungsmethoden werden im Artikel aber nicht näher berichtet und es werden keine diesbezüglichen Ergebnisse vorgestellt.

Zentrale Ergebnisse

- Strategieanwendung: Ein Vergleich von Kontroll- und Experimentalgruppe zeigte deutlich positivere Entwicklungen für die Experimentalgruppe in allen Aspekten mit Ausnahme von Motivation und Problemlösen.
- Strategiewissen: Die Experimentalgruppe zeigte hohe Werte (der Fragebogen wurde bei der Kontrollgruppe nicht eingesetzt).
- Mathematikleistung: Die Intervention wirkte sich signifikant ($p < .10$) positiv auf die Mathematikleistung aus.

Implikationen

- Aspekte selbstregulierten Lernens im regulären (fachspezifischen) Unterricht zu fördern ist möglich und wirksam im Hinblick auf das Lernverhalten und die Leistung.
- Eine Kombination von allgemeinen und fachspezifischen Aspekten selbstregulierten Lernens scheint sinnvoll zu sein.
- Förderung von Aspekten selbstregulierten Lernens sollte Bestandteil der Ausbildung von Lehrkräften sein.

Limitationen

- Es wurden ausschließlich Selbstberichtdaten ausgewertet – d.h. es ist unklar, ob die von den Schülern genannten Strategien auch tatsächlich eingesetzt wurden. Verhaltensbeobachtungen wären hier z.B. aussagekräftig gewesen.
- Bei der Studie war lediglich eine Lehrkraft beteiligt, die in beiden Klassen unterrichtete. Dies schränkt die Generalisierbarkeit der Ergebnisse ein.

Fazit

Wenn man von den Wirkungen selbstregulierten Lernens spricht, dann ist es sehr wichtig, genau zu benennen, auf welche Facetten selbstregulierten Lernens man sich bezieht (z.B. Planung, Einsatz von Lernstrategien) und auf worauf diese Facetten genau wirken (z.B. Leistung, Motivation). Empirische Studien zeigen klare Wirkungen unterschiedlicher Facetten selbstregulierten Lernens auf Aspekte von Lernverhalten und Leistung. Besonders aussagekräftig sind Meta-Analysen, bei denen eine Vielzahl empirischer Befunde berücksichtigt wird – das Wirk-Fazit aus Meta-Analysen ist, dass die Förderung selbstreguliertes Lernen im Durchschnitt positive Effekte mittlerer Stärke auf Lernen und Leistung hat.

3.5 Entwicklungsverläufe selbstregulierten Lernens

Auch bezüglich der Entwicklung selbstregulatorischer Fähigkeiten über die Lebensspanne hinweg stellt sich die zentrale Frage, auf welche Aspekte selbstregulierten Lernens man sich bei der Darstellung bezieht. Während beispielsweise einfache Lernstrategien (z.B. Wiederholen) zweifelsohne bereits sehr früh angewendet werden, ist bei komplexeren selbstregulatorischen Aktivitäten zum Teil unklar, ab welchem Alter eine Ausübung möglich ist. Metakognitionen sind als die komplexesten Prozesse im Kontext selbstregulierten Lernens zu betrachten. Versteht man selbstreguliertes Lernen als dynamisches Zusammenwirken kognitiver, metakognitiver, motivationaler und emotionaler Aspekte des Lernens, so ist dies in seiner Gesamtheit aus entwicklungspsychologischer Perspektive dann möglich, wenn metakognitiven Fähigkeiten ausgeprägt sind. So beschreiben zum Beispiel Nelson und Narrens (1990) Selbstmonitoring und Selbstregulation als zwei getrennte Prozesse, die sich gegenseitig bedingen und miteinander interagieren.

Das „Erwachen der abstrakten Selbstreflexion" und damit das „Erwachen" metakognitiver Fähigkeiten ist laut Jean Piaget (1971) im Alter von ca. 8 bis 10 Jahren festzustellen – d.h. Piaget nahm an, dass Kinder in dieser Phase zunehmend über sich selbst, ihr eigenes Wissen und Lernen nachdenken. Empirische Studien zur Entwicklung metakognitiver Aktivitäten zeigen jedoch, dass Metakognitionen bereits sehr viel früher auftreten (Kuhn, 1999; Veenman et al., 2006). Die sogenannte *„Theory-of-Mind"* entwickelt sich zwischen dem 3. und 5. Lebensjahr (Flavell, 2004). Mit „Theory of Mind" sind alltagspsychologische Konzepte zu eigenem Wissen, Denken und Fühlen, aber auch zu mentalen Zuständen anderer gemeint. Für die Entwicklung einer „Theory of Mind" (z.B. die Wünsche anderer zu erkennen ist ein Indikator für das Vorhandensein einer „Theory of Mind") sind zumindest einfache Metakognitionen notwendig. Ab dem 6. Lebensjahr entwickeln sich das Metagedächtnis (Wissen zum Gedächtnis) und das metakognitive Wissen („Wissen über Wissen"; Alexander, Carr & Schwanenflugel, 1995). Es wird angenommen, dass komplexe metakognitive Fertigkeiten (z.B. Planung, Monitoring, Regulation) ab dem Alter von 8 bis 10 Jahren bestehen (Veenman & Spaans, 2005). Empirische Studien zeigen jedoch, dass spezifische metakognitive Fähigkeiten sich wohl zu unterschiedlichen Zeitpunkten entwickeln, z.B. die Fähigkeiten zum Planen vor der Fähigkeit zum Monitoring. So zeigen bereits 5-jährige elementare Fähigkeiten zum Planen (Whitebread, 1999).

Metakognitive Fähigkeiten können bereits in relativ frühen Lebensphasen „erwachen". Sie sind für selbstregulatorische Tätigkeiten von zentraler Bedeutung.

Wenn Sie an Ihre eigene Kindheit zurückdenken: Können Sie sich an metakognitive Prozesse erinnern? Ab wann haben Sie über Ihre eigenen Kompetenzen nachgedacht? Haben Sie als Kind viel geplant? Haben Sie Monitoring betrieben? Haben Sie viel reguliert? Haben Sie den Eindruck, dass das Ausmaß an metakognitiven Aktivitäten bei Ihnen in den vergangenen Jahren zugenommen hat? Haben Sie bisher bewusst Unterschiede in den metakognitiven Fähigkeiten bei Personen unterschiedlichen Alters wahrgenommen?

Insgesamt deuten die empirischen Ergebnisse darauf hin, dass zumindest einfachere metakognitive Fertigkeiten, wie beispielsweise Planung, nicht erst im Alter von 8 bis 10 Jahren auftreten, sondern vielmehr bereits vor dem Schulbesuch zu beobachten und somit auch förderbar sind (Dignath, Buettner, & Langfeldt, 2008; Veenman et al., 2006). Auch einfaches Monitoring wie zum Beispiel das Einschätzen der Schwierigkeit zu lernender Wortpaare wird bereits von vielen Kindern im Alter von 6 Jahren beherrscht. Erst ältere Kinder scheinen jedoch diese Monitoringprozesse mit Selbstregulationsaktivitäten zu verknüpfen und so zum Beispiel die Lernzeit an die Schwierigkeit des Lernmaterials anzupassen (Schneider, 2008). Ferner gibt es empirische Evidenz dazu, dass sich metakognitive Fähigkeiten zunächst in spezifischen Domänen herausbilden und sich durch Lerntransfer zunehmend generalisieren (Veenman & Spaans, 2005). Geht man davon aus, dass metakognitive Fertigkeiten die höchsten mentalen Ansprüche an Lerner stellen, so deuten die Befunde zu ihrer Entwicklung darauf hin, dass selbstreguliertes Lernen durchaus bereits sehr früh, d.h. im Vorschulbereich gefördert werden kann. Entsprechend der Zunahme an kognitiven und metakognitiven Fähigkeiten im Laufe der Schulzeit zeigen Studien, dass selbstregulatorische Tätigkeiten im Laufe der Schulzeit zunehmen (z.B. Zimmerman & Martinez-Pons, 1990; 5. bis 11. Jahrgangsstufe wurde untersucht).

Fazit

Unterschiedliche Aspekte selbstregulatorischer Kompetenzen entwickeln sich zu unterschiedlichen Zeitpunkten. Am anspruchsvollsten sind in der Regel die metakognitiven Fähigkeiten. Obwohl theoretisch anzunehmen ist, dass diese sich erst ab dem Alter von 8 bis 10 Jahren ausprägen, deuten empirische Befunde darauf hin, dass zumindest einfachere metakognitive Fähigkeiten, wie z.B. Planung, schon deutlich früher auftreten können.

3.6 Selbstreguliertes Lernen bei Schülern fördern

3.6.1 Fördermodell

Da es sich bei selbstreguliertem Lernen um einen komplexen dynamischen Prozess handelt, bei dem zahlreiche kognitive, metakognitive, motivationale und emotionale

Aspekte eine Rolle spielen, ist dessen Förderung entsprechend vielschichtig. Ausgangspunkt jeder Förderung sollte die Wahl einer Definition und eines konkreten Modells zum selbstregulierten Lernen sein. In spezifischen Modellen werden mehr oder weniger detailliert Wissen und Kompetenzen genannt, die für erfolgreiches selbstreguliertes Lernen notwendig sind (z.B. Kenntnis von Lernstrategien und die Fähigkeit, diese adäquat einsetzen zu können; Fähigkeit zum Monitoring; siehe „Berg des Lernens" – ein vereinfachtes Selbstregulationsmodell für Schüler, Hertel & Schmitz, 2010, S. 82). Im Folgenden stellen wir ein Modell dar, welches für die Förderung selbstregulierten Lernens in der Schule hilfreich sein kann. Es handelt sich um ein Meta-Modell: wenn die Entscheidung für ein Selbstregulationsmodell gefallen ist, dann kann das Meta-Modell herangezogen werden, um unter Bezugnahme auf das Selbstregulationsmodell eine optimale Förderung zu gewährleisten.

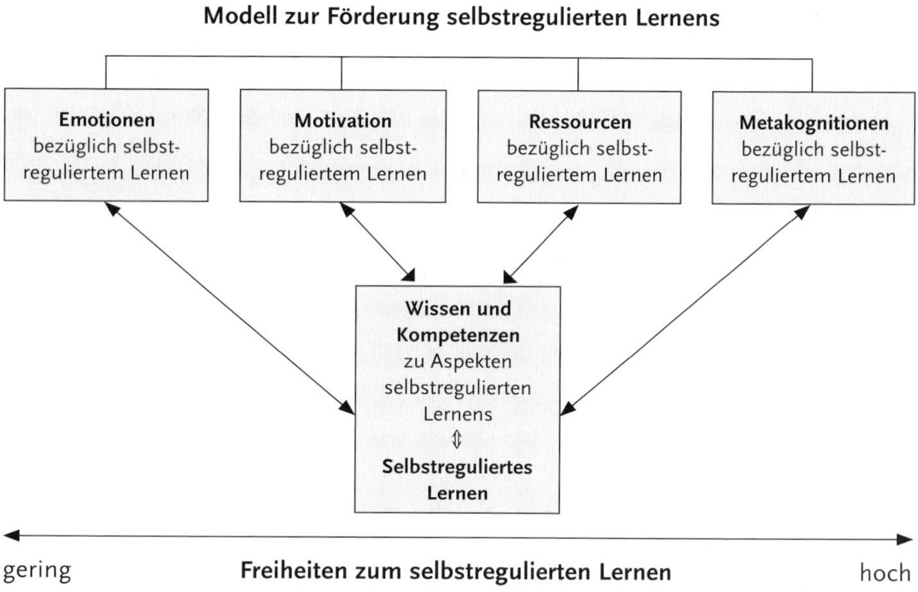

Modell zur Förderung selbstregulierten Lernens

Abbildung 5. Förderung selbstregulierten Lernens

1. Wissen und Kompetenzen zu Aspekten selbstregulierten Lernens

Zentral für die Förderung selbstregulierten Lernens ist es, Wissen und Kompetenzen zu den im gewählten Modell genannten Aspekten selbstregulierten Lernens zu vermitteln – dazu gehört auch Wissen über das Zusammenspiel spezifischer Aspekte (z.B. Einsatz von Lernstrategien und Monitoring im Hinblick auf die Effizienz der gewählten Strategie; siehe Abbildung 5, Aspekt „Wissen und Kompetenzen zu Aspekten selbstregulierten Lernens"). Den Schülern können entsprechende Modelle zunächst vorgestellt werden – je nach Alter der Schüler evtl. in vereinfachter Form. Die Effektivität der Aneignung von Wissen und Kompetenzen zum selbstregulierten Lernen wird stark von den bereits vorhandenen diesbezüglichen Kompetenzen abhängen.

2. Bereiche, die für die Aneignung von Wissen und Kompetenzen zu Aspekten selbstregulierten Lernens förderlich sind
Förderlich für die Aneignung von Wissen und Kompetenzen zum selbstregulierten Lernen und für die Ausführung selbstregulatorischer Tätigkeiten sind positive Emotionen, Motivation, zur Verfügung stehende Ressourcen und Metakognitionen. In Abbildung 5 sind diese Aspekte dargestellt. Sie wirken nicht nur auf Wissen und Kompetenzen zu Aspekten selbstregulierten Lernens und auf die Ausführung selbstregulatorischer Tätigkeiten, sondern werden durch diese auch beeinflusst (z.B. Erfolg in Folge von Selbstregulation erhöht die Motivation sich noch mehr Wissen zur Selbstregulation anzueignen). Zudem beeinflussen sich Motivation, Emotionen, Ressourcen und Metakognitionen gegenseitig (z.B. führen positive Emotionen in der Regel zu intrinsischer Motivation; vgl. letztes Kapitel in diesem Band). Dass es bei der Förderung von Selbstregulation nicht nur um die Steigerung des Kompetenzniveaus, sondern auch um die Anwendung dieser Kompetenzen geht, wird in der Literatur häufig unter dem Begriff „Skill and Will" („Können und Wollen") thematisiert (z.B. McCombs & Marzano, 1990).

a) Emotionen bezüglich selbstregulierten Lernens. Die Bedeutung von Emotionen beim Lernen wurde in den vergangenen 10 Jahren zunehmend im Bereich der Pädagogischen Psychologie und der Empirischen Pädagogik erkannt (z.B. Schutz & Pekrun, 2007). Geht die Wissens- und Kompetenzaneignung mit positiven Emotionen einher (z.B. Freude, Hoffnung und Stolz), so erfolgt mehr Tiefenverarbeitung und die Herangehensweise ist in der Regel holistisch, d.h. „ganzheitlich". Indirekt wirken Emotionen über die Motivation auf den Kompetenzerwerb (siehe auch Kapitel „Emotionen" in diesem Band). Positive Emotionen im Hinblick auf die Aneignung von Wissen und Kompetenzen zum selbstregulierten Lernen und die Ausrührung selbstregulatorischer Tätigkeiten können durch diesbezüglich hohen Enthusiasmus der Lehrkräfte (Frenzel, Goetz, Luedtke, Pekrun, & Sutton, 2009) und durch die Verdeutlichung der Relevanz selbstregulierten Lernens für effektives Lernen gefördert werden.

b) Motivation bezüglich selbstregulierten Lernens. Motivation bezüglich der Aneignung selbstregulatorischer Kompetenzen kann dadurch gefördert werden, dass Schülern deren Wirkungen auf die Effektivität des Lernens und auf resultierende Leistungsergebnisse vorgestellt werden. Hier kann man z.B. durchaus Ergebnisse empirischer Studien vorstellen. Eine weitere Möglichkeit der Förderung von Motivation zum selbstregulierten Lernen besteht darin, die Selbstwirksamkeitsüberzeugungen der Schüler bezüglich selbstregulierten Lernens zu steigern (siehe Zimmerman & Bandura, 1994; siehe auch Kapitel „Motivation" in diesem Band). Caprara et al. (2008) konnten zeigen, dass Selbstwirksamkeitsüberzeugungen bedeutsamen Einfluss auf das Ausmaß an Selbstregulationsaktivitäten nehmen (siehe auch Bouffard-Bouchard, Parent, & Larivée, 1991; Eilam, Zeidner & Aharon, 2009).

c) Ressourcen bezüglich selbstregulierten Lernens. Selbstreguliertes Lernen zu fördern ist ein langfristiges Unterfangen, welches im Sinne einer Investition in gelingendes Lernen zeitliche und personelle Ressourcen beansprucht. Für eine Förderung selbstregulierten Lernens ist es unabdingbar, dass Aus- und Weiterbildungseinrichtungen Ressourcen zur Vermittlung diesbezüglicher Kompetenzen zur Verfügung stellen und berücksichtigen, dass Lerner ebenfalls Ressourcen zur Aneignung diesbezüglicher Kompetenzen benötigen. Für Schulen ist es z.B. wichtig, der Förderung selbstregulierten Lernens genügend Raum im Curriculum einzuräumen und im Hinblick auf die Arbeitsbelastung der Schülerinnen und Schüler zu berücksichtigen, dass die Aneignung diesbezüglicher Kompetenzen Ressourcen beansprucht.

d) Metakognitionen bezüglich selbstregulierten Lernens. Unter Metakognitionen versteht man „Wissen über Wissen und Handlungen". Bei fast allen Tätigkeiten sind Metakognitionen für effektives Handeln hilfreich. Gemeint ist beispielsweise Wissen zur Relevanz, zur Effektivität, zur Entwicklung und zur Fachspezifität selbstregulierten Lernens. Schülerinnen und Schülern kann beispielsweise Wissen dazu vermittelt werden, dass es fachspezifische Selbstregulationskompetenzen gibt, die sich nicht zwangsläufig generalisieren. D.h., wenn selbstregulatorische Handlungen in einem bestimmten Schulfach erworben wurden und dort angewendet werden, dann bedeutet dies nicht zwangsläufig, dass diese auch in anderen Fächern zur Anwendung kommen (Schreblowski & Hasselhorn, 2006).

3. Freiheiten zum selbstregulierten Lernen

Selbstreguliertes Lernen kann nur dann stattfinden, wenn Lernern entsprechende Freiheiten zur Selbstregulation gewährt werden (Sierens, Vansteenkiste, Goossens, Soenens, & Douchy, 2009). Sind beispielsweise an Schulen Inhalte, anzuwendende Lernstrategien und dafür zur Verfügung stehende Lernzeiten exakt definiert, so bestehen für die Schüler nur wenige Möglichkeiten zur Selbstregulation. Das Ausmaß an Möglichkeiten zur Selbstregulation, welches den Lernern zugestanden wird, sollte deren Wissens- und Kompetenzniveau bezüglich selbstregulierten Lernens berücksichtigen: Je höher die Selbstregulationskompetenz, desto höher können in der Regel die Freiheitsgrade zum selbstregulierten Lernen sein. Bei geringer Passung können Lerner schnell überfordert sein (zu viele Freiheiten) oder ihre Kompetenzen zur Selbstregulation werden ungenügend ausgeschöpft (zu wenige Freiheiten). Freiheiten an Schulen können z.B. im Rahmen von Einzel- oder Gruppenarbeitsphasen geschaffen werden. Auch Projektarbeit, die häufig fächerübergreifend konzipiert ist, eignet sich in der Regel sehr gut. Bei der Vergabe von Hausaufgaben können ebenfalls mehr oder weniger Freiheiten gewährt werden (z.B. Inhalte, Umfang, Zeitrahmen; vgl. Dettmers, Trautwein, Lüdtke, Kunter, & Baumert, 2010). Unter dem Stichwort „Powerful

Learning Environments" (z.B. De Corte, Verschaffel, Masui, 2004) wird beispielswei-
se thematisiert, dass die Schaffung förderlicher Lernumgebungen, die z.B. auch
Selbstregulationsaktivitäten zulassen und fördern, eine zentrale Aufgabe unserer
Bildungseinrichtungen ist. Das Ausmaß an Selbstbestimmungsmöglichkeiten beim
Lernen spielt auch in anderen Kontexten eine zentrale Rolle, z.B. in der Selbstbestim-
mungstheorie von Deci und Ryan (1985).

3.6.2 Förderansätze und –programme

1. Fachspezifische vs. fächerübergreifende Vermittlung

Es gibt bisher relativ wenige Studien dazu, ob es günstiger ist, selbstregulatorische
Kompetenzen fachspezifisch oder fächerübergreifend zu vermitteln. Allerdings deuten die bisherigen Ergebnisse darauf hin, dass eine fachspezifische Vermittlung zu
bevorzugen ist. In ihrer Meta-Analyse kamen Hattie et al. (1996) zu dem Schluss,
dass die Vermittlung von Kompetenzen zum selbstregulierten Lernen in einen spezifischen Kontext eingebettet werden sollte. Dies steht im Einklang mit einer neueren
Meta-Analyse von Seidel und Shavelson (2007), die ebenfalls zu dem Schluss kamen,
dass durch fachspezifische Förderung die stärksten Effekte zu erzielen sind. Die
Fachspezifität psychosozialer Konstrukte fand in den vergangenen Jahren zunehmend
wissenschaftliches Interesse. Insbesondere für emotionale und motivationale Konstrukte gibt es klare empirische Ergebnisse dazu, dass diese weitgehend fachspezifisch
organisiert sind und somit eine fachspezifische Förderung wohl zu bevorzugen ist
(z.B. Bong, 2001; Goetz, Frenzel, Pekrun, Hall, & Luedtke, 2007). Bei fachspezifischen
Programmen ist es empfehlenswert, den Lerntransfer zu fördern – dadurch können
selbstregulatorische Kompetenzen auch in anderen Fächern zum Einsatz kommen.
Dies kann beispielsweise dadurch geschehen, dass bei der Reflektion einer bereits
angewandten spezifischen Strategie in einen bestimmten Fach (z.B. Elaboration im
Fach Mathematik) mit einem Beispiel darauf hingewiesen wird, dass diese Strategie
auch in einem anderen Fach (z.B. Deutsch) effektiv eingesetzt werden könnte. Die
Kompetenzen werden dadurch dekontextualisiert (d.h. aus ihrem ursprünglichen und
in der Regel stark mit ihm verbundenen Kontext gelöst – hier Mathematik), was eine
Verwendung in anderen Kontexten (z.B. andere Unterrichtsfächer) erleichtert. Idea-
lerweise arbeiten Fachlehrkräfte bei der Vermittlung selbstregulatorischer Kompetenzen zusammen und sprechen sich ab, welche Kompetenzen zunächst in welchem
Fach vermittelt werden und wie diese Kompetenzen dann auch in anderen Fächern
genutzt werden können. So kann beispielsweise die Vermittlung von Planungsstrategien im Fach Deutsch begonnen und praktiziert werden, und darauf aufbauend können Planungsstrategien im Fach Mathematik thematisiert und angewendet werden.
Sicherlich bedeutet es beispielsweise für das Lehrerkollegium an einer Schule einen
Aufwand, derartige Strukturen zu etablieren. Es handelt sich hier um einen kontinu-

ierlichen Prozess, der im Laufe der Zeit optimiert werden kann. Zentral ist es, zunächst in einem Fach mit der Vermittlung selbstregulatorischer Kompetenzen zu beginnen. Ziel des Lerntransfers ist es zudem, dass die Selbstregulationsstrategien auch außerhalb der Schule und über die Schulzeit hinaus zur Anwendung kommen. Schreblowski und Hasselhorn (2006) schlagen in diesem Zusammenhang vor, die Wahrscheinlichkeit dafür, dass selbstreguliertes Lernen über Fächer hinweg und auch im Alltag praktiziert wird, dadurch zu erhöhen, dass der Aufgabenkontext, das Übungsmaterial und die Aufgabenanforderungen variiert werden (z.B. Einübung von Selbstkontrollstrategien im Deutschunterricht, Aufgreifen dieser Strategien bei der Planung eines Experiments, Aufgreifen der Strategie bei der Vorbereitung auf die nächste Mathematik-Klassenarbeit).

2. Direkte vs. indirekte Förderansätze

Nicht nur bei der Förderung selbstregulierten Lernens (sondern z.B. auch bei der Förderung von Problemlösekompetenz) wird zwischen direkten und indirekten Ansätzen unterschieden. Bei *direkter* Förderung selbstregulierten Lernens werden das Thema „selbstreguliertes Lernen" und entsprechende Inhalte explizit angesprochen, vermittelt, diskutiert und reflektiert (Paris & Winograd, 2003). Hierzu können Materialien, wie Modelle zum selbstregulierten Lernen, Instrumente zu dessen Erfassung und praktische Beispiele herangezogen werden. Bei *indirekter* Förderung erfahren die Schüler selbstreguliertes Lernen durch praktizierte selbstregulatorische Tätigkeiten, ohne dass das Thema explizit erwähnt werden muss („learning by doing"). Dies kann beispielsweise im Rahmen problembasierten Lernens oder im Rahmen von Projektarbeit passieren. Die Aufgabe der Schüler ist es z.B., ein mehr oder weniger komplexes Problem zu lösen – und die Lehrkraft unterstützt den Prozess, indem sie dazu beiträgt, dass Aspekte selbstregulierten Lernens in den Lösungsprozess aufgenommen werden (z.B. Anregung, zunächst einen Plan zu entwerfen, den eingeschlagenen Lösungsweg zu überdenken und das Endprodukt zu bewerten). Direkte und indirekte Förderansätze können selbstverständlich auch kombiniert werden.

3. Förderprogramme

Seit den 80er Jahren des vergangenen Jahrhunderts wurden zahlreiche Trainings zur Förderung selbstregulierten Lernens entwickelt, durchgeführt und zum Teil evaluiert. Sie unterscheiden sich mehr oder weniger stark im Hinblick auf die zugrundeliegenden Modelle zum selbstregulierten Lernen, die konkreten Förderaspekte (z.B. Motivation vs. Lernstrategien), die Zielgruppe (z.B. Primarstufe vs. Sekundarstufe), die Art und Weise der Förderung (z.B. direkte vs. indirekte Instruktion) und die Kontextspezifität (z.B. Strategievermittlung im Fach Mathematik vs. fächerübergreifende Vermittlung). Einen relativ jungen Bereich stellt die Förderung selbstregulierten Lernens mit neuen Medien dar (Fischer, Mandl & Todorova, 2009). Adaptive Programme können sich hier z.B. dem individuellen Fähigkeitsniveau anpassen (ähnlich wie bei adaptiven Intelligenztests). Im Folgenden werden exemplarisch zwei Förderansätze und ein konkretes Förderprogramm kurz dargestellt.

Beispiel 1 – Förderansatz
Ormrod (2006; S. 356) nennt in ihrem Lehrbuch zur Pädagogischen Psychologie sechs Aspekte, die für die Förderung selbstregulierten Lernens eine wichtige Rolle spielen. In Klammern wird jeweils der von ihr thematisierte Aspekt selbstregulierten Lernens genannt.
- Den Schülern dabei helfen, sich herausfordernde, jedoch realistische Ziele zu setzen. [Zielsetzung]
- Die Schüler dazu ermutigen, ihr eigenes Verhalten zu beobachten und zu dokumentieren. [Monitoring]
- Den Schülern Selbstinstruktionen vermitteln, die sie daran erinnern, was zu tun ist (z.B. bei der Bearbeitung eines Multiple-Choice-Testes kann man sich vor jeder Aufgabe Folgendes sagen: „Lies die Frage vollständig. Lies dann jede Antwort genau und entscheide, ob sie richtig oder falsch ist. Wähle dann die Antwort, die dir unter allen Alternativen am richtigsten erscheint"). [Planung]
- Die Schüler dazu ermutigen, ihre eigene Leistung zu evaluieren (z.B. anhand einer Kriterienliste). [Evaluation]
- Die Schüler dazu ermutigen, sich für gelungenes Verhalten zu belohnen (z.B. einen Freund nach dem Erledigen der Hausaufgaben anzurufen). [Motivation]
- Den Schülern Möglichkeiten geben, mit wenig oder ohne Hilfe ihres Lehrers zu lernen. [Freiheit zur Selbstregulation]
- Den Schülern Strategien zur Lösung zwischenmenschlicher Probleme aufzeigen (z.B. die Quelle des Konflikts identifizieren, die Perspektive des anderen einnehmen, unterschiedliche Perspektiven verbalisieren, eine kompromissfähige Lösung suchen). [Regulation]

Beispiel 2 – Förderansatz
Woolfolk (2007) nennt in ihrem Lehrbuch zur Pädagogischen Psychologie vier Aspekte, die bei der Förderung selbstregulierten Lernens beachtet werden sollten. Explizit werden hier auch die Eltern in die Förderung selbstregulatorischer Kompetenzen ihrer Kinder einbezogen. In Klammern wird jeweils der Aspekte selbstregulierten Lernens genannt, der gefördert werden sollte.
- Den Wert von Ermutigungen betonen: a) Schüler dazu anregen, sich gegenseitig zu ermutigen, b) den Eltern die herausforderndsten Lernbereiche ihres Kindes nennen – in diesen Bereichen sollten ihre Kinder ermutigt werden. [Motivation]
- Selbstregulation modellieren: a) angemessene Ziele in kleinen Schritten anstreben [Zielsetzung], b) mit den Schülern besprechen, wie man sich Ziele setzt und den Fortschritt überwacht [Zielsetzung, Monitoring], c) die Eltern bitten, ihren Kindern zu zeigen, wie sie sich Tages- oder Wochenziele setzen, Aufgabenlisten schreiben und Terminlisten erstellen können. [Zielsetzung, Planung]

- Familien zu einer Quelle guter Strategie-Ideen machen: a) eine „Strategie des Monats" implementieren, die Schüler zu Hause anwenden können [Strategievermittlung], b) eine Bibliothek zu den Themen Zielsetzung, Monitoring, Lern- und Zeitmanagement-Strategien für die Schüler anlegen [Metakognition], c) Eltern dazu ermutigen, ihren Kindern dabei zu helfen, den Fokus auf Problemlöseprozesse zu richten und beispielsweise nicht zu schnell die Lösung im Lösungsheft nachzuschlagen. [Motivation, Volition]
- Richtlinien zur Selbstevaluation zur Verfügung stellen: a) Kategorien zur Selbstevaluation mit den Schülern erstellen und die Anwendung erläutern [Monitoring, Evaluation], b) Dokumentationslisten zu den bearbeiteten Aufgaben bereitstellen, die dann allmählich durch jene Listen ersetzt werden, die von den Schülern selbst entwickelt werden [Monitoring, Evaluation], c) auch die Eltern zur Selbstevaluation jener Bereiche ermutigen, in denen sie sich verbessern möchten [Evaluation], d) bei Elternsprechtagen die Materialien anderer Familien als Beispiele zeigen. [Metakognition]

Beispiel 3 – Förderprogramm

Weinstein, Husman und Dierking (2005) beschreiben ein Programm zur Förderung selbstregulierten Lernens, das sich primär auf „strategisches", d.h. gut geplantes und effektives Lernen konzentriert. Das Programm wurde an der University of Texas durchgeführt.

Ziel des Programms. Ziel des Programms ist es, Lernern ein Repertoire an Lernstrategien (Welche Strategien gibt es und wie wendet man sie an? [deklaratives und prozedurales Wissen]), Wissen zum adäquaten Einsatz dieser Strategien (Wann ist welche Strategie geeignet? [konditionales Wissen]) und zur Evaluation ihrer Wirksamkeit zu vermitteln [Evaluation].

Theoretische Grundlage. Weinstein's (1994) Modell zum strategischen Lernen bildet die theoretische Grundlage des Programms. Dessen Kernaussage ist, dass sich Lerner vier zentraler Aspekte bewusst sein und sich diesbezügliche Kompetenzen aneignen sollten: a) „Skill" (Fähigkeiten und Fertigkeiten), „Will" (Motivation, Volition, Emotionen, Einstellungen), „Self-Regulation" (Selbstregulationskompetenzen) und „Academic Environment" (d.h. Charakteristika der Lernumgebung).

Programmablauf.

- Den Lernern werden Materialien ausgehändigt (Reader, Selbstevaluationsinstrumente wie z.B. das Learning and Study Strategies Inventory [LASSI, ein Lernstrategie-Fragebogen; Weinstein, 1988]). Die Beschreibung der im LASSI enthaltenen Skalen gibt den Lernern einen Einblick in einige für das Lernen zentrale Aspekte, vor allem Wissen über sich selbst als Lerner (z.B. Einstellungen zur Motivation und Prüfungsangst), Wissen zu Aufgaben (z.B. welche Kompetenzen man für die Bearbeitung spezifischer Aufgaben benötigt), Wissen zu Lernstrategien (z.B. Kenntnis von Elaborationsstrategien) und Wissen zur Lernumgebung (z.B. Erwartungen der Dozenten zu erkennen).

- Das Modell zum Strategischen Lernen nach Weinstein (1994) wird vorgestellt. Insbesondere die Interaktionen zwischen den vier Bereichen Skill, Will, Self-Regulation und Academic Environment werden besprochen, damit bei der Vermittlung spezifischer Strategien den Lernern der größere Rahmen klar ist.
- Da Strategien im Dienste der Ziele stehen, wird zunächst im Rahmen des Programms die „Will"-Komponente besprochen.
- Es wird deklaratives, prozedurales und konditionales Wissen zu drei Arten der Wissensaneignung vermittelt: Wiederholung, Elaboration und Organisation.
- Prinzipien der Selbstregulation werden vermittelt: a) Zielsetzung, b) sich der Aufgabe und persönlicher Ressourcen bewusst sein, c) einen Plan entwickeln, d) Strategien auswählen, e) Strategien einsetzen, f) Monitoring und Evaluation im Hinblick auf den Strategieeinsatz und den Lernfortschritt, g) gegebenenfalls Modifikation der Strategie, h) Endevaluation der Ergebnisse um einschätzen zu können, ob das gewählte Vorgehen in Zukunft modifiziert werden sollte.
- Es werden Grundlagen der Informationsverarbeitungstheorie erläutert um den Lernern zu verdeutlichen, warum die Strategien wirksam sind.
- Während des Semesters (ca. 14 Wochen) wird den Studierenden in unterschiedlichen Veranstaltungen die Möglichkeit gegeben, die Strategien bezüglich spezifischer Inhalte einzusetzen. Ein Strategie-Einsatz in unterschiedlichen Bereichen sollte den Transfer und Metakognitionen fördern.
- Die eingesetzten Strategien werden vor dem Hintergrund des theoretischen Modells reflektiert und Interaktionen der Modellkomponenten diskutiert.
- Die Autoren berichten Evaluationsergebnisse, welche die Wirksamkeit des Programms im Hinblick auf positive Leistungsentwicklung zeigen.

Fazit

Bei der Förderung selbstregulierten Lernens ist es empfehlenswert, sich auf ein theoretisches Modell zu beziehen und festzulegen, auf welche Facetten man sich konzentrieren möchte. Es gibt in der Literatur zahlreiche Förderansätze und konkrete Förderprogramme, die man entsprechend der individuellen Situation mehr oder weniger stark verändert übernehmen kann. Generell ist es wichtig, den Schülerinnen und Schülern zunehmend Freiraum im Rahmen des Erwerbs und der Ausübung selbstregulatorischer Tätigkeiten zur Verfügung zu stellen.

3.7 Lehrkraft im Fokus

Es ist erstaunlich, dass es kaum Literatur zur Selbstregulationskompetenz von Lehrkräften gibt. Dabei ist diese aus zumindest vier Gründen als hoch relevant zu bezeichnen:

(1) Um selbstreguliertes Lernen adäquat und überzeugend unterrichten zu können, ist es unabdingbar, dass auch Lehrkräfte über Kompetenzen zum selbstregulierten Lernen verfügen.

(2) Hohe individuelle Selbstregulationskompetenz kann die diagnostische Kompetenz im Hinblick auf das Erkennen selbstregulatorischer Kompetenzen von Schülern erhöhen (Paris & Winograd, 2003).

(3) Auch für Lehrkräfte ist lebenslanges Lernen von hoher Relevanz, da es ihre Aufgabe ist, Schülerinnen und Schüler ein mündiges und erfolgreiches Leben in sich rapide wandelnden Gesellschaften zu ermöglichen. Auf sich wandelnde Anforderungen adäquat zu reagieren ist als eine der Kernkompetenzen im Lehrerberuf zu bezeichnen (Paris & Winograd, 2003).

(4) Neuere Studien zur Belastung im Lehrerberuf liefern zum Teil besorgniserregende Ergebnisse und verweisen auf die Notwendigkeit selbstregulatorischer Kompetenzen von Lehrkräften (Barth, 2006; Rothland, 2007; Schaarschmidt, 2008). Beispielsweise ist anzunehmen, dass Kompetenzen bezüglich Planung, Monitoring und Regulation von Zeitressourcen sowie Fähigkeiten zur Emotionsregulation (siehe Kapitel „Emotion, Motivation, Selbstregulation: Gemeinsame Prinzipien und offene Fragen" in diesem Band) einen großen Beitrag zur Lehrergesundheit (z.B. Wohlbefinden in der Schule, Burnout-Prävention) vor dem Hintergrund zum Teil hoher Belastungen (z.B. große Klassen, Leistungsdruck durch Output-Orientierung und Evaluationen) leisten können.

Selbstregulatorische Kompetenzen von Lehrkräften können auf vielfältige Weise gefördert werden. Im Folgenden werden einige Möglichkeiten aufgelistet.

Rahmen	Umsetzungsmöglichkeiten
Lehrerausbildung	• Integration in die Inhalte der Ausbildung von Lehrkräften im Bereich des bildungswissenschaftlichen Studiums • Integration in die Inhalte der fächerübergreifenden Ausbildung im Rahmen der konsekutiven universitären Studiengänge (z.B. im Bereich fächerübergreifende und personale Kompetenz) • Integration in die Ausbildung an den Lehrerseminaren • Integration in das Referendariat • Integration in die Praktika
Lehrerfortbildung	• Zentral organisierte Lehrerfortbildungen zum Thema „selbstreguliertes Lernen" • Integration des Themas in schulinterne Qualitätsentwicklungsmaßnahmen • Thematisierung im Kontext von Lerntandems / Lerngruppen

Hospitation / Exkursionen	• Besuch von Schulen, an welchen Programmen zur Förderung selbstregulierten Lernens implementiert wurden • Besuch anderer Einrichtungen, in welchen selbstreguliertes Lernen auf hohem Niveau praktiziert wird (z.B. Entwicklungsabteilungen von Unternehmen)
Individuelle Weiterbildung	• Besuch entsprechender Kurse (z.B. bei Bildungseinrichtungen) • Coaching, bei welchem selbstreguliertes Lernen im Mittelpunkt steht • Autodidaktischer Erwerb von Wissen und Kompetenzen im Bereich selbstregulierten Lernens

Während auf lange Sicht eine Verankerung des Themas selbstreguliertes Lernen in der Lehrerausbildung eine große Rolle spielt, sind im Hinblick auf eine zeitnahe Vermittlung selbstregulatorischer Kompetenzen an unseren Schulen vor allem die bereits genannten Aspekte relevant. Vor dem Hintergrund, dass Veränderungen in der Ausbildung von Lehrkräften erst ca. 10-15 Jahre später zu konkreten Veränderungen an unseren Schulen führen, ist die Relevanz des Fort- und Weiterbildungsbereichs bei Lehrkräften offensichtlich.

 Es ist für Lehrkräfte wichtig, selbstreguliertes Lernen nicht nur bei ihren Schülerinnen und Schülern zu fördern, sondern auch bei sich selbst. Dazu ist es wichtig, den „Ist-Zustand" im Hinblick auf eigene Kompetenzen zum selbstregulierten Lernen festzustellen.
Reflektieren Sie manchmal über Ihre Kompetenzen zum selbstregulierten Lernen – insbesondere im Hinblick auf deren Erweiterung? Setzen Sie sich im beruflichen aber auch im privaten Kontext konkrete Ziele? Falls ja: sind diese in der Regel angemessen oder meist zu hoch bzw. zu niedrig angesetzt? Unterscheidet sich das Ausmaß an Zielsetzungen im beruflichen und privaten Kontext? Kennen Sie Ihre Stärken und Schwächen im Bereich selbstregulierten Lernens? Können Sie gut planen? Betreiben Sie regelmäßig Monitoring? Regulieren Sie rechtzeitig, wenn Sie merken, dass Dinge nicht optimal verlaufen? Wie würden Sie insgesamt Ihre Kompetenzen als selbstregulierter Lerner auf einer Skala von 1 (*sehr geringe Kompetenz*) bis 5 (*sehr hohe Kompetenz*) einschätzen? Sind Sie mit diesem Wert zufrieden, bzw. welchen Wert streben Sie (realistisch) an?

Der Erwerb selbstregulatorischer Kompetenzen bei Lehrkräften unterscheidet sich nicht wesentlich von jenem bei Schülerinnen und Schülern. Selbstregulationsmodelle können z.B., auch wenn sie für die Förderung selbstregulierten Lernens bei Schülern entwickelt wurden, in der Regel auch sehr gut für die Vermittlung selbstregulatorischer

Kompetenzen bei Lehrkräften verwendet werden. Paris und Winograd (2003) zeigen Möglichkeiten auf, wie Lehrkräfte ihre selbstregulatorischen Kompetenzen erweitern können. Obwohl in dem Beitrag von Paris und Winograd (2003) die Lehrkräfte im Mittelpunkt stehen, sind die vorgeschlagenen Methoden größtenteils auch für Schülerinnen und Schüler anwendbar.

Selbst-Einschätzungen vornehmen. Regelmäßig über das eigene Denken, Lernen und Unterrichten zu reflektieren ist eine zentrale Voraussetzung zur Optimierung des Unterrichts. Hierzu kann man den persönlichen Lern- und Arbeitsstil sowie den Strategieeinsatz (z.B. Vorgehen beim Verfassen von Texten und bei der Informationssuche) mit dem anderer Personen vergleichen. Beispielsweise kann dadurch erkannt werden, dass es sehr viele unterschiedliche Herangehensweisen gibt, um einen Text zu verfassen (z.B. sich vorher Stichpunkte machen, mehr oder weniger oft überarbeiten, Vorabversionen anderen zeigen). Durch die Analyse des eigenen Verhaltens wird Lehrkräften bewusst, dass ihre Schüler wohl zum Teil auch sehr unterschiedlich an Aufgaben herangehen. Darüber nachzudenken was man weiß und was man nicht weiß, wie tief man in der Regel Wissen verarbeitet und ob man in der Regel Wichtiges von Unwichtigem unterscheidet, kann einen wichtigen Beitrag zur Optimierung des Unterrichts leisten. Beispielsweise wird ein Reflektieren über die eigene Fähigkeit Wichtiges zu erkennen verhindern, sich bei der Vorbereitung in Details zu verstricken und das größere Ganze dabei aus dem Blick zu verlieren. Als weiterer Aspekt wird genannt, regelmäßig eigene Lernfortschritte und Ergebnisse zu betrachten, um persönliche Entwicklungen zu erkennen, Handlungsweisen gegebenenfalls zu verändern und sich seiner Selbstwirksamkeit bewusst zu werden. Beispielsweise kann man über die Effizienz der Unterrichtsvorbereitung reflektieren oder ein Portfolio erstellen. Portfolios sind zum Monitoring und zur Evaluation sehr geeignete Instrumente – wenn Lehrkräfte Erfahrungen mit Portfolios sammeln, können sie diese an ihre Schüler weitergeben und sie effektiv bei der Erstellung eigener Portfolios unterstützen.

Selbst-Management von Denken, Anstrengung und Emotionen betreiben. Dies ermöglicht es, Probleme flexibel, persistent, selbstkontrolliert, strategisch und zielorientiert zu lösen. Hierzu gehört, sich herausfordernde, aber auch realistische Ziele zu setzen – beispielsweise im Hinblick auf die Qualität der Unterrichtsvorbereitung oder im Hinblick auf die Ziele, welche die Schüler einer Klasse erreichen sollten. Solche Ziele können auch mit Kolleginnen und Kollegen diskutiert werden. Zum Selbst-Management gehört es auch, Ressourcen (Zeit, „Energie") effektiv zu planen, z.B. sich Prioritäten zu setzen um Frustrationen zu Vermeiden. Beispielsweise können Lehrkräfte ihren Zielen (z.B. Unterrichtsziele) Prioritäten zuweisen und diese zum Teil auch mit den Schülern besprechen. Zum Zeit-Management gehört es auch, sich beispielsweise für die Unterrichtsvorbereitung einen festen Zeitrahmen zu setzen und zu versuchen, in diesem Rahmen entsprechend der gesetzten Prioritäten die Ziele zu erreichen. Ebenfalls zum Selbst-Management zählt, das eigene Arbeiten auf der Basis von Monitoring entweder abzubrechen, es zu optimieren, oder es unverändert beizubehalten. „Falsches", d.h. ineffektives Verhalten ist unproblematisch (manchmal sogar hilfreich), solange es erkannt und verändert wird. Wissen über den eigenen Umgang mit Fehlern kann dazu führen, dass man diesen Aspekt bei Schülern bewusster wahrnimmt.

Fazit

Selbstreguliertes Lernen von Lehrkräften wurde in der Literatur bisher eher vernachlässigt – dies ist erstaunlich, da es im Hinblick auf die Qualität ihrer Lehrtätigkeit und ihrer Gesundheit von hoher Bedeutung ist. In vielen Aspekten unterscheidet sich der Erwerb selbstregulatorischer Kompetenzen bei Schülern und Lehrkräften nicht gravierend – es können z.T. dieselben Modelle herangezogen werden, wie beispielsweise das Dreischichten-Modell von Monique Boekaerts. Bei der Ausbildung von Lehrkräften spielen deren eigene selbstregulatorische Kompetenzen leider meist noch eine untergeordnete Rolle. Die Steigerung von Kompetenzen in diesem Bereich ist z.B. im Rahmen von Lehrerfortbildungen gut möglich und sehr empfehlenswert.

3.8 Weiterführende Literatur

Boekaerts, M., Pintrich, P. R., & Zeidner, M. (Eds.), *Handbook of self-regulation*. San Diego, CA: Academic Press.

Dignath, C., & Buttner, G. (2008). Components of fostering self-regulated learning among students. A meta-analysis on intervention studies at primary and secondary school level. *Metacognition and Learning, 3*(3), 231-264.

Götz, T. (2006). *Selbstreguliertes Lernen. Förderung metakognitiver Kompetenzen im Unterricht der Sekundarstufe.* Donauwörth: Auer.

Spörer, N., & Brunstein, J. C. (2006). Erfassung selbstregulierten Lernens mit Selbstberichtsverfahren. *Zeitschrift für Pädagogische Psychologie, 20*(3), 147-160.

Veenman, M. V. J., Van Hout-Wolters, B. H. A. M., & Afflerbach, P. (2006). Metacognition and learning: Conceptual and methodological considerations. *Metacognition Learning, 1*, 3-14.

EMOTION, MOTIVATION, SELBSTREGULATION: GEMEINSAME PRINZIPIEN UND OFFENE FRAGEN

4

Reinhard Pekrun

In den vorangegangenen Kapiteln wurde dargestellt, welch zentrale Bedeutung Emotion, Motivation und selbstreguliertem Lernen für schulische Leistungen zukommt und wie diese drei Bereiche pädagogisch gefördert werden können. Eine vergleichende Lektüre der Kapitel zeigt aber auch, dass sich die drei Bereiche in vielfältiger Weise überschneiden und von gemeinsamen Prinzipien bestimmt sind. Hier sollen diese begrifflichen und funktionalen Gemeinsamkeiten diskutiert werden, und es sollen offene Fragen angesprochen werden, von deren Beantwortung weitere Fortschritte in der pädagogischen Förderung der Schülerentwicklung zu erwarten sind.

4.1 „Aus der Praxis"

„Über meine Englisch-Note habe ich mich riesig gefreut. Ich hatte große Lust, gleich weiter zu lernen, und mir überlegt, welche Vokabeln ich als nächstes drannehme." (Anne G., 13 Jahre)
Verknüpfung von Emotion, Motivation und Selbstregulation

„Mathe macht mir Spaß, da übe ich immer zusätzlich und habe einen Plan, wie ich Sieger im nächsten Mathe-Wettbewerb werden könnte. Deutsch und Englisch finde ich einfach langweilig, da denke ich nicht lange drüber nach und mache nur das Nötigste." (Thomas D., 10 Jahre)
Domänenspezifität von Emotion, Motivation und Selbstregulation

„Ich wusste, dass ich die nächste Klassenarbeit sowieso nicht bestehe. Ich habe mich dann ziemlich hoffnungslos gefühlt und hatte keine Energie mehr, etwas für die Arbeit zu tun." (Lisa S., 17 Jahre)
Kognitive Einschätzung als gemeinsame Bedingung von Emotion und Motivation

„Chemie ist für uns in diesem Jahr das schönste Fach. Mein Freundin und ich finden die Formeln spannend und lernen jetzt für dieses Fach am meisten. Warum? Unsere Lehrerin weiß alles über Chemie und kann super erklären; man merkt, wie begeistert sie selber von dem Fach ist; wir dürfen in kleinen Gruppen selber Experimente durchführen, und wenn wir nicht weiterkommen, hilft sie uns; und sie sagt jedem Schüler, dass er Chemie drauf hat und gute Noten bekommen kann." (Susanna K., 16 Jahre)
Gemeinsame Unterrichtsbedingungen von Emotion und Motivation

> „Der Pythagoras hat mir wirklich etwas Angst gemacht, Geometrie ist nicht meine Stärke. Ich wollte aber nicht als Versager dastehen, deshalb habe ich mich ziemlich angestrengt. Das hat geholfen, als ich die Übungsaufgaben dann gut konnte, hatte ich nicht mehr so viel Panik, und als ich zum Schluss eine gute Note bekommen habe, war meine Angst weg." (Reinhard F., 14 Jahre)
> **Wechselwirkungen von Emotion, Motivation und Leistung**

4.2 Zum Verhältnis der drei Begriffe

In Kapitel 2 wurde erläutert, dass unter „Emotion" ein mehrdimensionales Geschehen verstanden wird. Emotionen umfassen affektive, kognitive, physiologische, expressive und motivationale Teilprozesse – wie z.B. ein nervöses, unlustvolles Gefühl, Sorge um möglichen Misserfolg, physiologische Aktivierung, ängstlicher Gesichtsausdruck und Meidensmotivation bei Prüfungsangst. „Motivation" wurde im ersten Kapitel definiert als „ein psychischer Prozess, der die Initiierung, Steuerung, Aufrechterhaltung und Evaluation zielgerichteten Handelns leistet" (s. 81). Selbstreguliertes Lernen schließlich wurde in Kapitel 3 als eine Form des Wissens- und Kompetenzerwerbs beschrieben, bei dem Lerner sich eigenmotiviert Ziele setzen, diesen Zielen entsprechend handeln und die Erreichung der Ziele bewerten. Aus diesen drei Begriffsbestimmungen folgt, dass Emotion, Motivation und Selbstregulation nicht unabhängig voneinander sind.

- Die Auslösung von Handlungsimpulsen ist als wesentlicher Bestandteil von Emotionen anzusehen. Eine zentrale Funktion von Emotionen ist es, Individuen zu motivieren, auf bedeutsame Ereignisse rasch, flexibel und zielgerichtet zu reagieren. Motivation ist aus dieser Perspektive eine Komponente von Emotionen.
- Zur Motivation, also Prozessen des In-Gang-Setzens, Durchführens und Bewertens von Handlungen, zählen u.a. auch Emotionen. Diese können nicht nur den Beginn von Handlungen bestimmen, sondern auch deren Verlauf und deren Bewertung beeinflussen. Aus dieser Perspektive sind Emotionen Bestandteil von Motivation.
- Sowohl Emotion als auch Motivation sind zentrale Elemente der Selbststeuerung von Lernen: Ohne sie käme Lernen gar nicht erst zustande, und ohne sie könnte Lernen nicht aufrechterhalten, gesteuert und vom Lerner selbst bewertet werden.

Für Emotion und Motivation folgt aus diesen Begriffsbestimmungen, dass sie sich konzeptuell deutlich überschneiden. Ferner überschneiden sich beide auch mit der Kognition, also der mentalen Repräsentation eines vorhandenen oder möglichen Sachverhalts. So handelt es sich z.B. bei dem angsterfüllten Wunsch eines Schülers, in einer Prüfung möglichst nicht zu versagen, gleichzeitig um eine Emotion, eine

Motivation und eine Kognition. Nur begriffsanalytisch lassen sich diese drei Bereiche voneinander unterscheiden; in der Wirklichkeit sind sie meist miteinander verwoben. Dementsprechend wichtig ist es, bei einer Einschätzung von Schülermotivation immer auch die emotionale Lage der Schüler zu bedenken, und bei einer Einschätzung ihrer Emotionen immer auch die motivationalen Konsequenzen im Blick zu haben.

Ferner folgt aus den Begriffsbestimmungen, dass sowohl Emotion wie auch Motivation zentral für die Selbstregulation sind. Emotionen beeinflussen das Setzen von Lern- und Leistungszielen (Linnenbrink & Pintrich, 2002) und die Bereitschaft zu flexiblem Denken und Handeln, das eine Voraussetzung für selbstreguliertes Lernen ist. Ferner sind Emotionen für die Bewertung der Zielerreichung wesentlich. Für Motivation gilt, dass selbstreguliertes Lernen ohne sie weder zustande käme noch aufrechterhalten werden könnte. Auch dies hat schulpraktische Konsequenzen: Sollen Kompetenzen zur Selbstregulation gefördert werden, beinhaltet dies immer auch eine Förderung emotionaler und motivationaler Kompetenzen (vgl. Kap. 3).

4.3 Gemeinsame Prinzipien

In der Literatur zu Emotion, Motivation und Selbstregulation finden sich z.T. unterschiedliche Begrifflichkeiten für ähnliche Sachverhalte. Dies kann das Entdecken von Gemeinsamkeiten erschweren. Tatsächlich aber lassen sich eine Reihe von funktionalen Gemeinsamkeiten ausmachen – Emotion, Motivation und Selbstregulation unterliegen gemeinsamen Prinzipien ihrer Entstehung, ihrer Wirkungen und ihrer pädagogischen Beeinflussbarkeit.

4.3.1 Persönlichkeit und aktuelle Prozesse

Bei Emotion, Motivation und Selbstregulation handelt es sich zunächst jeweils um ein aktuelles Geschehen in einer bestimmten Situation. Gleichzeitig können damit aber auch überdauernde, individuelle Dispositionen gemeint sein, die diesen aktuellen Prozessen zugeordnet sind. Bei solchen Dispositionen handelt es sich um Merkmale, die unter dem Begriff „Persönlichkeit" zusammengefasst werden (Amelang & Bartussek, 2006). Für die Bezeichnung solcher Dispositionen finden sich in der Literatur zu Emotion einerseits und zu Motivation andererseits jeweils unterschiedliche Begriffe. Wie in Kapitel 2 geschildert, wird in der Emotionsforschung von „trait-Emotionen" gesprochen. In der Motivationsforschung hingegen ist u.a. von Motiven und Zielorientierungen die Rede. Dies hat zur Folge, dass es sich beispielsweise bei der „Furcht vor Misserfolg" aus der Perspektive der Emotionsforschung um eine trait-Emotion handelt, aus der Perspektive der Motivationsforschung hingegen um ein

Motiv; gemeint ist jeweils die Neigung, auf Leistungssituationen mit Angst vor Versagen zu reagieren (Heckhausen, 1989).

Definition

Bei *Persönlichkeit* handelt es sich um die organisierte Gesamtheit aller relativ überdauernden, individuellen Merkmale eines Menschen.

In allen drei Bereichen lassen sich zwei Arten von Dispositionen unterscheiden. Dabei handelt es sich zum einen um „abstrakte Dispositionen" (Tuomela, 1978), die aus einer beschreibenden Zusammenfassung von individuellen Neigungen bestehen, wiederholt eine bestimmte Form von Emotion, Motivation oder Selbstregulation zu zeigen. Trait-Emotionen, individuelle Zielorientierungen oder Stile der Lernregulation sind hier zuzuordnen. So handelt es sich z.B. bei trait-Angst („Ängstlichkeit") um die individuelle Neigung, häufig Angst zu erleben. Bei abstrakten Dispositionen besteht zwischen aktuellem Prozess und Disposition eine Teil-Ganzes-Beziehung, da die Disposition aus Wiederholungen des Prozesses besteht. Für kausale Erklärungen ist diese Form der Disposition wenig geeignet. Es ist nicht sinnvoll, die state-Angst eines Schülers in einer bestimmten Situation damit zu erklären, dass er ängstlich ist, er also wiederholt Angst erlebt – wiederkehrende Angst liefert keine ursächliche Erklärung für das einzelne Angsterleben. Anders ist dies mit „konkreten Dispositionen", bei denen es sich um Sachverhalte handelt, die über Wiederholungen des Prozesses hinausreichen und von ihm getrennt sind. Solche unabhängigen Sachverhalte können den jeweiligen Prozess verursachen und sind deshalb für kausale Erklärungen verwendbar. So handelt es sich z.B. beim Fähigkeitsselbstkonzept eines Schülers, also seiner mentalen Repräsentation eigener Fähigkeiten, um eine konkrete Disposition, welche zur Erklärung von aktuellen Erfolgserwartungen und Leistungsängsten des Schülers beitragen kann.

Implikationen für die Praxis

Zur Erklärung von Emotionen, Motivation und Selbststeuerung eines Schülers ist es notwendig, konkrete Ursachen und Bedingungen zu ermitteln. Nur so lassen sich Wege finden, die Entwicklung des Schülers pädagogisch zu fördern. So kann z.B. ein konkreter Grund für die Leistungsangst eines Schülers in mangelndem Selbstvertrauen liegen; in einem solchen Fall kann die Angst reduziert werden, wenn das Selbstvertrauen des Schülers gestärkt wird. Hingegen ist es nicht hilfreich, die Angst zu erklären, indem man den Schüler als ängstlich einstuft – damit ist keine konkrete Ursache benannt, und pädagogische Handlungsmöglichkeiten lassen sich aus einer solchen Zuschreibung nicht ableiten.

4.3.2 Die Bedeutung kognitiver Einschätzungen

Wie in Kapitel 2 dargestellt wurde, gehen viele Emotionstheorien davon aus, dass Emotionen von kognitiven Einschätzungen bestimmt werden, die zwischen Situationswahrnehmung und Emotionserleben vermitteln. So werden u.a. Einschätzungen von Kontrollierbarkeit, Verursachung, Bedeutung und normativer Angemessenheit von Ereignissen für das Entstehen unterschiedlicher Emotionen verantwortlich gemacht. Auch in der Motivationspsychologie werden solche Einschätzungen für zentral gehalten. Wie in Kapitel 1 erläutert, werden insbesondere Erwartungen und subjektive Bedeutungen von Handlungen und deren Folgen als wesentlich für die Entwicklung von Motivation angesehen. Schließlich gilt auch für die Selbstregulation, dass kognitiven Einschätzungen eine zentrale Funktion zukommt. Erwartungen zur instrumentellen Nützlichkeit bestimmter kognitiver und metakognitiver Lernstrategien sind entscheidend für die Strategiewahl, Einschätzungen von Ist-Soll-Diskrepanzen sind wesentlich für die regulatorische Anpassung des Lernhandelns, und Bewertungen der Zielerreichung sind wesentlich für den Abschluss einer Lernsequenz und den Start der nächsten Sequenz.

Auch hier sollte die Unterschiedlichkeit der Begriffe in den jeweiligen Forschungstraditionen nicht den Blick auf die Gemeinsamkeiten verstellen. In allen drei Bereichen wird heute davon ausgegangen, dass subjektive Einschätzungen von eigenen Kompetenzen, situativen Bedingungen und möglichen Handlungsergebnissen für Entstehung und Verlauf von Emotion bzw. Motivation und Selbstregulation zentral sind. Auch sind die meisten Arten von Einschätzungen für alle drei Bereiche gleichermaßen wichtig. Dies gilt insbesondere für Erwartungen und subjektive Bewertungen von Situation, Handlung, Handlungsergebnissen und Ergebnisfolgen sowie für kausale Attributionen dieser Ergebnisse und Folgen. Bei allen Unterschieden im Detail zeigen die Annahmen unterschiedlicher Theorien zu Emotion, Motivation und Regulation (z.B. Erwartungs-Wert-Theorien, Kontroll-Wert-Theorie, attributionale Theorien) in diesem Punkt eine weitgehende Übereinstimmung (vgl. auch Wigfield & Cambria, 2010).

4.3.3 Domänenspezifität

In unserem Alltagsdenken glauben wir gerne, dass ängstliche Personen dazu neigen, in vielen unterschiedlichen Situationen Angst zu erleben, und dass hoch leistungsmotivierte Personen immer auch leistungsmotiviert sind, wenn sich Gelegenheiten zur Auseinandersetzung mit einem Leistungsmaßstab ergeben. Entspricht dies der Realität? Lässt sich z.B. von den Emotionen und der Motivation eines Schülers im Fach Deutsch auf seine Emotion und Motivation in Mathematik schließen? Sind

ängstliche Schüler in allen Fächern ängstlich, und lernmotivierte Schüler in allen Fächern lernmotiviert?

Die Befunde vieler Studien zeigen, dass sich die individuellen kognitiven Einschätzungen, die Emotion, Motivation und Selbstregulation von Schülern zugrunde liegen, über Inhaltsdomänen und Schulfächer hinweg stark unterscheiden können (Bong, 2001). Wie in Kapitel 1 dargestellt, kann z.B. das Interesse von Schülern an unterschiedlichen Schulfächern stark variieren, wofür wohl vor allem die Differenzierung von Interessen im Laufe der Schulzeit verantwortlich ist. Besonders gut ist für die Fähigkeitsselbstkonzepte von Schülern belegt, dass sie über mathematisch-naturwissenschaftliche und sprachliche Fächer hinweg kaum miteinander korrelieren – ganz im Gegensatz zu den tatsächlichen Leistungen, die in der Regel deutlich positiv zusammenhängen. Eine von Herbert Marsh vorgeschlagene Erklärung besteht darin, dass fachbezogene Fähigkeitsselbstkonzepte sich zum einen am Vergleich mit anderen Schülern orientieren, zum anderen aber auch am individuellen Abgleich der eigenen Stärken und Schwächen in unterschiedlichen Fächern (Marsh & Hau, 2004). Die erste Vergleichsperspektive würde einen positiven Zusammenhang der Selbstkonzepte über Fächer hinweg nahelegen, die zweite hingegen einen negativen; die Gegenläufigkeit der beiden Perspektiven führt in der Summe zum Fehlen eines korrelativen Zusammenhangs.

Wenn nun Selbstkonzepte und Interessen, die kognitiven Situations- und Handlungseinschätzungen zugrunde liegen, sich so stark von Fach zu Fach unterscheiden können, dann sollte dies auch für die Emotions-, Motivations- und Regulationsprozesse gelten, die von diesen Einschätzungen gesteuert werden. Tatsächlich hat die Forschung in den letzten Jahren zeigen können, dass Emotionen und Motivation von Schülern über Fächer hinweg ebenfalls kaum Zusammenhänge zeigen (z.B. Bong, 2001; Goetz, Frenzel, Pekrun, Hall & Lüdtke, 2007). Von den Klassenstufen der Mittelstufe an handelt es sich sogar häufig um Nullkorrelationen. Im Unterschied zu traditionellen Auffassungen muss deshalb heute davon ausgegangen werden, dass Schüler, die in einem bestimmten Fach hoch leistungsängstlich oder leistungsmotiviert sind, dies in anderen Fächern keineswegs sein müssen: Es ist kaum möglich, von Emotionen, Motivation oder Regulation eines Schülers im Fach A auf seine psychische Situation im Fach B zu schließen; es gilt immer, den Kontext von Inhaltsdomäne und Schulfach mit zu bedenken.

4.3.4 Der Einfluss von Unterricht und sozialen Umwelten

Wenn kognitive Einschätzungen als unmittelbare Bedingungen von Emotion, Motivation und Selbstregulation anzusehen sind, dann folgt auch, dass Unterrichts- und Umweltfaktoren Einfluss nehmen, indem sie sich zunächst auf diese Einschätzungen auswirken. Kognitive Selbst-, Situations- und Handlungseinschätzungen wirken als

vermittelnde Größen, und ein Unterricht, der diese Einschätzungen von Schülern verändert, nimmt auch Einfluss auf ihre Emotionen, ihre Motivation und ihre Selbstregulation.

Bei der vermittelnden Rolle von kognitiven Einschätzungen handelt es sich um ein traditionsreiches, allgemeines Prinzip sozialkognitiver Lerntheorien (Bandura, 1986), das auch mit konstruktivistischen Auffassungen zum Lernen in Einklang steht: Die subjektive Konstruktion von Selbst und Welt, die eine Person vornimmt, bestimmt ihr Denken, Fühlen, Wollen und Handeln. Die meisten Ansätze zur Rolle von Unterricht und sozialen Umwelten entsprechen heute diesem Prinzip, wobei auch hier wieder Erwartungen, Werten und Attributionen sowie dem Einfluss von Lehrkräften, Eltern oder Peers auf diese Einschätzungen eine zentrale Rolle zugesprochen wird. So nimmt es auch nicht Wunder, dass unterschiedliche Listen bedeutsamer Unterrichts- und Umweltfaktoren sich zwar teils unterschiedlicher Begriffe bedienen (wie in den vorangegangenen Kapiteln dargestellt), in ihren Kernannahmen aber konvergieren. Eine vergleichende Betrachtung zeigt, dass vor allem fünf Gruppen von Faktoren über unterschiedliche Theorien hinweg als besonders bedeutsam angesehen werden: (1) die kognitive Qualität von Lernumwelten und Aufgaben; (2) ihre motivationale Qualität; (3) die jeweiligen Sozialformen von Unterricht, z.B. in Gestalt von Autonomiegewährung; (4) Zielstrukturen und Erwartungen an den Schüler; sowie (5) Leistungsrückmeldungen und die Konsequenzen von Leistungen (vgl. Kap. 1 und 2).

4.3.5 Wirkungen auf Lernen und Leistung

Wie in den Kapiteln dieses Bandes dargestellt, lässt die Befundlage darauf schließen, dass Emotion, Motivation und Selbstregulation für die Lernleistungen von Schülern zentral sind. Von den häufig nicht allzu hohen Korrelationen sollte man sich dabei nicht irritieren lassen: Die Organisation unseres schulischen Bildungswesens zielt darauf, einen gemeinsamen Sockel an Motivation für alle Schüler sicherzustellen; die allgemeine Schulpflicht sorgt dafür, dass die Motivation in der Regel zumindest hinreicht, sich dem täglichen Schulbesuch zu unterziehen. Man mache nur einmal das Gedankenexperiment, es wäre Kindern und Jugendlichen frei überlassen, zur Schule zu gehen oder auch nicht – die Folge wäre sicher, dass einige motiviert wären, der Einladung zu folgen, andere hingegen nicht. Die motivationsbedingt hohe Variation resultierender Lernzeiten hätte zur Folge, dass sich die Leistungsvarianz selbst beim Erwerb einfacher, grundlegender Kulturfertigkeiten wie Lesen und Schreiben drastisch erhöhen würde. Entsprechend erhöht wären Korrelationen zwischen Motivation und Kompetenzerwerb. Technisch gesprochen sind diese Korrelationen aufgrund der beabsichtigten Varianzeinschränkung der Motivation zum Schulbesuch reduziert; dies aber sollte von der fundamentalen Notwendigkeit motivationaler Voraussetzungen für formelles Lernen nicht ablenken.

Die Befundlage zeigt auch, dass Emotion, Motivation und Selbstregulation gleich-förmige Wirkungen zeigen, die sich gemeinsam beschreiben lassen. Der Darstellung in den beiden ersten Kapiteln lässt sich beispielsweise entnehmen, dass positive Emotionen (z.B. Lernfreude) einerseits und Interesse sowie intrinsische Motivation andererseits parallele Wirkungen entfalten, indem sie den Einsatz flexibler Lernstra-tegien (z.B. Elaboration und Organisation von Lernmaterial) und die daraus resultie-renden Lernleistungen fördern. Weniger günstig fallen die Wirkungen von negativen Emotionen und extrinsisch-fremdbestimmter Motivation aus, obschon die Effekte im Einzelnen recht komplex sein können (z.B. Reduktion von Interesse und kreativem Denken, gleichzeitig aber Steigerung von Motivation zur Misserfolgsmeidung bei Angst; Pekrun, 2006). Die Parallelität der Wirkungen ist auf die engen Verknüpfungen von Emotion und Motivation zurückzuführen: Positive Emotionen beim Lernen sind unmittelbar mit Impulsen zu intrinsischen und erfolgsorientierten Formen der Moti-vation verknüpft, viele negative Emotionen (z.B. Angst, Langeweile) hingegen mit Meidensmotivation.

4.3.6 Reziproke Kausalität

 Denken Sie an eine besonders gute Leistung zurück, die Sie in Ihrem Studi-um erbracht haben. Welche Einfluss haben Ihre Emotionen und Ihre Motiva-tion auf diese Leistung gehabt, und wie hat sich diese Leistung umgekehrt auf Ihre Gefühle und Ihre Motivation ausgewirkt?

Die empirisch-pädagogische und pädagogisch-psychologische Forschung war tradi-tionell zunächst an der Erklärung von schulischen Leistungen interessiert. Zahllose Modelle zur Schulleistung haben die individuellen und unterrichtlichen Bedingungen von Leistungen thematisiert. Leistung wurde in diesen Modellen als abhängige Grö-ße gesehen. Auch für die Forschung zu Emotion, Motivation und Selbstregulation gilt, dass zunächst ihre Erklärungskraft für das Zustandekommen von Leistungen geprüft wurde. Dies entspricht einem unidirektionalen Denken, bei dem eine Variab-le als vorauslaufende Ursache und eine andere als resultierende Wirkung gesehen wird. Tatsächlich aber dürfte es sich nicht um unidirektionale Kausalität, sondern um Wechselwirkungen handeln. Emotion, Motivation und Selbstregulation wirken sich auf Lernleistungen aus; Erfolge und Misserfolge beim Lernen aber wirken auf die Selbsteinschätzungen des Schülers sowie seine sozialen Umwelten und damit auf seine Emotion, Motivation und Selbstregulation zurück (Abbildung 1). Wer gute No-ten bekommt, hat Anlass zu Optimismus und ist deshalb leichter in der Lage, posi-tive Lernemotionen, intrinsische Motivation und die mentale Freiheit zur Selbstregu-lation von Lernen zu erleben. Wiederholte Misserfolgsrückmeldungen haben den gegenteiligen Effekt: Wenn dauerhaft Versagen attestiert wird, folgen Attributionen auf mangelnde Begabung, ein Absinken des Fähigkeitsselbstkonzepts, negative Emotionen, eine Reduktion des Interesses und ein Rückzug auf fremdbestimmte oder demotivierte Formen des Lernens. Auch unter der Perspektive einer Entwicklung über die Schuljahre hinweg zählen schulische Erfolge und Misserfolge zu den wichtigsten Determinanten der Entwicklung von Emotion, Motivation und Selbstregulation.

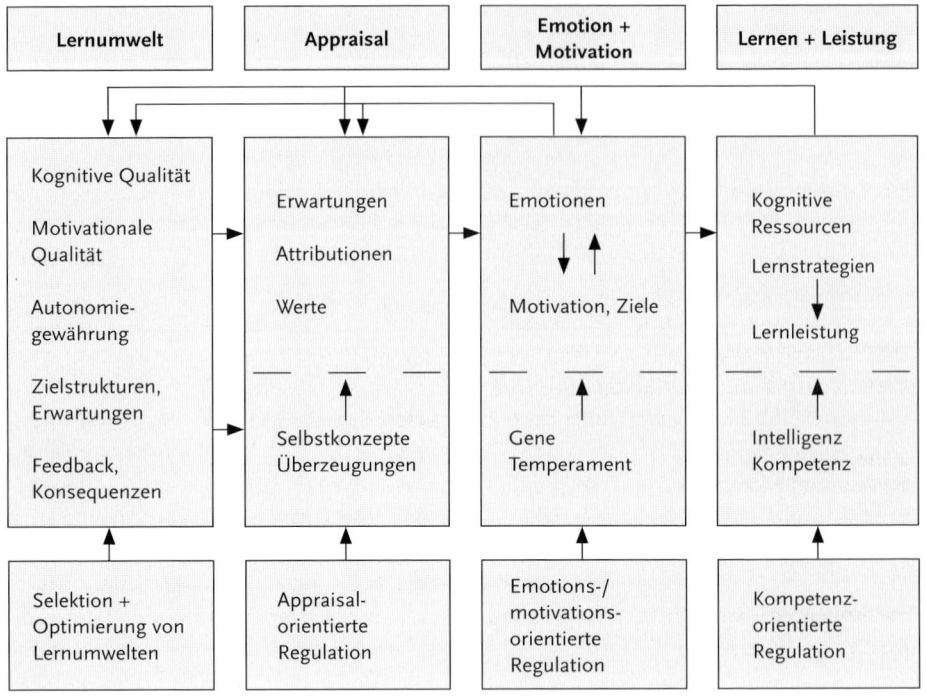

Abbildung 1. Reziproke Kausalität und Regulation von Emotion und Motivation

Dies bedeutet, dass die drei Bereiche mit ihren Bedingungen und Wirkungen jeweils durch Wechselwirkungen in Gestalt von reziproken Bedingungsbeziehungen und Rückkopplungen verknüpft sind. Empirisch belegt ist dies vor allem für die Fähigkeitsselbstkonzepte und die Prüfungsangst von Schülern (Marsh, Trautwein, Lüdtke, Köller & Baumert, 2005; Pekrun, 1992). Man sollte sich deshalb von der Vorstellung lösen, dass Emotion, Motivation und Selbstregulation nur als Bedingungen von Lernleistung anzusehen sind – sie sind gleichzeitig auch Folgen des Lernens. Eine solche Abkehr von unidirektional-linearem Denken ist auch deshalb wichtig, weil Lernfreude, intrinsische Motivation und Kompetenzen zur Selbstregulation nicht nur Bedingungen des kognitiven Kompetenzerwerb darstellen – es handelt sich um zentrale Bildungsziele, die unter Perspektiven der Persönlichkeitsentwicklung von Schülern als eigenständige Zielgrößen und nicht (nur) als Mittel zum Zweck anzusehen sind.

4.3.7 Regulation von Emotion, Motivation und Selbststeuerung

 Die meisten Menschen kennen das Gefühl, Angst davor zu haben, in einer Prüfung zu versagen. Erinnern Sie sich bitte an eine Prüfung, vor der Sie Angst hatten. Was haben Sie getan, um mit dieser Angst umzugehen, und wie gut ist es Ihnen gelungen, Ihre Angst zu bewältigen? Welche anderen Handlungsmöglichkeiten hätten Sie vielleicht noch gehabt, um Ihre Angst zu reduzieren?

Aus Prinzipien der reziproken Kausalität folgt, dass Emotion, Motivation und Selbstregulation durch Einflussnahme auf Komponenten der beteiligten Rückkopplungsprozesse verändert werden können. Sie lassen sich nicht nur direkt verändern, sondern auch, indem man gezielt ihre Bedingungen und Wirkungen verändert (Abbildung 1). In exemplarischer Weise soll dies kurz für die Regulation von Emotionen im Lern- und Leistungskontext dargestellt werden (Pekrun, 2006; allgemein zu Emotionsregulation John & Gross, 2005; Ochsner & Gross, 2008; zur Regulation von Motivation Wolters, 2003). Emotionsregulation ist traditionell im Kontext der Forschung zu Stressbewältigung („coping"; Lazarus & Folkman, 1984; Zeidner & Endler, 1996) erforscht worden. In den letzten Jahren wurde die Perspektive erweitert; nicht nur negative Emotionen und zugrundeliegender Stress, sondern auch positive Emotionen können reguliert werden. Da positive Emotionen meist lerngünstig und gesundheitsförderlich wirken und negative Emotionen in der Regel weniger adaptiv sind (Kap. 2), hat Emotionsregulation im Lern- und Leistungskontext typischerweise eine Reduktion oder Prävention von negativen Emotionen und eine Förderung von positiven Emotionen zum Ziel. Wesentlich sind vor allem die folgenden fünf Gruppen von Strategien der Emotionsregulation.

a) *Emotionsorientierte Regulation* besteht aus einer direkten Veränderung der jeweiligen Emotion und ihrer Symptome. So kann z.B. Angst durch Alkohol, Nikotin, Beruhigungsmittel oder Entspannungstraining reduziert werden. Eine zweite Möglichkeit der Reduktion emotionaler Spannung wäre, die Emotion einfach zuzulassen und zu akzeptieren („sekundäre Kontrolle"; Morling & Evered, 2006). Schließlich können negative Emotionen wie Angst auch durch positive Emotionen reduziert werden, die mit einem Erleben negativer Emotionen nicht kompatibel sind (z.B. durch Nutzung von Humor, Musik oder emotionaler Unterstützung durch andere). Es ist ersichtlich, dass einige dieser Strategien emotions- und leistungsförderlich sein können, während andere für Leistung und Gesundheit abträglich sind.

b) *Vermeidungsorientierte Regulation* kann als spezieller Fall einer emotionsorientierten Regulation aufgefasst werden. Sie zielt darauf, sich einer stressauslösenden Situation durch behaviorale oder mentale Flucht zu entziehen. Beispiele sind Suche nach Ablenkung durch aufgabenirrelevante Nebentätigkeiten; Aufschieben oder vorzeitige

Beendigung des Lernens; Schulverweigerung; Nicht-Antreten zu Prüfungen; Studienabbruch etc. Strategien dieser Art können zwar kurzfristig zu einer Reduktion negativer Emotionen führen, haben aber erkennbar ungünstige Langzeitwirkungen.

c) *Appraisal-orientierte Regulation* besteht aus einer Veränderung der Selbst- und Situationseinschätzungen, die der Emotionsauslösung zugrunde liegen. So können beispielsweise durch eine Veränderung von kausalen Erfolgs- und Misserfolgsattributionen (z.B. Erklärung von Misserfolgen durch mangelnde Anstrengung anstelle mangelnder Begabung) die Kontrollüberzeugungen von Schülern verbessert werden, mit der Folge einer Stärkung positiver und Reduktion negativer Lern- und Leistungsemotionen. Kognitive Emotionstherapien bedienen sich dieser Möglichkeit der Emotionsregulation (Zeidner, 1998).

d) *Kompetenzorientierte Regulation* hat zum Ziel, den Kompetenzerwerb zu fördern, um Lernerfolge zu ermöglichen und auf diesem Wege positive Emotionen zu stärken und negative zu reduzieren. Der Einsatz von Lernanstrengung sowie kognitiven und metakognitiven Lernstrategien (vgl. Kap. 3) kann dieser Zielsetzung dienen.

e) *Gestaltung von Lernumgebungen und Aufgaben.* Schließlich können Emotionen auch reguliert werden, indem Lernumgebungen und Lernaufgaben in „affektiv gesunder" Weise (Astleitner, 2000) gestaltet werden (vgl. Kap. 2). So haben z.B. Sansone, Weir, Harpster und Morgan (1992) gezeigt, wie Lerner vermeintlich langweilige Aufgaben so umgestalten können, dass ihre Bewältigung interessant wird (vgl. auch Nett, Goetz, & Daniels, 2010). Wenn entsprechende Gestaltungsspielräume gelassen werden, kann diese Möglichkeit nicht nur von Schule und Bildungspolitik, sondern auch von Schülern selber genutzt werden – unter der Voraussetzung, dass ihnen hinreichende Kompetenzen zur Selbststeuerung vermittelt werden.

> **Definition**
>
> Unter *Emotionsregulation* ist die gezielte Auslösung, Veränderung und Beendigung von Emotionen zu verstehen (meist mit dem Ziel einer Steigerung von positiven Emotionen oder einer Reduktion von negativen Emotionen).

4.3.8 Universalität von Emotion, Motivation und Selbstregulation

Sind die Erscheinungsformen, Bedingungen und Wirkungen von Emotion, Motivation und Selbstregulation über unterschiedliche Schulfächer, Schülergruppen, Schulformen und Kulturen hinweg vergleichbar? Diese Frage wird kontrovers diskutiert. Die Befundlage ist gegenwärtig noch recht spärlich; es zeichnet sich aber ab, dass hier zwei sachlogisch getrennte Fragestellungen unterschieden werden sollten. Die erste Frage ist, welche Inhalte Emotion, Motivation und Selbstregulation jeweils haben und wie häufig und intensiv sie auftreten. Die zweite, hiervon getrennte Frage ist, in welchen funktionalen Zusammenhängen sie mit ihren Bedingungen und Wirkungen stehen. Für Inhalte, Häufigkeit und Verlaufsparameter (wie z.B. Intensität) scheint zu gelten, dass sie sich über Fächer, Schülergruppen und Kulturen hinweg deutlich unterscheiden können. Die funktionalen Gesetzmäßigkeiten der Zusammenhänge mit Bedingungen und Wirkungen hingegen scheinen eher universeller Art zu sein (Pekrun, 2009).

So können z.B. Emotionen und Interesse der Schüler von Schulfach zu Schulfach sehr unterschiedlich ausgeprägt sein; gleichzeitig aber gilt für unterschiedliche Schulfächer gleichermaßen, dass positive Emotionen wie Lernfreude in positiven Zusammenhängen mit den fachspezifischen Lernleistungen stehen, während sich für negative Emotionen wie Angst und Langeweile negative Zusammenhänge zeigen (Goetz et al., 2007). Eine zweites Beispiel sind Unterschiede zwischen Jungen und Mädchen. Wie in Kapitel 2 dargestellt, wurde immer wieder gefunden, dass Mädchen in mathematisch-naturwissenschaftlichen Fächern unter geringerem Selbstvertrauen und ungünstigen Emotionen leiden; die Beziehungen von Fähigkeitsselbstkonzepten, Angst etc. zu Leistungen in diesen Fächern sind jedoch für beide Geschlechter gleichförmig ausgeprägt (z.B. Frenzel, Pekrun & Goetz, 2007). Auch für Unterschiede zwischen Kulturen schließlich scheinen Gesetzmäßigkeiten universeller Bedingungs- und Wirkungsbeziehungen zu gelten. So wurde z.B. für Leistungsemotionen im Kulturvergleich gefunden, dass chinesische Schüler mehr Lernfreude und Angst, aber weniger Ärger im Mathematikunterricht berichten als deutsche Schüler; die Beziehungen dieser Emotionen zu Selbsteinschätzungen und elterlichen Erwartungen aber sind über beide Kulturen hinweg recht ähnlich ausgeprägt (Frenzel, Thrash, Pekrun & Goetz, 2007).

Mithin ist auch für Schüler im deutschen Bildungswesen davon auszugehen, dass sich ihre Emotionen, ihre Motivation und ihre Selbststeuerung von Fach zu Fach und Schülergruppe zu Schülergruppe stark unterscheiden können. Diese Heterogenität der Erlebensformen sollte aber nicht darüber hinwegtäuschen, dass die in den vorangegangenen Kapiteln dargestellten Bedingungsmechanismen vermutlich allgemeiner Art sind – ein gutes Selbstvertrauen im Leistungsbereich z.B. stellt bei Jungen wie bei Mädchen, bei deutschstämmigen Kinder wie bei Kindern aus Migrationsfamilien eine wichtige Voraussetzung für Interesse und Lernfreude dar, und diese wiederum können sich bei Schülern unterschiedlicher Gruppen gleichermaßen günstig auf Lernen und resultierende Leistungen auswirken.

4.4 Ausblick und offene Fragen

Den vorangegangenen Kapiteln ist zu entnehmen, dass die Forschung in den letzten Jahren entscheidende Fortschritte in der Erklärung von Emotion, Motivation und Selbstregulation von Schülern gemacht hat. Dabei handelt es sich nicht nur um Erkenntnisse der Grundlagenforschung; es sind auch Programme für die Praxis entwickelt worden, die sich unmittelbar im schulischen Unterricht nutzen lassen. Dennoch gibt es eine Vielzahl von offenen Fragen, die gegenwärtig noch kaum beantwortet werden können und denen sich die Forschung zu stellen hat. Auch für den Schulpraktiker dürfte es hilfreich sein, sich dieser offenen Fragen bewusst zu sein, um die Begrenzungen des gegenwärtigen Wissens und seiner Anwendungsmöglichkeiten realistisch einschätzen zu können. Sieben dieser Fragen und Desiderata für zukünftige Forschung sind die folgenden (ausführlicher Pekrun & Schutz, 2007):

(1) Integration von Theorien, Methoden und Befunden

Unterschiedliche Forschungstraditionen zu Emotion, Motivation und Selbstregulation haben häufig in relativer Isolation zueinander gearbeitet und ihre jeweils eigenen Konstrukte und Theorien entwickelt. In vielen Bereichen hat dies zur Folge, dass wir heute mit einer Vielzahl von Begriffen, Hypothesen und einzelnen Befunden konfrontiert sind, die selbst der Experte kaum noch zu überblicken vermag. Man schaue sich nur einmal die verwirrende Vielzahl an Begriffen zur Beschreibung von Schülermotivation (Kap. 1) oder die vielfältigen Beschreibungsmodelle zu selbstreguliertem Lernen an (Kap. 3). Die Begriffs- und Theorienvielfalt hat zur Folge, dass sich einander zugeordnete empirische Befunde häufig kaum vergleichend interpretieren und integrieren lassen – wenn z.B. jeder Forscher unter wahrgenommener „Kontrolle" (Skinner, 1996) oder „intrinsischer Motivation" (Heckhausen, 1989) etwas anderes versteht, ist eine Verständigung schwierig. Eine weitere Folge ist, dass auch die Interpretation von diagnostischen Verfahren erschwert wird – hinter einem „Fragebogen für Schülermotivation" können sich sehr unterschiedliche Konzeptionen verbergen. Für die Praxis heißt dies, dass man sich Befunde und Verfahren möglichst genau anschauen sollte, bevor man sie interpretiert und für das eigene Handeln nutzt.

Die nähere Analyse zeigt aber, dass unterschiedliche Konstrukte und Theorien häufig mehr Überlappungen und gemeinsame Annahmen aufweisen, als auf den ersten Blick ersichtlich. So weisen z.B. unterschiedliche Fassungen von Begriffen wie „Emotion" oder „Interesse" einen gemeinsamen Begriffskern auf, der sich nutzen lässt, um die Begriffsführung zu vereinfachen; auch konvergieren die Kernannahmen unterschiedlicher Bedingungs- und Wirkungstheorien – wie z.B. unterschiedlicher Appraisaltheorien zur Entstehung von Emotionen (Kap. 2) – häufig. Folglich wäre es möglich, die Begriffs- und Theorienvielfalt so zu integrieren, dass die wissenschaftliche Kommunikation wie auch die schulpraktische Verwendung von Befunden erleichtert werden. Zukünftige Forschung sollte sich verstärkt dieser Integrationsaufgabe widmen.

(2) Stichprobenbasierte Forschung und der Einzelfall

Die empirisch-pädagogische und pädagogisch-psychologische Forschung bedient sich in erster Linie traditioneller, stichprobenbasierter Analysemethoden, die Zusammenhänge zwischen Variablen oder Unterschiede zwischen Gruppen an einer Vielzahl von Schülern oder Lehrkräften untersuchen. So wurden beispielsweise Wirkungen von Prüfungsangst auf kognitive Leistungen untersucht, indem Gruppen hoch- und niedrigängstlicher Schüler in ihrem Problemlöseverhalten verglichen wurden, und Zusammenhänge von Prüfungsangst und Schulleistung wurden analysiert, indem die Korrelationen von Angst- und Leistungswerten in Gruppen von Schülern berechnet wurden (Zeidner, 1998).

Sieht man sich die resultierenden Zusammenhänge näher an, stellt man fest, dass Gruppenunterschiede und Korrelationen häufig nur mäßige Ausprägungen zeigen (so korrelieren z.B. Prüfungsangst und schulische Leistungen um $r = -.30$; Zeidner, 1998). Dies liefert ein erstes Indiz dafür, dass die Aussagekraft der Daten häufig begrenzt ist, da Zusammenhänge und Merkmalskombinationen, die sich auf ganze Personengruppen beziehen, nicht unbedingt auch für Teilgruppen und einzelne Personen gelten müssen. So bedeutet z.B. eine Angst-Leistungs-Korrelation von -.30, dass zwar leistungsschwache Schüler typischerweise erhöhte Leistungsangst zeigen, dass es aber auch zahlreiche Schüler gibt, bei denen Angst mit exzellenten Leistungen oder fehlende Angst mit schwachen Leistungen kombiniert ist.

Hinzu kommt ein weiterer, grundsätzlicher Gesichtspunkt, der unabhängig von der Höhe der jeweiligen Korrelation in der Stichprobe ist: Aus Zusammenhängen auf Stichprobenebene kann auch deshalb nicht ohne weiteres auf den Einzelfall geschlossen werden, weil Korrelationen für Populationen und für die Einzelperson statistisch voneinander unabhängig sind (Schmitz, 2006). Ein Beispiel möge dies verdeutlichen (Pekrun, Goetz, Titz, & Perry, 2002): In einer Tagebuchuntersuchung mit Lehramtsstudierenden haben wir gefunden, dass selbstberichtete Angst vor den Prüfungen des ersten Staatsexamens und die Motivation zur Prüfungsvorbereitung in der Gesamtstichprobe aller Teilnehmer keinen Zusammenhang zeigten. Hingegen fanden sich bei den einzelnen Teilnehmern über die Tage und Wochen des Prüfungszeitraums hinweg teils sehr hohe Zusammenhänge. Bei einigen Studierenden waren diese Zusammenhänge positiv ausgeprägt (hohe Motivation bei hoher Angst), bei anderen hingegen fielen sie negativ aus (niedrige Motivation bei hoher Angst; zur Interpretation Pekrun, 2006).

Definition

Bei *idiographischen* Aussagen handelt es sich um Aussagen zu Einzelfällen (z.B. einzelne Personen), die nicht den Anspruch erheben, auch für andere Fälle gültig zu sein. *Nomothetische* Aussagen hingegen sind allgemeine Aussagen, die Gültigkeit für alle Fälle einer bestimmten Kategorie beanspruchen (z.B. für alle Menschen).

Zukünftige Forschung sollte sich also verstärkt der Frage widmen, inwieweit stichprobenbasierte Befunde für Gruppen von Schülern und Lehrkräften auch jeweils für die einzelne Person zutreffen. Dabei können Forschungsstrategien verwendet werden, die idiographische (auf den Einzelfall bezogene) und nomothetische (auf allgemeine

Gesetze zielende) Komponenten miteinander verknüpfen. Einfach ausgedrückt: Es gilt, zunächst den Einzelfall zu untersuchen, dann aber auch zu prüfen, ob die resultierenden Erkenntnisse über einzelne Personen hinweg verallgemeinert werden können. Will man also beispielsweise untersuchen, ob intrinsische Motivation zu verbesserter Lernleistung führt, wäre in einem ersten Schritt für einzelne Schüler zu analysieren, wie jeweils die Zusammenhänge von Motivationsform und Leistung aussehen. Dies würde bedeuten, für jeden dieser Schüler zu untersuchen, ob intrinsische, von Interesse und Lernfreude bestimmte Lernepisoden zu größeren Lernerfolgen führen als extrinsisch motivierte Episoden, in denen der Schüler an der Außenwirkung und den Konsequenzen seines Lernens orientiert ist. Anschließend wäre zu prüfen, ob die so gefundenen Zusammenhänge über Schüler hinweg gleichartig sind oder nicht. Solange diese Frage der Generalisierbarkeit über Personen hinweg offen ist, sollte man auch unter schulpraktischer Perspektive Vorsicht walten lassen, wenn in Forschungsberichten dargestellte Befunde auf den Einzelschüler oder die einzelne Lehrkraft angewendet werden sollen.

Implikationen für die Praxis

Die in wissenschaftlichen Publikationen und Lehrbüchern dargestellten Erkenntnisse beziehen sich meist auf Stichproben von Personen. Diese Erkenntnisse liefern die Grundlage, um folgern zu können, mit welchen Ausprägungen, Bedingungen und Wirkungen einer bestimmten Emotions- oder Motivationsform im Schülerdurchschnitt jeweils gerechnet werden muss. So ist z.B. in der Regel damit zu rechnen, dass positive Emotionen die Lernleistung günstig beeinflussen und Angst die Leistung beeinträchtigt. Dies muss aber nicht für alle Schüler bei allen Aufgabenarbeiten gleichermaßen gelten. Will man Emotion, Motivation und Selbstregulation des einzelnen Schüler gezielt pädagogisch fördern, ist es erforderlich, die individuellen Reaktionsweisen dieses Schülers kennenzulernen und pädagogisch zu berücksichtigen.

---

(3) Explizite und implizite Emotion, Motivation und Selbstregulation

Die Forschung in diesem Bereich hat sich bisher überwiegend um bewusste, explizite Prozesse gekümmert, die anhand von Selbstberichtmethoden wie Fragebögen oder Interviews analysiert werden können. Die Gründe hierfür liegen zum einen in der historischen Entwicklung der psychologischen und pädagogischen Forschung. Von den 1950er Jahren an wurden behavioristische Ansätze, die sich auf beobachtbare Situationen und Verhaltensweisen konzentrierten, von kognitiven Ansätzen abgelöst, die sich zunächst vor allem um die Rolle bewusster kognitiver Abläufe gekümmert haben (wie z.B. in Appraisaltheorien zu Emotion und Motivation; Kap. 1 und 2). Zum anderen spielen auch forschungspraktische Gesichtspunkte eine Rolle: Es ist einfacher, Schülern einen Fragebogen vorzulegen, als sie mit aufwendigen impliziten Verfahren (wie z.B. neuropsychologischen Instrumenten) zu untersuchen.

Auch für Emotion, Motivation und Selbstregulation bei Schülern aber gilt, dass nichtbewusste, „implizite" Formen nicht weniger wesentlich sind als explizite, dem reflektiven Bewusstsein zugängliche Erscheinungsformen. Dies gilt z.B. für die Verursachung von Emotionen. So kann beispielsweise die Angst eines Schülers vor einer Prüfung in Mathematik zunächst auf Überlegungen beruhen, wie wichtig die Prüfung ist und wie die Wahrscheinlichkeit eines Versagens einzuschätzen ist – so wie dies in Appraisaltheorien zur Angst angenommen wird. Nach wiederholten Erfahrungen mit Prüfungen in dem jeweiligen Fach aber können solche Einschätzungen einer Automatisierung und kognitiven Schemabildung unterliegen, mit der möglichen Folge, dass bereits die Ankündigung einer Prüfung unmittelbar Angst auslöst. Situationswahrnehmung und Emotion sind dann „kurzgeschlossen", und kognitive Einschätzungen spielen für die Angstentstehung keine Rolle mehr (Pekrun, 1988, 2006). Ferner muss auch die resultierende Angst nicht bewusst sein – eine meidensorientierte Emotionsregulation kann dazu führen, dass nicht nur vermittelnde Einschätzungen, sondern auch die Emotion selber nicht mehr bewusst erlebt wird und nicht mehr berichtet werden kann. Zukünftige Forschung sollte sich verstärkt um solche „impliziten" Formen von Emotion, Motivation und Selbstregulation beim Lernen und Lehren kümmern.

(4) Nutzung neurowissenschaftlicher Perspektiven
Emotion, Motivation und Selbstregulation sind tief in kortikalen und subkortikalen Systemen unseres Gehirns verankert. Die neurowissenschaftliche Forschung hat in den letzten zwanzig Jahren erhebliche Fortschritte in der Analyse der jeweiligen Regelkreise gemacht. So wissen wir heute z.B., welche zentrale Rolle Rückkopplungsprozessen zwischen dem limbischen System (Amygdala, Hippocampus) und anderen Hirnregionen (z.B. dem für exekutive Kontrollprozesse zuständigen präfrontalen Kortex) für Fühlen, Denken, Entscheidungsverhalten und Lernen zukommen (Davidson, Pizzagalli, Nitschke, & Kalin, 2003). Die empirisch-pädagogische und pädagogisch-psychologische Forschung hat diese Fortschritte bisher leider weitgehend ignoriert.

Neurowissenschaftliche Ansätze lassen sich für die pädagogisch orientierte Forschung in vielfältiger Weise nutzen. Neurowissenschaftliche Erkenntnisse haben zunächst Folgen für die Konzeptualisierung und Diagnostik von Emotion, Motivation und Selbstregulation. Erkenntnisse der affektiven Neurowissenschaften belegen beispielsweise, dass emotionale Prozesse – wie oben argumentiert – häufig implizit bleiben und außerhalb des Bewusstseins ablaufen (z.B. Öhman & Soares, 1998). Hieraus folgt, dass Selbstberichtverfahren zu Emotion und Motivation durch Messverfahren zur Erfassung impliziter Prozesse zu ergänzen sind. Darüber hinaus liefern neurowissenschaftliche Ansätze Indikatoren zur Messung der Wirkungen auf kognitive Problemlöseprozesse und Lernen. Bildgebende Verfahren wie EEG und fMRI machen es möglich, die Effekte von affektiv-motivationalen Zuständen auf die Aufmerksamkeit und die Denkprozesse während des Lernens zu untersuchen (z.B. Meinhardt & Pekrun, 2003). Ferner machen es neurowissenschaftliche Verfahren möglich, funktionale Verknüpfungen zwischen emotionalen, motivationalen und regulatorischen Teilprozessen zu analysieren (z.B. Immordino-Yang & Sylvan, 2010). Schließlich erlauben es diese Ansätze auch, die physiologischen Prozesse zu untersuchen, die mit exzessiven maladaptiven Emotionen wie z.B. starker Leistungsangst verknüpft sind.

Bei aller möglichen Begeisterung für neurowissenschaftliches Vorgehen aber sollten auch die Begrenzungen dieser Ansätze im Auge behalten werden. Schulisches Lernen hat den intentionalen, formellen Erwerb von kulturell definierten Kompetenzen und Wissensbeständen zum Ziel. Formelles Lernen aber folgt seiner eigenen Logik und kann nicht allein mit Bezug auf basale Hirnmechanismen erklärt werden, die wir der biologischen Evolution verdanken. Dementsprechend wäre es auch verfehlt, von den Neurowissenschaften Antworten auf Fragen einer didaktischen Gestaltung von Unterricht und Lernaufgaben zu erwarten. Bei solchen Fragen sind immer auch die Inhalte und Kontexte des Lernens in Rechnung zu stellen (Blakemore & Frith, 2005). Dies gilt auch für den Erwerb von Emotionen, Motivation und Selbstregulation bei Schülern – Analysen ihrer Inhalte, Kontexte und Funktionen für formelles Lernen sind erforderlich, und diese können nicht durch neurowissenschaftliche Ansätze allein geleistet werden.

(5) Emotionen jenseits von Leistungsangst

Während Motivation und selbstreguliertes Lernen von Schülern seit längerem intensiv erforscht werden, gilt dies für ihre Emotionen erst seit wenigen Jahren. Einzige Ausnahme ist die Leistungsangst von Schülern und Studierenden, die in mehr als 1.000 empirischen Studien untersucht worden ist. Wenn auch einzelne Fragen offen sind, so wissen wir heute aus diesen vielen Studien doch über Entwicklung, Bedingungen, Leistungsfolgen, individuelle Therapie und mögliche pädagogische Maßnahmen bei dieser Emotion recht gut Bescheid (Kap. 2). Für andere Emotionen hingegen gilt dies nicht, hier steht die Forschung erst am Beginn. Auch sind die bisher vorliegenden Befunde für Emotionen jenseits von Angst keineswegs so eindeutig, wie manche Emotionstheorien dies erwarten lassen würden. Für die Lernfreude von Schülern beispielsweise werden meist positive Wirkungen auf Lernleistungen angenommen; die Belege für diese theoretische Erwartung aber sind bisher nicht nur recht spärlich, sondern auch wenig konsistent. Während sich in einigen Studien klar positive Zusammenhänge mit Problemlöse- und Lernleistungen zeigten (z.B. Pekrun, Goetz, Titz & Perry, 2002), erbrachten andere nur schwache oder fehlende Zusammenhänge (vgl. Linnenbrink, 2007; Pekrun, Elliot & Maier, 2009).

Aufgabe der Forschung wird es deshalb in den nächsten Jahren sein, Entwicklung, Bedingungen und Folgen auch für Emotionen jenseits von Leistungsangst intensiv zu untersuchen. Drei Gruppen von lern- und erziehungsrelevanten Emotionen sollten dabei im Vordergrund stehen: Leistungsemotionen wie Lernfreude, Hoffnung, Stolz, Scham, Hoffnungslosigkeit und Langeweile; epistemische, auf Erkenntnisgewinn und kognitive Qualitäten von Lernaufgaben bezogen Emotionen wie Überraschung und Neugier; sowie soziale, für die Lehrer-Schüler- und Schüler-Schüler-Interaktion wesentliche Emotionen wie Ärger, Dankbarkeit, Mitleid, Mitfreude, Neid, Verachtung und Bewunderung (z.B. Immordino-Yang, McColl, Damasio & Damasio, 2009).

(6) Folgen für lebenslanges Lernen, Persönlichkeitsentwicklung und Gesundheit
Wie in den Kapiteln dieses Bandes diskutiert, sind die Entwicklungsverläufe von Emotion, Motivation und selbstreguliertem Lernen bei Kindern und Jugendlichen während der Schulzeit intensiv untersucht worden. Auch für die nachschulische tertiäre Bildung (insbesondere das universitäre Studium) liegen zahlreiche Befunde vor. Hingegen ist heute noch weitgehend offen, wie sich zu frühen Zeitpunkten erworbene affektive, motivationale und regulatorische Dispositionen unter einer Langzeitperspektive weiterentwickeln. Lassen sich berufliche Karrieren aus den Interessen vorhersagen, die während der Schulzeit pädagogisch angeregt worden sind? Handelt es sich bei Schülern, die aufgrund von schulischen Misserfolgserfahrungen Leistungsängste entwickelt haben, später auch im Betrieb um leistungsängstliche Angestellte? Allgemein gesprochen: Welche Folgen haben Entwicklungen von Emotion, Motivation und Selbstregulation während der Schuljahre für die spätere Persönlichkeits-, Kompetenz- und Berufsentwicklung? Zur Beantwortung solcher Fragen sind Langzeituntersuchungen erforderlich, die über die Schulzeit hinausreichen und die weitere Entwicklung über viele Jahre hinweg begleiten. Solche Untersuchungen könnten auch Antworten auf die bisher ebenfalls kaum beantwortbare Frage liefern, welchen Einfluss Entwicklungen von Emotion, Motivation und Regulation in Schule und nachschulischer Ausbildung auf die lebenslange Entwicklung der psychischen und körperlichen Gesundheit nehmen.

(7) Erziehung zur Freiheit: Das pädagogische Spannungsverhältnis von Selbstregulation und Fremdregulation
Wie in Kapitel 3 dargestellt, sind Kompetenzen zur eigenständigen Regulation von Lernen und Problemlösen als zentrale Bildungsziele anzusehen. Es ist nicht davon auszugehen, dass Schülern eine optimale Entwicklung solcher Kompetenzen in gleichsam naturwüchsiger Weise gelingt, also ohne eine gezielte Förderung durch Schule und Elternhaus. Der Regelfall ist vielmehr, dass eine pädagogische Anregung und Unterstützung ihrer Entwicklung erforderlich ist. Damit ergibt sich auch für die Vermittlung von Kompetenzen zum selbstregulierten Lernen und zur selbständigen Regulation von Emotion und Motivation das grundsätzliche pädagogische Paradoxon einer Erziehung zur Freiheit: Wie kann externer, erzieherischer Einfluss so gestaltet werden, dass er sich im Laufe der Zeit erübrigt; mit anderen Worten: Wie muss Fremdregulation aussehen, damit die Selbstregulation gefördert wird?

Ersichtlich ist, dass der Erwerb selbstregulatorischer Kompetenzen voraussetzt, dass Freiräume zur Entwicklung und Erprobung dieser Kompetenzen gewährt werden. Es ist also erforderlich, Schülern Autonomie zur selbständigen Gestaltung ihres Lernens zu geben (Kap. 3). Gleichzeitig aber zeigt die Forschung, dass die Nutzung solcher Freiräume hinreichende Kompetenzen hierfür voraussetzt. Liegen diese Kompetenzen nicht vor, sind radikalere Formen eines selbstregulierten Lernens für Selbstvertrauen, Emotion und resultierendes Lernen eher abträglich; notwendig ist in solchen Fällen eine pädagogische Hilfestellung (englisch „scaffolding"; z.B. Azevedo & Hadwin, 2005). Wie aber können Autonomiegewährung und begleitende Hilfestellung so gestaltet werden, dass eine Entwicklung von Kompetenzen zur Selbstregulation möglich wird? Welche didaktischen Arrangements sind für unterschiedliche Klassenstufen, Schulfächer und Einzelschüler angemessen? Wie können darüber hinaus Kompetenzen vermittelt werden, die eine Regulation eigenen Handelns und eigener Emotionen auch jenseits von Lernen und kognitivem Kompetenzerwerb ermöglichen? Zukünftige Forschung sollte sich darum kümmern, Antworten auf diese unterrichtspädagogisch und erzieherisch zentralen, bisher aber erst in Ansätzen untersuchten Fragen zu finden.

Fazit

Emotion, Motivation und Selbstregulation weisen begrifflich und in ihren Funktionen vielfältige Verknüpfungen auf, die für die pädagogische Praxis bedeutsam sind. Alle drei Bereiche sind in die Persönlichkeit des Schülers eingebettet; sie sind abhängig von kognitiven Einschätzungen der jeweiligen Anforderungen und eigenen Möglichkeiten und sind deshalb fach- und domänenspezifisch organisiert; gleichzeitig werden sie in jeweils ähnlicher Weise von Unterricht und sozialen Umwelten beeinflusst; sie wirken sich gemeinsam auf Lernen und Leistung aus und werden umgekehrt in ihrer Entwicklung von Lernleistungen beeinflusst, wobei ihre Wechselwirkungen mit individueller Leistung und sozialen Umwelten zahlreiche Möglichkeiten der regulativen Einflussnahme eröffnen. Häufigkeit und Erscheinungsformen von Emotion, Motivation und Selbstregulation können sich über Schülergruppen und Kulturen hinweg stark unterscheiden, ihre grundlegenden Funktionsprinzipien aber scheinen universell gültig zu sein. Von zukünftiger Forschung sind weiterführende Erkenntnisse zu Emotionen jenseits von Leistungsangst, zu impliziten Formen von Emotion, Motivation und Selbststeuerung, zu ihren neurowissenschaftlichen Grundlagen, zu den Folgen für lebenslanges Lernen und Persönlichkeitsentwicklung sowie zu Möglichkeiten einer pädagogischen Förderung von Selbststeuerung zu erwarten.

4.5 Weiterführende Literatur

Amelang, M., Bartussek, D., Stemmler, G., & Hagemann, D. (2006). *Differentielle Psychologie und Persönlichkeitsforschung*. Stuttgart: Kohlhammer.

Elliot, A. J., & Dweck, C. S. (2005). *Handbook of competence and motivation*. New York: Guilford Press.

Heckhausen, H. (1989). *Motivation und Handeln*. Berlin: Springer.

Pekrun, R. (2006). The control-value theory of achievement emotions: Assumptions, corollaries, and implications for educational research and practice. *Educational Psychology Review, 18*, 315-341.

Schutz, P. A., & Pekrun, R. (Eds.). (2007). *Emotion in education*. San Diego, CA: Academic Press.

Spiel, C., Schober, B., Wagner, P., & Reimann, R. (Hrsg.). (2010). *Bildungspsychologie*. Göttingen: Hogrefe.

Literaturverzeichnis

Achtziger, A. & Gollwitzer, P. M. (2006). Motivation und Volition im Handlungsverlauf. In J. Heckhausen & H. Heckhausen (Hrsg.), *Motivation und Handeln* (3. Aufl., S. 277–302). Heidelberg: Springer.

Ainley, M., Hidi, S., & Berndorff, D. (2002). Interest, learning and the psychological processes that mediate their relationship. *Journal of Educational Psychology, 94*(3), 545-561.

Alexander, J. M., Carr, M., & Schwanenflugel, P. J. (1995). Development of metacognition in gifted children: Directions for future research. *Developmental Review, 15,* 1–37.

Amelang, M., Bartussek, D., Stemmler, G., & Hagemann, D. (2006). *Differentielle Psychologie und Persönlichkeitsforschung.* Stuttgart: Kohlhammer.

Ames, C. (1992). Classrooms: Goals, structures, and student motivation. *Journal of Educational Psychology, 84,* 261-271.

Astleitner, H. (2000). Designing emotionally sound instruction: The FEASP-approach. *Instructional Science, 28,* 169-198.

Atkinson, J. W. (1957). Motivational determinants of risk-taking behavior. *Psychological Review, 64,* 359-372.

Azevedo, R., & Hadwin, A. F. (2005). Scaffolding self-regulated learning and metacognition – Implications for the design of computer-based scaffolds. *Instructional Science, 33,* 367-379.

Babad, E. (2007). Teachers' nonverbal behaviors and its effects on students. In R. P. Perry & J. C. Smart (Eds.), *The scholarship of teaching and learning in Higher Education: An evidence-based perspective* (pp. 201-261). New York: Springer.

Bandura, A. (1977). Self-efficacy: Toward a unifying theory of behavioural change. *Psychological Review, 84,* 191-215.

Bandura, A. (1986). *Social foundations of thought and action.* Englewood Cliffs, NJ: Prentice-Hall.

Bandura, A. (1991). Self-regulation of motivation and action through internal standards and goal systems. In L.A. Pervin (Ed.), *Goal concepts in personality and social psychology* (pp. 19-85). Hillsdale, NJ: Erlbaum.

Bandura, A. (1997). *Self-efficacy: The exercise of control.* New York: Freeman.

Barth, A. R. (2006). Burnout bei Lehrern. In D. H. Rost (Ed.), *Handwörterbuch Pädagogische Psychologie,* 71-76. Weinheim: Beltz.

Baumert, J. (1993). Lernstrategien, motivationale Orientierung und Selbstwirksamkeitsüberzeugungen im Kontext schulischen Lernens. *Unterrichtswissenschaft, 21,* 327-354.

Beilock, S. L., Gunderson, E. A., Ramirez, G., & Levine, S. L. (2010). Female teachers' math anxiety affects girls' math achievement. *PNAS 107,* 1860-1863.

Blakemore, S.-J., & Frith, U. (2005). *The learning brain: lessons for education.* Oxford, UK: Blackwell.

Blaney, P. H. (1986). Affect and memory: A review. *Psychological Bulletin, 99,* 229-246.

Boekaerts, M. (1999). Self-regulated learning: Where we are today. *International Journal of Educational Research, 31*(6), 445-457.

Boekaerts, M., & Corno, L. (2005). Self-regulation in the classroom: A perspective on assessment and intervention. *Applied Psychology: An International Journal, 54*(2), 199-231.

Boekaerts, M., & Niemivirta, M. (2005). Self-regulated learning: Finding a balance between learning goals and ego-protective goals. In M. Boekaerts, P. R. Pintrich, & M. Zeidner (Eds.), *Handbook of Self-regulation* (pp. 417-451). Burlington, MA: Elsevier.

Boekaerts, M., Pintrich, P., & Zeidner, M. (Eds.), (2005). *Handbook of Self-Regulation*. San Diego: Academic Press.

Bong, M. (2001). Between- and within-domain relations of academic motivation among middle and high school students: Self-efficacy, task-value, and achievement goals. *Journal of Educational Psychology, 93*, 23-34.

Borkowski, J. G., Chan, L. K. S., & Muthukrishna, N. (2000). A process-oriented model of metacognition: Links between motivation and executive functioning. In G. Schraw & J. Impara (Eds.), *Issues in the Measurement of Metacognition.* Lincoln, NE: Buros Institute of Mental Measurements

Bouffard-Bouchard, T., Parent, S., & Larivée, S. (1991). Influence of self-efficacy on self-regulation and performance among junior and senior high-school age students. *International Journal of Behavioral Development, 14*(2), 153-164.

Bower, G. H. (1981). Mood and memory. *American Psychologist, 36*, 129-148.

Brunstein, J. C. & Heckhausen, H. (2006). Leistungsmotivation. In J. Heckhausen & H. Heckhausen (Hrsg.), *Motivation und Handeln* (3. Aufl., S. 143-191). Heidelberg: Springer.

Buff, A. (2001). Warum lernen Schülerinnen und Schüler? Eine explorative Studie zur Lernmotivation auf der Basis qualitativer Daten. *Zeitschrift für Entwicklungspsychologie und Pädagogische Psychologie, 33*, 157-164.

Burke, A., Heuer, F., & Reisberg, D. (1992). Remembering emotional events. *Memory and Cognition, 20*, 277-290.

Butler, R. (2005). Competence assessment, competence, and motivation between early and middle childhood. In A. J. Elliot & C. S. Dweck (Eds.), *Handbook of competence and motivation* (pp. 202-221). New York: Guilford Publications.

Butler, R. (2007). Teachers' achievement goal orientations and associations with teachers' help-seeking: Examination of a novel approach to teacher motivation. *Journal of Educational Psychology, 99* (2), 241-252.

Caprara, G. V., Fida, R., Vecchione, M., Del Bove, G., Vecchio, G. M., Barbaranelli, C. & Bandura, A. (2008). Longitudinal analysis of the role of perceived self-efficacy for self-regulated learning in academic continuance and achievement. *Journal of Educational Psychology, 100*(3), 525-534.

Cohen, J. (1988). *Statistical power analysis for the behavioral sciences* (Vol. 2). Hillsdale, NJ: Lawrence Erlbaum Associates Publishers.

Corcoran, E. (1981). Transition shock: The beginning teacher's paradox *Journal of Teacher Education, 32*, 19-23

Cordes, C. L., & Dougherty, T. W. (1993). A review and an integration of research on job burnout. *Academy of Management Review, 18*, 621-656.

Csikszentmihalyi, M. (1985). *Das Flow-Erlebnis. Jenseits von Angst und Langeweile: Im Tun aufgehen.* Stuttgart: Klett-Cotta

Csikszentmihalyi, M. (1985). *Das Flow-Erlebnis*. Stuttgart: Klett-Cotta.

Davidson, R. J.; Pizzagalli, D., Nitschke, J. B.; Kalin, N. H. (2003). Parsing the subcomponents of emotion and disorders of emotion: Perspectives from affective neuroscience. In R.J. Davidson, K. R. Scherer & H. H. Goldsmith (Eds.), *Handbook of affective sciences* (pp. 8-24). New York: Oxford University Press.

De Corte, E., Verschaffel, L, & Masui, C. (2004). The CLIA-model: A framework for designing powerful learning environments for thinking and problem solving. *European Journal of Psychology of Education, 19*(4), 365-384.

De Jesus, S. N. & Lens, W. (2005). An integrated model for the study of teacher motivation. *Applied Psychology: An International Review, 54*, 119-134.

de Lorent, H. P. (1992). Praxisschock und Supervision: Auswertung einer Umfrage bei neu eingestellten Lehrern. *Pädagogik, 9*, 22-25.

Deci, E. L & Ryan, R. M. (1985). *Intrinsic motivation and self-determination in human behavior*. New York, NY: Plenum Press.

Deci, E. L. & Ryan, R. M. (1993). Die Selbstbestimmungstheorie der Motivation und ihre Bedeutung für die Pädagogik. *Zeitschrift für Pädagogik, 39*, 223-238.

Deci, E. L., & Ryan, R. M. (1985). *Intrinsic motivation and self-determination in human behavior*. New York: Plenum Publishing.

Deci, E.L., & Ryan, R.M. (Eds.). (2002). *Handbook of self-determination research*. Rochester, USA: University of Rochester Press. (Chapter 1, 9).

Dettmers, S., Trautwein, U., Luedtke, O., Kunter, M., & Baumert, J. (2010). Homework works if homework quality is high: Using multilevel modeling to predict the development of achievement in mathematics. *Journal of Educational Psychology, 102*(2), 467-482.

Dickhäuser, O., Butler, R. & Tönjes, B. (2007). Das zeigt doch nur, dass ich's nicht kann – Zielorientierung und Einstellung gegenüber Hilfe bei Lehramtsanwärtern. *Zeitschrift für Entwicklungspsychologie und Pädagogische Psychologie, 39*, 120-126.

Diener, E., Suh, E. M., Lucas, R. E., & Smith, H. L. (1999). Subjective well-being: Three decades of progress. *Psychological Bulletin 125*, 276-302.

Dignath, C., & Buttner, G. (2008). Components of fostering self-regulated learning among students. A meta-analysis on intervention studies at primary and secondary school level. *Metacognition and Learning, 3*(3), 231-264.

Dignath, C., Büttner, G., & Langfeldt, H.-P. (2008). How can primary school students learn self-regulated learning strategies most effectively? A meta-analysis on self-regulation training programmes. *Educational Research Review, 3*, 101-129.

Dresel, M. (2004). *Motivationsförderung im schulischen Kontext*. Göttingen: Hogrefe.

Dresel, M. & Haugwitz, M. (2008). A computer-based approach to fostering motivation and self-regulated learning. *Journal of Experimental Education, 77* (1), 3-18.

Dresel, M. & Ziegler, A. (2006). Langfristige Förderung von Fähigkeitsselbstkonzept und impliziter Fähigkeitstheorie durch computerbasiertes attributionales Feedback. *Zeitschrift für Pädagogische Psychologie, 20*, 49-63.

Dresel, M., Schober, B. & Ziegler, A. (2005). Nothing more than dimensions? Evidence for a surplus meaning of specific attributions. *Journal of Educational Research, 99* (1), 31-44.

Dresel, M., Schober, B. & Ziegler, A. (2007). Golem und Pygmalion: Scheitert die Chancengleichheit von Mädchen im mathematisch-naturwissenschaftlichen Bereich am geschlechtsstereotypen Denken der Eltern? In P. H. Ludwig & H. Ludwig (Hrsg.), *Erwartungen in himmelblau und rosarot. Effekte, Determinanten und Konsequenzen von Geschlechterdifferenzen in der Schule* (S. 61–81). Weinheim: Juventa.

Dresel, M., Stöger, H. & Ziegler, A. (2006). Klassen- und Schulunterschiede im Ausmaß von Geschlechterdiskrepanzen bei Leistungsbewertungen und Leistungsaspirationen: Ergebnisse einer Mehrebenenanalyse. *Psychologie in Erziehung und Unterricht, 53,* 44-61.

Dweck, C. S. & Leggett, E. L. (1988). A social-cognitive approach to motivation and personality. *Psychological Review, 95,* 256-273.

Dweck, C. S. (1986). Motivational processes affecting learning. *American Psychologist, 41,* 1040-1048.

Dweck, C. S. (2000). *Self-theories: Their role in motivation, personality, and development.* Philadelphia: Psychology Press.

Eccles, J. S. & Wigfield, A. (1995). In the mind of the actor: The structure of adolescents' achievement task values and expectancy-related beliefs. *Personality and Social Psychology Bulletin, 21,* 215-225.

Eccles, J. S. (1983). Expectancies, values, and academic behaviors. In J. T. Spence (Ed.), *Achievement and achievement motivation* (pp. 75-146). San Francisco, CA: Freeman.

Eilam, B., Zeidner, M., & Aharon, I. (2009). Student conscientiousness, self-regulated learning, and science achievement: An explorative field study. *Psychology in the Schools, 46*(5), 420-432.

Ekman, P., Friesen, W. V., & Hager, J. C. (2002). *Facial Action Coding System.* Salt Lake City, UT: Research Nexus.

Elbe, A.-M., Wenhold, F. & Müller, D. (2005). Zur Reliabilität und Validität der Achievement Motives Scale-Sport. *Zeitschrift für Sportpsychologie, 12,* 57-68.

Elliot, A. J. (Ed.). (2008). *Handbook of approach and avoidance motivation.* New York, NY: Psychology Press.

Elliot, A. J., & McGregor, H. A. (2001). A 2x2 achievement goal framework. *Journal of Personality and Social Psychology, 80,* 501-519.

Epstein, J. (1989). Family structures and student motivation: A developmental perspective. In C. Ames & R. Ames (Eds.), *Goals and cognitions* (Research on motivation in education, Vol. 3, pp. 259–295). San Diego, CA: Academic Press.

Ertl, H. (2006). Educational standards and the changing discourse on education: The reception and consequences of the PISA study in Germany. *Oxford Review of Education, 32,* 619-634.

Fehr, B., & Russell, A. J. (1984). Concept of emotion viewed from a prototype perspective. *Journal of Experimental Psychology: General, 113,* 464-486.

Finsterwald, M., Ziegler, A. & Dresel, M. (2009). Individuelle Zielorientierung und wahrgenommene Klassenzielstruktur im Grundschulalter. *Zeitschrift für Entwicklungspsychologie und Pädagogische Psychologie, 41* (3), 143-152.

Fischer, F., Mandl, H. & Todorova, A. (2009). Lehren und Lernen mit neuen Medien. In R. Tippelt & B. Schmidt (Hrsg.), *Handbuch Bildungsforschung* (pp. 753-771). Wiesbaden: VS Verlag.

Flavell, J. H. (2004). Theory-of-mind development: Retrospect and prospect. *Merrill-Palmer Quarterly, 50*, 274–290.

Ford, M. E. (1992). *Motivating Humans: Goals, Emotions and Personal Agency Beliefs*. Newbury Park, CA: Sage.

Försterling, F. (1986). *Attributionstheorie in der Klinischen Psychologie*. München: Urban & Schwarzenberg.

Frenzel, A. C., Goetz, T., & Pekrun, R. (2008). Ursachen und Wirkungen von Lehreremotionen. In M. Gläser-Zikuda & J. Seifried (Eds.), *Lehrerexpertise – Analyse und Bedeutung unterrichtlichen Handelns* (pp. 189-211). Münster: Waxmann.

Frenzel, A. C., Goetz, T., & Pekrun, R. (2009). Emotionen. In E. Wild & J. Möller (Eds.), *Lehrbuch Pädagogische Psychologie* (pp. 205-231). Heidelberg, Germany: Springer.

Frenzel, A. C., Goetz, T., Pekrun, R., & Watt, H. M. G. (2010). Development of mathematics interest in adolescence: Influences of gender, family and school context. *Journal of Research on Adolescence, 20*, 507-537.

Frenzel, A. C., Goetz, T., Stephens, E. J., & Jacob, B. (2009). Antecedents and effects of teachers' emotional experiences: An integrated perspective and empirical test. In P. A. Schutz & M. Zembylas (Eds.), *Advances in teacher emotion research: The impact on teachers' lives* (pp. 129-152). New York: Springer.

Frenzel, A. C., Götz, T., Lüdtke, O., Pekrun, R., & Sutton, R. E. (2009). Emotional transmission in the classroom: Exploring the relationship between teacher and student enjoyment. *Journal of Educational Psychology, 101*(3), 705-716.

Frenzel, A. C., Götz, T., Pekrun, R. & Watt, H. M. G. (2010). Development of Mathematics interest in adolescence: Influences of gender, family, and school context. *Journal of Research on Adolescence, 20*, 507-537.

Frenzel, A. C., Pekrun, R., & Goetz, T. (2007). Girls and mathematics – a „hopeless" issue? A control-value approach to gender differences in emotions towards mathematics. *European Journal of Psychology of Education, 22*, 497-514.

Frenzel, A. C., Thrash, T. M., Pekrun, R., Goetz, T. (2007). Achievement emotions in Germany and China: A cross-cultural validation of the Academic Emotions Questionnaire-Mathematics (AEQ-M). *Journal of Cross-Cultural Psychology, 38*, 302-309.

Friedel, J. M., Cortina, K. S., Turner, J. C. & Midgley, C. (2007). Achievement goals, efficacy beliefs and coping strategies in mathematics: The roles of perceived parent and teacher goal emphases. *Contemporary Educational Psychology, 32* (3), 434-458.

Fries, S. (2002). *Wollen und Können: Ein Training zur gleichzeitigen Förderung des Leistungsvermögens und des induktiven Denkens*. Münster: Waxmann.

Frome, P. M. & Eccles, J. S. (1998). Parents' influence on children's achievement-related perceptions. *Journal of Personality and Social Psychology, 74* (2), 435-452.

Goetz, T. (2004). *Emotionales Erleben und selbstreguliertes Lernen bei Schülern im Fach Mathematik*. München: Herbert Utz Verlag.

Goetz, T., Frenzel, A. C., & Haag, L. (2006). Ursachen von Langeweile im Unterricht. *Empirische Pädagogik, 20,* 113-134.

Goetz, T., Frenzel, A. C., Pekrun, R., & Hall, N. C. (2006). Emotionale Intelligenz im Lern- und Leistungskontext. In R. Schulze, P. A. Freund & R. D. Roberts (Eds.), *Emotionale Intelligenz. Ein internationales Handbuch* (pp. 237-256). Göttingen: Hogrefe.

Goetz, T., Frenzel, A. C., Pekrun, R., Hall, N. C., & Lüdtke, O. (2007). Between- and within-domain relations of students' academic emotions. *Journal of Educational Psychology, 99,* 715-733.

Gottfried, A. E., Fleming, J. S. & Gottfried, A. W. (2001). Continuity of academic intrinsic motivation from childhood through late adolescence: A longitudinal study. *Journal of Educational Psychology, 93* (1), 3-13.

Götz, T. (2006). *Selbstreguliertes Lernen. Förderung metakognitiver Kompetenzen im Unterricht der Sekundarstufe.* Donauwörth: Auer.

Götz, T., & Frenzel, A. C. (2010). Über- und Unterforderungslangeweile im Mathematikunterricht. *Empirische Pädagogik, 24(2),* 113-134.

Götz, T., Frenzel, A. C., Pekrun, R., Hall, N. C., & Lüdtke, O. (2007). Between- and within-domain relations of students' academic emotions. *Journal of Educational Psychology, 99(4),* 715-733.

Greve, W. (Ed.). (2000). *Psychologie des Selbst.* Weinheim: Psychologie Verlags Union.

Hager, J. C. & Ekman, P. (1983). The inner and outer meanings of facial expressions. In J. T. Cacioppo & R. E. Petty (Eds.) *Social Psychophysiology: A Sourcebook* (pp. 287-306). New York: The Guilford Press.

Harter, S. (2006). The self. In N. Eisenberg (Eds.), *Handbook of child psychology: Vol. 3, Social, emotional, and personality development* (pp. 505-570). New York: Wiley.

Hattie, J. A., Biggs, J., & Purdie, N. (1996). Effects of learning skills interventions on student learning: A meta-analysis. *Review of Educational Research, 66(2),* 99–136.

Heckhausen, H. & Gollwitzer, P. M. (1987). Thought contents and cognitive functioning in motivational versus volitional states of mind. *Motivation and Emotion, 11,* 101-120.

Heckhausen, H. & Rheinberg, F. (1980). Lernmotivation im Unterricht, erneut betrachtet. *Unterrichtswissenschaft, 8,* 7-47.

Heckhausen, H. (1987). Wünschen – Wählen – Wollen. In H. Heckhausen, P. M. Gollwitzer & F. E. Weinert (Hrsg.), *Jenseits des Rubikons: Der Wille in den Humanwissenschaften* (S. 3-9): Berlin: Springer.

Heckhausen, H. (1989). *Motivation und Handeln.* Berlin: Springer.

Heckhausen, H., & Kuhl, J. (1985). From wishes to action: the dead ends and short cuts on the long way to action. In M. Frese & L. Sabini (Eds.), *Goal-directed behavior: Psychological theory and research on action* (pp. 134-160, 367-395). Hillsdale, N. J.: Erlbaum.

Heckhausen, J. & Heckhausen, H. (2006). Motivation und Entwicklung. In J. Heckhausen & H. Heckhausen (Hrsg.), *Motivation und Handeln.* 3. Aufl. (S. 393–454). Heidelberg: Springer.

Helmke, A. & Schrader, F.-W. (2006). Determinanten der Schulleistung. In D. H. Rost (Hrsg.), *Handwörterbuch Pädagogische Psychologie* (3. Aufl., S. 83–94). Weinheim: Beltz PVU.

Helmke, A. & van Aken, M. A. G. (1995). The causal ordering of academic achievement and self-concept of ability during elementary school: A longitudinal study. *Journal of Educational Psychology, 87,* 624-637.

Helmke, A. (1983). *Schulische Leistungsangst*. Frankfurt: Lang Verlag.

Helmke, A. (1992). Selbstvertrauen und schulische Leistungen. Göttingen: Hogrefe.

Hertel, S., & Schmitz, B. (2010). *Lehrer als Berater in Schule und Unterricht*. Stuttgart: Kohlhammer.

Holodinsky, M., & Friedlmeier, W. (2005). *Emotionen – Entwicklung und Regulation*. Berlin: Springer.

Holodynski, M. & Oerter, R. (2008). Tätigkeitsregulation und die Entwicklung von Motivation, Emotion, Volition. In R. Oerter & L. Montada (Hrsg.), *Entwicklungspsychologie* (6. Aufl., S. 535–571). Weinheim: Beltz PVU.

Hübner, S., Nückles, M., & Renkl, A. (2009). Writing learning journals: Instructional support to overcome learning-strategy deficits. *Learning and Instruction, 20*, 1-12.

Hulleman, C. S., & Harackiewicz, J. M. (2009). Promoting interest and performance in High School classes. *Science, 326*, 1410-1412.

Immordino-Yang, M. H., & Sylvan, L. (2010). Admiration for virtue: Neuroscientific perspectives on a motivating emotion. *Contemporary Educational Psychology, 35(2)*, 110-115.

Immordino-Yang, M. H., McColl, A., Damasio, H., & Damasio, A. (2009). Neural correlates of admiration and compassion. *Proceedings of the National Academic of Sciences, 106*(19), 8021-8026.

Isen, A.M. (2000).Positive affect and decision making. In M. Lewis, & J.M. Haviland-Jones, *Handbook of emotions* (pp. 417-435). New York: Guilford Press.

James, W. (1892/1999). The self. In R. F. Baumeister (Ed.), *The self in social psychology* (pp.69-77). Philadelphia, PA: Psychology Press. (Original work published 1892/1948).

John, O. P., & Gross, J. J. (2004). Healthy and unhealthy emotion regulation: Personality processes, individual differences, and life span development. *Journal of Personality, 72*, 1302-1333.

Jussim, L., & Harber, K. D. (2005). Teacher expectations and self-fulfilling prophecies: Knowns and unknowns, resolved and unresolved controversies. *Personality and Social Psychology Review, 9*, 131–155.

Klauer, K. J. (1985). Framework for a theory of teaching. *Teaching and Teacher Education, 1*, 5-17.

Kleinbeck, U. (2006). Handlungsziele. In J. Heckhausen & H. Heckhausen (Hrsg.), *Motivation und Handeln*. (3. Aufl., S. 255–276). Heidelberg: Springer.

Klusmann, U., Trautwein, U., Lüdtke, O., Kunter, M., & Baumert, J. (2009). Eingangsvoraussetzungen beim Studienbeginn. Werden die Lehramtskandidaten unterschätzt? *Zeitschrift für Pädagogische Psychologie, 23* 265-278.

Knigge, M. (2009). *Hauptschüler als Bildungsverlierer?: Eine Studie zu Stigma und selbstbezogenem Wissen bei einer gesellschaftlichen Problemgruppe*. Münster: Waxmann.

Köller, O. (2004). *Konsequenzen von Leistungsgruppierungen*. Münster: Waxmann.

Krapp, A. (1999). Interest, motivation and learning: An educational-psychological perspective. *European Journal of Psychology of Education, 14*, 23-40.

Krapp, A. (2002). Structural and dynamic aspects of interest development: Theoretical considerations from an ontogenetic perspective. *Learning and Instruction, 12*, 383-409.

Krapp, A. (2005). Psychologische Bedürfnisse und Interesse. Theoretische Überlegungen und praktische Schlussfolgerungen. In R. Vollmeyer & J. C. Brunstein (Hrsg.), *Motivationspsychologie und ihre Anwendung* (S. 23–38). Stuttgart: Kohlhammer.

Krohne, H. W., Egloff, B., Kohlmann, C.-W., & Tausch, A. (1996). Untersuchungen mit einer deutschen Version der „Positive and Negative Affect Schedule" (PANAS). *Diagnostica, 42,* 139-156.

Kuhl, J. (1987). Ohne guten Willen geht es nicht. In H. Heckhausen, P. Gollwitzer, & F. E. Weinert (Eds.), *Jenseits des Rubikon: Der Wille in den Humanwissenschaften* (pp. 101-120). Berlin: Springer-Verlag.

Kuhn, D. (1999). Metacognitive development. In L. Balter, & C. S. Tamis-LeMonda (Eds.), *Child psychology. A handbook of contemporary issues* (pp. 259–286). Philadelphia: Psychology Press.

Lagattuta, K. H., & Thompson, R. A. (2007). The development of self-conscious emotions: Cognitive processes and social influences. In J. L. Tracy, R. W. Robins & J. P. Tangney (Eds.), *The self-conscious emotions* (pp. 91-113). New York: Guilford Press.

Landmann, M., & Schmitz, B. (Eds.). (2007). *Selbstregulation erfolgreich fördern. Praxisnahe Trainingsprogramme für effektives Lernen.* Stuttgart: Kohlhammer.

Lang, P. J. (1980). Behavioral treatment and bio-behavioral assessment: Computer applications. In J. B. Sidowski, T. A. Williams & J. H. Johnson (Eds.), *Technology in mental health care delivery systems* (pp. 119-137). Norwood, NJ: Ablex.

Lazarus, R. S. (2006). *Stress and emotion: A new synthesis.* New York: Springer.

Lazarus, R. S., & Folkman, S. (1984). *Stress, appraisal, and coping.* New York: Springer.

Levin, A., & Arnold, K.-H. (2008). Selbstgesteuertes und selbstreguliertes Lernen. In K-H. Arnold, U. Sandfuchs ,& J. Wiechmann (Eds.), *Handbuch Unterricht* (pp. 206-214). Bad Heilbrunn: Klinkhardt.

Lewis, M. (2000). Self-conscious emotions: Embarrassment, shame, and guilt. In M. Lewis & J. M. Haviland-Jones (Eds.), *Handbook of emotions* (2nd ed., pp. 623-636). New York: The Guilford Press.

Linnenbrink, E. A. (2007). The role of affect in student learning: A multi-dimensional approach to considering the interaction of affect, motivation, and engagement. In P. A. Schutz & R. Pekrun (Eds.), *Emotion in education* (pp. 107-124).

Linnenbrink, E. A., & Pintrich, P. R. (2002). Achievement goal theory and affect: An asymmetrical bidirectional model. *Educational Psychologist, 37,* 69-78.

Locke, E. A. & Latham, G. P. (2002). Building a practically useful theory of goal setting and task motivation: A 35-year odyssey. *American Psychologist, 57* (9), 705-717.

Lompscher, J. (1996). Erfassung von Lernstrategien auf der Reflexionsebene. *Empirische Pädagogik, 10,* 245-275.

Long, J. F., & Woolfolk Hoy, A. (2006). Interested instructors: A composite portrait of individual differences and effectiveness. *Teaching and Teacher Education, 22,* 303-314.

Maehr, M. L. & Midgley, C. (1991). Enhancing student motivation: A school-wide approach. *Educational Psychologist, 26,* 399-427.

Marsh, H. W. & Shavelson R. (1985). Self-concept: Its multifaceted, hierarchical structure. *Educational Psychologist, 20,* 107-123.

Marsh, H. W. (1986). Verbal and math self-concepts: An internal/external frame of reference model. *American Educational Research Journal, 23,* 129-149.

Marsh, H. W. (1987). The big fish little pond effect on academic self-concept. *Journal of Educational Psychology*, *79*, 280-295.

Marsh, H. W., & Hau, K.-T. (2004). Explaining paradoxical relations between academic self-concepts and achievements: Cross-cultural generalizability of the internal/external frame of reference predictions across 26 countries. *Journal of Educational Psychology*, *96*, 56–67.

Marsh, H. W., Trautwein, U., Lüdtke, O., Köller, O., & Baumert, J. (2005). Academic self-concept, interest, grades and standardized test scores: Reciprocal effects models of causal ordering. *Child Development*, *76*, 297-416.

Maslach, C., & Jackson, S. E. (1981). The measurement of experienced burnout. *Journal of Occupational Behavior*, *2*, 99-113.

Maslach, C., & Jackson, S. E. (1986). *Maslach Burnout Inventory manual*. Palo Alto: Consulting Psychologists Press.

Maslow, A. (1954). *Motivation and Personality*. New York: Harper.

McClelland, D. C. (1987). *Human Motivation*. Cambridge, MA: Cambridge University Press.

McCombs, B. L., & Marzano, R. J. (1990). Putting the self in self-regulated learning: The self as agent in integrating will and skill. *Educational Psychologist*, *25*(1), 51-69.

Meece, J. L., Anderman, E. M. & Anderman, L. H. (2006). Classroom goal structure, student motivation, and academic achievement. *Annual Review of Psychology*, *57*, 487-503.

Meece, J. L., Glienke, B. B. & Burg, S. (2006). Gender and motivation. *Journal of School Psychology*, *44* (5), 351-373.

Meinhardt, J., & Pekrun, R. (2003). Attentional resource allocation of emotional events: An ERP study. *Cogntition and Emotion*, *17*(3), 477 – 500.

Meinhardt, J., & Pekrun, R. (2003). Attentional resource allocation to emotional events: An ERP study. *Cognition and Emotion*, *17*, 477-500.

Meyer, W.-U. (1973). *Leistungsmotiv und Ursachenerklärung von Erfolg und Misserfolg*. Stuttgart: Klett.

Middleton, M. J. & Midgley, C. (1997). Avoiding the demonstration of lack of ability: An under-explored aspect of goal theory. *Journal of Educational Psychology*, *89*, 710-718.

Minnaert, A., & Janssen, P. J. (1997). Bias in the assessment of regulation activities in studying at the level of higher education. *European Journal of Psychological Assessment*, *13*(2), 99-108.

Mitchell, R. L. C., & Phillips, L. H. (2007). The psychological, neurochemical and functional neuroanatomical mediators of the effects of positive and negative mood on executive functions. *Neuropsychologia*, *45*, 617-629.

Moller, A. C. & Elliot, A. J. (2006). The 2 x 2 achievement goal framework: An overview of empirical research. In A. Mittel (Ed.), *Focus on educational psychology* (pp. 307-326). New York: Nova Science.

Möller, J. & Jerusalem, M. (1997). Attributionsforschung in der Schule. *Zeitschrift für Pädagogische Psychologie*, *11*, 151-166.

Möller, J. (2008). Lernmotivation. In A. Renkl (Hrsg.), *Lehrbuch Pädagogische Psychologie* (S. 263–298). Bern: Huber.

Möller, J., Pohlmann, B., Köller, O. & Marsh, H. W. (2009). A meta-analytic path analysis of the internal/external frame of reference model of academic achievement and academic self-concept. *Review of Educational Research, 79*, 1129-1167.

Montgomery, C., & Rupp, A. A. (2005). A meta-analysis for exploring the diverse causes and effects of stress in teachers. *Canadian Journal of Education, 28*, 458-486.

Morling, B., & Evered, S. (2006). Secondary control reviewed and defined. *Psychological Bulletin, 13*, 269-296.

Moschner, B. & Dickhäuser, O. (2006). Selbstkonzept. In D. H. Rost (Hrsg.), *Handwörterbuch Pädagogische Psychologie* (3. Aufl., S. 685–692). Weinheim: Beltz.

Müller, F. H., Hanfstingl, B. & Andreitz, I. (2009). Bedingungen und Auswirkungen selbstbestimmter Lehrermotivation. *Erziehung und Unterricht, 1-2*, 142-152.

Nelson, T. O. & Narens, L. (1990). Metamemory: A theoretical framework and new findings. In G. Bower (Ed.) *The psychology of learning and motivation: Advances in research and theory* (Vol. 26, S. 125-173). New York: Academic Press.

Nett, U. E., Goetz, T., & Daniels, L. M. (2010). How do you cope with boredom? Common strategies for dealing with a negative emotion. *Learning and Individual Differences 20*, 626-638.

Nicholls, J. G. (1978). The development of the concepts of effort and ability, perception of academic attainment, and the understanding that difficult tasks require more ability. *Child Development, 49*, 800-814.

Nicholls, J. G. (1984). Achievement Motivation: Conceptions of ability, subjektive experience, task choice, and performance. *Psychological Review, 91*, 328-346.

Nitsche, S., Dickhäuser, O., Dresel, M. & Dickhäuser, A. (2008). Berufliche Zielorientierung bei (angehenden) Lehrern: Überlegungen zum Konzept der Lehrermotivation. *Seminar – Lehrerbildung und Schule, Heft 4/2008*, 133-142.

Nückles, M., Hübner, S., & Renkl, A. (2009). Enhancing self-regulated learning by writing learning protocols. *Learning and Instruction, 19*(3), 259-271.

Oaksford, M., Morris, F., Grainger, B., & Williams, J. M. G. (1996). Mood, reasoning, and central executive processes. *Journal of Experimental Psychology: Learning, Memory and Cognition, 22*, 477-493.

Ochsner, K. N., & Gross, J. J. (2008). Cognitive emotion regulation. Insights from social cognitive and affective neuroscience. *Current directions in Psychological Science, 17*, 153-158.

Öhman, A., & Soares, J. J. F. (1998). Emotional conditioning to masked stimuli: Expectancies for aversive outcomes following nonrecognized fear-relevant stimuli. *Journal of Experimental Psychology: General, 127*, 69-82.

Ormrod, J. E. (2006). *Educational Psychology*. New Jersey: Pearson Education.

Paris, S. G., & Winograd, P. (2003). *The role of self-regulated learning in contextual teaching: Principles and practices for teacher preparation*. A Commissioned Paper for the U.S. Department of Education project, "Preparing Teachers to Use Contextual Teaching and Learning Strategies to Improve Student Success in and beyond School." Project Director, Kenneth R. Howey. For full text: http://www.ciera.org/library/archive/2001-04/0104prwn.pdf.

Parrott, W. G., & Spackman, M. P. (2000). Emotion and memory. In M. Lewis & J. M. Haviland-Jones (Eds.), *Handbook of emotions* (pp. 476-490). New York: Guilford Press.

Pekrun, R. (1983). *Schulische Persönlichkeitsentwicklung. Theorieentwicklung und empirische Erhebungen zur Persönlichkeitsentwicklung von Schülern der 5. bis 10. Klassenstufe.* Frankfurt: Lang Verlag.

Pekrun, R. (1988). *Emotion, Motivation und Persönlichkeit.* München/Weinheim: Psychologie Verlags Union.

Pekrun, R. (1992). Expectancy-value theory of anxiety: Overview and implications. In D.G. Forgays, T. Sosnowski, & K. Wrzesniewski (Eds.), *Anxiety: Recent developments in self-appraisal, psychophysiological and health research* (pp. 23-41). Washington, DC: Hemisphere.

Pekrun, R. (2000). A social-cognitive, control-value theory of achievement emotions. In J. Heckhausen (Ed.), *Motivational Psychology of Human Development* (pp. 143-163). Oxford, UK: Elsevier.

Pekrun, R. (2006). The control-value theory of achievement emotions: Assumptions, corollaries, and implications for educational research and practice. *Educational Psychology Review, 18,* 315-341.

Pekrun, R. (2009). Global and local perspectives on human affect: Implications of the control-value theory of achievement emotions. In M. Wosnitza, S. A. Karabenick, A. Efklides, & P. Nenniger (Eds.), *Contemporary motivation research: From global to local perspectives* (pp. 97-115). Toronto, Canada: Hogrefe.

Pekrun, R., & Schutz, P. A. (2007). Where do we go from here? Implications and future directions for inquiry on emotions in education. In P. A. Schutz & R. Pekrun (Eds.), *Emotion in education* (pp. 313-331). San Diego, CA: Academic Press.

Pekrun, R., Elliot, A. J., & Maier, M. A. (2006). Achievement goals and discrete achievement emotions: A theoretical model and prospective test. *Journal of Educational Psychology, 98,* 583-597.

Pekrun, R., Elliot, A. J., & Maier, M. A. (2009). Achievement goals and achievement emotions: Testing a model of their joint relations with academic performance. *Journal of Educational Psychology, 101,* 115-135.

Pekrun, R., Frenzel, A. C., Goetz, T., & Perry, R. P. (2007). The control-value theory of achievement emotions: An integrative approach to emotions in education. In P. A. Schutz & R. Pekrun (Eds.), *Emotion in education* (pp. 13-36). San Diego: Academic Press.

Pekrun, R., Goetz, T., Titz, W., & Perry, R. P. (2002). Academic emotions in students' self-regulated learning and achievement: A program of quantitative and qualitative research. *Educational Psychologist, 37,* 91-106.

Pelletier, I. Séguin Lévesque, C. & Legault, L. (2002). Pressure from above and pressure from below as determinants of teachers' motivation and teaching behaviors. *Journal of Educational Psychology, 94,* 186-196.

Perels, F., Dignath, C., & Schmitz, B. (2009). Is it possible to improve mathematical achievement by means of self-regulation strategies? Evaluation of an intervention in regular math classes. *European Journal of Psychology of Education, 24*(1), 17-31.

Piaget, J. (1971). Biology and knowledge. Chicago: University of Chicago Press.

Pintrich (2005). The role of goal orientation in self-regulated learning. In M. Boekaerts, P. R. Pintrich, & M. Zeidner (Eds.), *Handbook of Self-regulation* (pp. 451-502). San Diego, CA: Academic Press.

Pintrich, P. R. (2000). Multiple goals, multiple pathways: The role of goal orientation in learning and achievement. *Journal of Educational Psychology, 92* (3), 544-555.

Pintrich, P. R., Smith, D. A. F., Garcia, T., & McKeachie, W. J. (1993). Reliability and predictive validity of the motivated strategies for learning questionnaire (MSLQ). *Educational & Psychological Measurement, 53*(3), 801-813.

Pohlmann, B. & Möller, J. (2010). Fragebogen zur Erfassung der Motivation für die Wahl des Lehramtsstudiums (FEMOLA). *Zeitschrift für Pädagogische Psychologie, 24,* 73-84.

Preckel, F., Goetz, T., & Frenzel, A. C. (2010). Ability grouping of gifted students: Effects on academic self-concept and boredom. *British Journal of Educational Psychology, 80,* 451-472.

Pschyrembel, W. (2007). *Klinisches Wörterbuch* (261 ed.). Berlin: Gruyter.

Puustinen, M., & Pulkkinen, L. (2001). Models of self-regulated learning: A review. *Scandinavian Journal of Educational Research, 45*(3), 269-286.

Rauin, U. (2007). Im Studium wenig engagiert – im Beruf schnell überfordert. *Forschung aktuell, 3,* 60-64.

Reinhard, M.-A. & Dickhäuser, O. (2009). Need for cognition, task difficulty, and the formation of performance expectancies. *Journal of Personality and Social Psychology, 96* (5), 1062-1076.

Reisenzein, R. (2007). What is a definition of emotion? And are emotions mental-behavioral processes? . *Social Science Information, 46,* 424-428.

Renkl, A. (2008). Lernen und Lehren im Kontext der Schule. In A. Renkl (Hrsg.), *Lehrbuch Pädagogische Psychologie* (S. 109-153). Bern: Huber.

Retelsdorf, J., Butler, R., Streblow, L. & Schiefele, U. (2010). Teachers' goal orientations for teaching: Associations with instructional practices, interest in teaching, and burnout. *Learning and Instruction, 20,* 30-46.

Rheinberg, F. & Krug, S. (2005). *Motivationsförderung im Schulalltag: Psychologische Grundlagen und praktische Durchführung* (3. Aufl.). Göttingen: Hogrefe.

Rheinberg, F. (1995). *Motivation.* Stuttgart: Kohlhammer.

Richardson, M. P., Strange, B., & Dolan, R. J. (2004). Encoding of emotional memories depends on the amygdala and hippocampus and their interactions. *Nature Neuroscience, 7,* 278-285.

Rosenthal, R. & Jacobson, L. (1968). *Pygmalion in the Classroom.* New York: Holt, Rinehart & Winston.

Rost, D. H., & Schermer, F. J. (1997). *Differentielles Leistungsangst Inventar (DAI).* Frankfurt: Swets Test Services.

Rothland, M. (Ed.). (2007). *Belastung und Beanspruchung im Lehrerberuf: Modelle, Befunde, Interventionen.* Wiesbaden: Verlag für Sozialwissenschaften.

Rotter, J. B. (1966). Generalized expectancies for internal versus external control of reinforcement. *Psychological Monographs, 80,* (1, Whole No. 609).

Rotter, J. B. (1990). Internal vs. external control of reinforcement. *American Psychologist, 45,* 489-493.

Ryan, R. M., & Deci, E. L. (2000). Self-determination theory and the facilitation of intrinsic motivation, social development, and well-being. *American Psychologist, 55,* 68-78.

Sansone, C., Weir, C., Harpster, L., & Morgan, C.(1992). Once a boring task always a boring task? Interest as a self-regulatory mechanism. *Journal of Personality and Social Psychology, 63,* 379-390.

Schaarschmidt, U. (2005). *Halbtagsjobber? Psychische Gesundheit im Lehrerberuf – Analyse eines veränderungsbedürftigen Zustandes* (2nd ed.). Weinheim: Beltz.

Schaarschmidt, U. (2008). Burnout im Lehrerberuf. In W. Schneider & M. Hasselhorn, *Handbuch der Pädagogischen Psychologie*, S. 197-209. Göttingen: Hogrefe.

Schaarschmidt, U., & Fischer, A. W. (1996). *AVEM – Arbeitsbezogenes Verhaltens- und Erlebensmuster*. Frankfurt: Swets Test Services.

Scherer, K. R., Schorr, A., & Johnstone, T. (Eds.). (2001). *Appraisal processes in emotion*. Oxford, UK: Oxford University Press.

Schiefele, U. (2004). Förderung von Interessen. In G. W. Lauth, M. Grünke & J. C. Brunstein (Hrsg.), *Interventionen bei Lernstörungen. Förderung, Training und Therapie in der Praxis* (S. 134–144). Göttingen: Hogrefe.

Schiefele, U. (2009). Situational and individual interest. In K. R. Wentzel & A. Wigfield (Eds.), *Handbook of Motivation at School* (pp. 197-222). New York: Routledge.

Schiefele, U., & Pekrun, R. (1996). Psychologische Modelle des fremdgesteuerten und selbstgesteuerten Lernens. In F. E. Weinert (Ed.), *Enzyklopädie der Psychologie* (Vol. 2, pp. 249-278). Göttingen: Hogrefe.

Schiefele, U., Krapp, A. & Schreyer, I. (1993). Metaanalyse des Zusammenhangs von Interesse und schulischer Leistung. *Zeitschrift für Entwicklungspsychologie und Pädagogische Psychologie, 25* (2), 120-148.

Schloz, C. & Dresel, M. (im Druck). Implizite Fähigkeitstheorien und Fähigkeitsselbstkonzepte im Grundschulalter: Ein Überblick und Ergebnisse einer Studie im Fach Deutsch. In F. Hellmich (Hrsg.), *Selbstkonzepte im Grundschulalter*. Stuttgart: Kohlhammer.

Schmalt, H. D. & Heckhausen, H. (2006). Machtmotivation. In J. Heckhausen & H. Heckhausen (Hrsg.), *Motivation und Handeln* (3. Aufl., S. 211–234). Heidelberg: Springer.

Schmitz G. S. & Schwarzer, R. (2000). Selbstwirksamkeitserwartung von Lehrern: Längsschnittbefunde mit einem neuen Instrument. *Zeitschrift für Pädagogische Psychologie, 14* (1), 12-25.

Schmitz, B. (2001). Self-Monitoring zur Unterstützung des Transfers einer Schulung in Selbstregulation für Studierende. *Zeitschrift für Pädagogische Psychologie, 15*(3/4), 181-197.

Schmitz, B. (2006). Advantages of studying processes in educational research. *Learning and Instruction, 16,* 433-449.

Schmitz, B., Landmann, M., & Perels, F. (2007). Das Selbstregulationsprozessmodell und theoretische Implikationen. In M. Landmann & B. Schmitz (Eds.), *Selbstregulation erfolgreich fördern. Praxisnahe Trainingsprogramme für effektives Lernen* (pp.312-326). Stuttgart: Kohlhammer.

Schmitz, B., & Wiese, B. S. (1999). Eine Prozessstudie selbstregulierten Lernverhaltens im Kontext aktueller affektiver und motivationaler Faktoren. *Zeitschrift für Entwicklungspsychologie und Pädagogische Psychologie, 31,* 157-170.

Schmitz, B., & Wiese, B. S. (2006). New perspectives for the evaluation of training sessions in self-regulated learning: Time-series analyses of diary data. *Contemporary Educational Psychology, 31,* 64-96.

Schneider, W. (2008). The Development of Metacognitive Knowledge in Children and Adolescents. Major Trends and Implications for Education. *Mind, Brain, and Education, 2,* 114-121.

Schneider, W., & M. Hasselhorn (Eds.), (2008). *Handbuch der Pädagogischen Psychologie* (pp. 28-37). Göttingen: Hogrefe.

Schober, B., Finsterwald, M., Wagner, P., Lüftenegger, M., Aysner, M., & Spiel, C. (2007). TALK – A training program to encourage lifelong learning in school. *Journal of Psychology.*, *215*(3), 183-193.

Schreblowski, S., & Hasselhorn, M. (2006). Selbstkontrollstrategien: Planen, Überwachen, Bewerten. In H. Mandl, & F. Friedrich (Eds.), *Lernstrategien* (pp. 151-161). Göttingen: Hogrefe.

Schunk, D. H., Pintrich, P. R. & Meece, J. (2008). *Motivation in Education: Theory, Research, and Applications* (3rd ed.). Upper Saddle River, NJ: Pearson/Merrill Prentice Hall.

Schütz, A. (2005). *Je selbstsicherer, desto besser?: Licht und Schatten positiver Selbstbewertung.* Weinheim: Beltz PVU.

Schutz, P. A., & Pekrun, R. (2007). *Emotion in education.* San Diego: Academic Press.

Seidel, T., & Shavelson, R. J. (2007). Teaching effectiveness research in the past decade: The role of theory and research design in disentangling meta-analysis results. *Review of Educational Research, 77(4)*, 454-499.

Sierens, E., Vansteenkiste, M., Goossens, L., Soenens, B., & Dochy, F. (2009). The synergistic relationship of perceived autonomy support and structure in the prediction of self-regulated learning. *British Journal of Educational Psychology, 79*(1), 57-68.

Skaalvik, E. M. (1994). Attribution of perceived achievement in school in general and in maths and verbal areas: Relations with academic self-concept and self-esteem. *British Journal of Educational Psychology, 64*, 133-143.

Skinner, E. A. (1996). A guide to constructs of control. *Journal of Personality and Social Psychology, 71*, 549-570.

Skinner, E. A., Chapman, M. & Baltes, P. B. (1988). Control, means-ends, and agency beliefs: A new conceptualization and its measurement during childhood. *Journal of Personality and Social Psychology, 54*, 117-133.

Sokolowski, K. & Heckhausen, H. (2006). Soziale Bindung: Anschlussmotivation und Intimitätsmotivation. In J. Heckhausen & H. Heckhausen (Hrsg.), *Motivation und Handeln* (3. Aufl., S. 193–210). Heidelberg: Springer.

Sparfeldt, J. R., Buch, S. R., Wirthwein, L. & Rost, D. H. (2007). Zielorientierungen: Zur Relevanz der Schulfächer. *Zeitschrift für Entwicklungspsychologie und Pädagogische Psychologie, 39* (4), 165-176.

Spiel, C. & Schober, B. (2003). Lebenslanges Lernen als Ziel: Zur systematischen Förderung von Bildungsmotivation. *Erziehung und Unterricht, 9/10*, 1282–1293.

Spielberger, C. D. (1983). *Manual for the State-Trait Anxiety Inventory (STAI).* Palo Alto, CA: Consulting Psychologists Press.

Spies, K., Hesse, F. W., & Hummitzsch, C. (1996). Mood and capacity in Baddeley's model of human memory. *Zeitschrift fur Psychologie, 204*, 367-381.

Spinath, B. (2005). Akkuratheit der Einschätzung von Schülermerkmalen durch Lehrer/innen und das Konstrukt der diagnostischen Kompetenz. *Zeitschrift für Pädagogische Psychologie, 19*, 85-95.

Spörer, N., & Brunstein, J. C. (2006). Erfassung selbstregulierten Lernens mit Selbstberichts-verfahren. *Zeitschrift für Pädagogische Psychologie, 20*(3), 147-160.

Stiensmeier-Pelster, J. & Schöne, C. (2008). Fähigkeitsselbstkonzept. In W. Schneider & M. Hasselhorn (Hrsg.), *Handbuch der Pädagogischen Psychologie* (S. 62-73). Göttingen: Hogrefe.

Stiensmeier-Pelster, J. (1994). Attribution und erlernte Hilflosigkeit. In F. Försterling & J. Stiens-meier-Pelster (Hrsg.), *Attributionstheorie* (S. 185-211). Göttingen: Hogrefe.

Todt, E. (1990). Entwicklung des Interesses. In H. Hetzer (Hrsg.), *Angewandte Entwicklungspsy-chologie des Kindes- und Jugendalters* (S. 213–264). Heidelberg: Quelle & Meyer.

Tönjes, B., Dickhäuser, O. & Kröner, S. (2008). Berufliche Zielorientierungen und wahrgenommener Leistungsmangel bei Lehrkräften. *Zeitschrift für Pädagogische Psychologie, 22* (2), 151-160.

Tuomela, R. (Ed.). *Dispositions.* Dordrecht: Reidel.

Ulich, K. (2001). *Einführung in die Sozialpsychologie der Schule.* Weinheim: Beltz.

Urdan, T. & Schoenfelder, E. (2006). Classroom effects on student motivation: Goal structures, social relationships, and competence beliefs. *Journal of School Psychology, 44* (5), 331-349.

Vandenberghe, R., & Huberman, A. M. (Eds.). (1999). *Understanding and preventing teacher burnout. A sourcebook of international research and practice.* New York: Cambridge University Press.

Veenman, M. V. J., & Spaans, M. A. (2005). Relation between intellectual and metacognitive skills: Age and task differences. *Learning and Individual Differences, 15,* 159–176.

Veenman, M. V. J., Van Hout-Wolters, B. H. A. M., & Afflerbach, P. (2006). Metacognition and learning: Conceptual and methodological considerations. *Metacognition Learning, 1,* 3-14.

Watson, D., Clark, L. A., & Tellegen, A. (1988). Development and validation of brief measures of positive and negative affect: the PANAS scales. *Journal of Personality and Social Psychology, 54,* 1063-1070.

Watt, H. M. G. (2004). Development of adolescents' self-perceptions, values, and task percep-tions according to gender and domain in 7th- through 11-th grade Australian students. *Child Development, 75,* 1556-1574.

Weiner, B. (1985). An attributional theory of achievement motivation and emotion. *Psychological Review, 92,* 548-573.

Weiner, B. (1986). *An attributional theory of motivation and emotion.* New York, NY: Springer.

Weiner, B. (1994). *Motivationspsychologie* (3. Aufl.). Weinheim: Beltz.

Weiner, B., Frieze, I. H., Kukla, A., Reed, L., Rest, S. & Rosenbaum, R. M. (1971). *Perceiving the causes of success and failure.* Morristown, NJ: General Learning Press.

Weinstein, C. E. (1988). Assessment and training of student learning strategies. In R. R. Schmeck (Ed.), *Learning strategies and learning styles* (pp. 291-316). New York: Plenum.

Weinstein, C. E. (1994). Strategic learning/strategic teaching: Flip sides of a coin. In P. R. Pin-trich, D. R. Brown, & C. E. Weinstein (Eds.), *Student motivation, cognition, and learning: Essays in honor of Wilbert J. McKeachie* (pp. 257-273). Hillsdale, NJ: Erlbaum.

Weinstein, C. E., Husman, J, & Dierking, D. R. (2005). Self-regulation interventions with a focus on learning strategies. In M. Boekaerts, P. Pintrich, & M. Zeidner (Eds.), *Handbook of Self-Regulation* (pp. 727-747). San Diego: Academic Press.

Whitebread, D. (1999). Interactions between childrens metacognitive abilities, working memory capacity, strategies and performance during problem-solving. *European Journal of Psychology of Education, 14*, 489–507.

Wieczerkowski, W., Nickel, H., Janowski, A., Fittkau, B., & Rauer, W. (1974). *Angstfragebogen für Schüler (AFS)*. Braunschweig: Westermann.

Wiener, N. (1948). *Cybernatics: Control and communication in the animal and the machine*. Cambridge, MA: MIT Press.

Wigfield, A., & Cambria, J. (2010). Students' achievement values, goal orientations, and interest: Definitions, development, and relations to achievement outcomes. *Developmental Review, 30*, 1-35.

Wild, E., & Möller, J. (2009). *Pädagogische Psychologie*. Heidelberg: Springer Medizin Verlag.

Wild, K.-P., & Schiefele, U. (1994). Lernstrategien im Studium: Ergebnisse zur Faktorenstruktur und Reliabilität eines neuen Fragebogens. *Zeitschrift für Differentielle und Diagnostische Psychologie, 15*(4), 185-200.

Wild, K.-P., Schiefele, U., & Winteler, A. (1992). *List. Ein Verfahren zur Erfassung von Lernstrategien im Studium*. Muenchen: Inst. fuer Erziehungswiss. u. Paedag. Psychologie. Univ. der Bundeswehr.

Winne, P. H. (2005). A perspective on state-of-the-art research on self-regulated learning. *Instructional Science, 33*(5/6), 559-565.

Winne, P. H., & Hadwin, A. F. (1998). Studying as self-regulated learning. In D. J. Hacker, J. Dunlosky, & A. C. Graesser (Eds.), *Metacognition in educational theory and practice* (pp. 279-306). Hillsdale, NJ: Erlbaum.

Winne, P. H., & Perry, N. E. (2005). Measuring self-regulated learning. In M. Boekaerts, P. R. Pintrich, & M. Zeidner (Eds.), *Handbook of Self-Regulation* (pp. 532-569). San Diego, CA: Academic Press.

Wolters, C. A. (2003). Regulation of motivation: Evaluating an underemphasized aspect of self-regulated learning. *Educational Psychologist, 38*, 189-205.

Woolfolk, A. (2007). *Educational Psychology*. New York: Pearson.

Zeidner, M. (1998). *Test anxiety: the state of the art*. New York: Plenum.

Zeidner, M., & Endler, N. (1996). *Handbook of coping*. New York: Wiley.

Zeidner, M., & Endler, N. (Eds.). (1996). *Handbook of coping: Theory, research, applications*. New York: Wiley.

Zeidner, M., Boekaerts, M., & Pintrich, P. (2005). Self-regulation: Directions and challenges for future research. In M. Boekaerts, P. Pintrich, & M. Zeidner (Eds.), *Handbook of Self-Regulation* (pp. 749-768). San Diego: Academic Press.

Ziegler, A. (1999). Motivation. In C. Perleth & A. Ziegler (Hrsg.), *Pädagogische Psychologie* (S. 103-112). Bern: Huber.

Ziegler, A. & Dresel, M. (2009). Motivationstraining. In V. Brandstätter & J. H Otto (Hrsg.), *Handbuch der allgemeinen Psychologie – Motivation und Emotion* (S. 392–402). Göttingen: Hogrefe.

Ziegler, A., Dresel, M. & Stoeger, H. (2008). Addressees of performance goals. *Journal of Educational Psychology, 100* (3), 643-654.

Ziegler, A. & Finsterwald, M. (2008). Attributionstraining. In W. Schneider & M. Hasselhorn (Hrsg.), *Handbuch der Pädagogischen Psychologie* (S. 416–427). Göttingen: Hogrefe.

Ziegler, A., Heller, K. A, Schober, B. & Dresel, M. (2006). The Actiotope: A heuristic model for a research program designed to examine and reduce adverse motivational conditions influencing scholastic achievement. In D. Frey, H. Mandl & L. von Rosenstiel (Eds.), *Knowledge and action* (pp. 143–173). Cambridge, MA: Hogrefe Publishers; Hogrefe.

Ziegler, A. & Schober, B. (2001). *Theoretische Grundlagen und praktische Anwendungen von Reattributionstrainings.* Regensburg: Roderer.

Zimmerman (2005). Attaining self-regulation: A social-cognitive perspective. In M. Boekaerts, P.R. Pintrich, & M. Zeidner (Eds.), *Handbook of self-regulation* (pp. 13-39). San Diego, CA: Academic Press.

Zimmerman, B. J. (1989). A social cognitive view of self-regulated learning. *Journal of Educational Psychology, 81*, 329-339.

Zimmerman, B. J. (2001). Theories of self-regulated learning and academic achievement: An overview and analysis. In B. J. Zimmerman, & D. H. Schunk (Eds.), *Self-regulated learning and academic achievement: Theoretical perspectives* (pp. 1–37). Mahwah, NJ: Erlbaum.

Zimmerman, B. J., & Bandura, A. (1994). Impact of self-regulatory influences on writing course attainment. *American Educational Research Journal, 31*(4), 845-862.

Zimmerman, B. J., & Campillo, M. (2003). Motivating self-regulation problem solvers. In J. E. Davidson & R. Sternberg (Eds.), *The psychology of problem solving* (pp. 233-262). New York, NY, US: Cambridge University Press

Zimmerman, B. J., & Martinez-Pons, M. (1986). Development of a structured interview for assessing student use of self-regulated learning strategies. *American Educational Research Journal, 23*(4), 614-628.

Zimmerman, B.J, & Schunk, D. H. (Eds.). (2001). *Self-regulated learning and academic achievement. Theoretical perspectives.* New York: Lawrence Erlbaum Associates.

Zimmerman, B.J., & Martinez-Pons, M. (1990). Student differences in self-regulated learning: relating grade, sex, and giftedness to self-efficacy and strategy use. *Journal of Educational Psychology, 82*, 51-59.

REGISTER

Autorinnen und Autoren

Prof. Dr. Markus Dresel ist Inhaber des Lehrstuhls für Psychologie an der Universität Augsburg, mit dem er in Forschung und Lehre ein bildungspsychologisches Profil verfolgt. Seine Forschungsschwerpunkte liegen in den Bereichen der Motivation und des Selbstregulierten Lernens in schulischen und universitären Kontexten.

Publikationen (Auswahl):

Dresel, M., Fasching, M., Steuer, G. & Berner, V. (2010). The role and the interplay of classroom goal structures, individual motivation and general intelligence for (excellent) school achievement in elementary school classrooms. *Talent Development and Excellence, 2,* 63-81.

Dresel, M. & Haugwitz, M. (2008). A computer based training approach to foster motivation and self-regulated learning. *Journal of Experimental Education, 77,* 3-18.

E-Mail: markus.dresel@phil.uni-augsburg.de .

Prof. Dr. Anne Christiane Frenzel ist Professorin für Psychologie an der Universität Augsburg. Ihre Forschungsschwerpunkte betreffen Emotionen und Motivation von Schülerinnen und Schülern sowie von Lehrkräften.

Publikationen (Auswahl):

Frenzel, A. C., Goetz, T., Lüdtke, O., Pekrun, R., & Sutton, R. (2009). Emotional transmission in the classroom: Exploring the relationship between teacher and student enjoyment. *Journal of Educational Psychology, 101,* 705–716.

Frenzel, A. C., Goetz, T., Pekrun, R., & Watt, H. M. G. (2010). Development of mathematics interest in adolescence: Influences of gender, family and school context. *Journal of Research on Adolescence, 20,* 507-537.

E-Mail: anne.frenzel@phil.uni-augsburg.de

Prof. Dr. Thomas Götz ist Professor für Erziehungswissenschaft / Empirische Bildungsforschung an der Universität Konstanz (Deutschland) und der Pädagogischen Hochschule Thurgau (Schweiz). Seine Forschungsschwerpunkte liegen im Bereich der Emotionsforschung im Lern- und Leistungskontext.

Publikationen (Auswahl):

Goetz, T., Frenzel, C. A., Pekrun, R., Hall, N. C., & Lüdtke, O. (2007). Between- and within-domain relations of students' academic emotions. *Journal of Educational Psychology, 99*(4), 715-733.

Goetz, T., Frenzel, A. C., Stoeger, H., & Hall, N. C. (2010). Antecedents of everyday positive emotions: An experience sampling analysis. *Motivation and Emotion, 34,* 49-62.

E-Mail: thomas.goetz@uni-konstanz.de

Prof. Dr. Lena Lämmle ist Juniorprofessorin für Methodenlehre und Statistik an der Technischen Universität München (Deutschland). Ihre Forschungsschwerpunkte liegen im Bereich der psychosozialen Bedingungen von Gesundheits- und Risikoverhalten sowie deren (längsschnittlichen) Folgen auf die (subjektive) Gesundheit im Kindes-, Jugend- und Erwachsenenalter.
Publikationen (Auswahl):
Lämmle, L., Tittlbach, S., Oberger, J., Worth, A. & Bös, K. (2010): A two-level model of motor performance ability. *Journal of Exercise Science and Fitness, 8 (19)*, 41-49.
Lämmle, L., Worth, A. & Bös, K. (2011). A biopsychosocial proces model of health and complaints in children and adolescents. *Journal of Health Psychology, 16.*
E-Mail: lena.laemmle@tum.de

Dr. Ulrike E. Nett war am Lehrstuhl Erziehungswissenschaft / Empirische Bildungsforschung der Universität Konstanz (Deutschland) und der Pädagogischen Hochschule Thurgau (Schweiz) als akademische Mitarbeiterin tätig und hat zum Thema Selbstregulation in der Schule promoviert.
Publikationen (Auswahl):
Nett, U. E., Goetz, T., & Hall, N. C. (2011). Coping with boredom in school: An experience sampling perspective. *Contemporary Educational Psychology, 36*(1), 49-59.
Nett, U., Goetz, T., & Daniels, L. (2010). What to do when feeling bored? Students' strategies for coping with boredom. *Learning and Individual Differences, 20*, 626-638.
E-Mail: ulrike.nett@uni-konstanz.de

Prof. Dr. Reinhard Pekrun ist Professor für Persönlichkeitspsychologie und Pädagogische Psychologie an der Ludwig-Maximilians-Universität München. Seine Forschungsschwerpunkte beziehen sich auf Leistungsemotionen, selbstreguliertes Lernen, Persönlichkeitsentwicklung in Schule und Elternhaus sowie internationale Schulleistungsstudien.
Publikationen (Auswahl):
Pekrun, R. (2006). The control-value theory of achievement emotions: Assumptions, corollaries, and implications for educational research and practice. *Educational Psychology Review, 18*, 315-341.
Pekrun, R., Goetz, T., Titz, W., & Perry, R. P. (2002). Academic emotions in students' self-regulated learning and achievement: A program of quantitative and qualitative research. *Educational Psychologist, 37*, 91-106.
E-Mail: pekrun@lmu.de

Dr. Elizabeth J. Stephens ist wissenschaftliche Assistentin am Lehrstuhl für Persönlichkeits- und pädagogische Psychologie an der Ludwig-Maximilians-Universität München. Ihre Forschungsschwerpunkte liegen im Bereich Emotionen und akademische Ziele.

Publikationen (Auswahl):

Stephens, E. J. & Pekrun, R. (2011, January). Affective antecedents of achievement goals: Effects of anger, fear, and enjoyment on achievement goal adoption. In K. S. Corker (Chair), *Development and hierarchical structures of achievement goals: Advances in theory and research*. Symposium conducted at the 12th annual meeting of the Society for Personality and Social Psychology (SPSP), San Antonio, Texas, USA.

Pekrun, R. & Stephens, E. J. (2010). Achievement emotions: A control-value approach. *Social and Personality Psychology Compass, 4*, 238-255.

E-Mail: stephens@lmu.de